ضاعف إنتاجية
ساعات العمل

ضاعف إنتاجية ساعات العمل

كارين تاكر
ترجمة: أحمد محمد

دار جامعة حمد بن خليفة للنشر
HAMAD BIN KHALIFA UNIVERSITY PRESS

دار جامعة حمد بن خليفة للنشر
صندوق بريد 5825
الدوحة، دولة قطر

www.hbkupress.com

First published in English under the title
9 to 5; Your Mind at Work
by Karin Tucker, edition: 1

Copyright © Scientific American, a division of Nature America, Inc., 2016 *
This edition has been translated and published under licence from
Springer Nature America, Inc..
Springer Nature America, Inc. takes no responsibility and shall not be made liable for the accuracy of the translation.

جميع الحقوق محفوظة.

لا يجوز استخدام أو إعادة طباعة أي جزء من هذا الكتاب بأي طريقة دون الحصول على الموافقة الخطية من الناشر باستثناء حالة الاقتباسات المختصرة التي تتجسد في الدراسات النقدية أو المراجعات.

الطبعة العربية الأولى عام 2021
دار جامعة حمد بن خليفة للنشر

الترقيم الدولي: 9789927151897

تمت الطباعة في الدوحة-قطر.

مكتبة قطر الوطنية بيانات الفهرسة – أثناء – النشر (فان)

تاكر، كارين، مؤلف.

[9 to 5 your mind at work]. Arabic

ضاعف إنتاجية ساعات العمل / كارين تاكر ؛ ترجمة أحمد محمد. - الطبعة العربية الأولى. - الدوحة، دولة قطر : دار جامعة حمد بن خليفة للنشر، 2021.

صفحة ؛ سم

تدمك 978-992-715-189-7

ترجمة لكتاب: 9 to 5 your mind at work.

1. النجاح في العمل -- موجزات إرشادية، أدلة، إلخ. 2. إنتاجية العمل – الجوانب النفسية. 3. الأداء الوظيفي -- الجوانب النفسية.

4. إدارة الذات (علم نفس) أ. محمد، أحمد، مترجم. ب. العنوان.

HF5386 .T85125 2021

202128033322 650.1– dc23

المحتويات

المقدمة: النجاح يكمن في العقل 9

القسم الأول: مكان العمل 13

مقصورة العمل، مقصورة فسيحة 15

بقلم: ألكسندر هاسلم وكريغ نايت

القسم الثاني: الابتكار والإبداع 27

عقلك الخصب أثناء العمل 29

بقلم: إيفانجيليا ج. كريسيكو

الإبداع جماعي 46

بقلم: ألكسندر هاسلم وإينماكولادا أدارفيس-يورنو وتوم بوستمس

العقل المُطلق العنان 59

بقلم: شيلي كارسون

القسم الثالث: الشخصية والسلوك 77

حين ينهي الطيبون السباق أولًا 79

بقلم: ديزي غريوال

سأؤجل عمل اليوم إلى الغد 87

بقلم: تريشا غورا

5

تحفيز الكسل بداخلنا	103

بقلم: ساندرا أبسون

لماذا نغش؟	117

بقلم: فيريك فانغ وأرتورو كاساديفال

القسم الرابع: القيادة والنجاح 133

كيف تصبح رئيسًا أفضل في العمل؟ 135

بقلم: سوني سي غولد

كيف تكون مفاوضًا أفضل؟ 140

بقلم: سوني سي غولد

بحثًا عن الشخصية الآسرة 144

بقلم: إس. ألكسندر هاسلم وستيفن د. رايشر

علم نفس القيادة الجديد 162

بقلم: ستيفن رايشر وألكسندر هاسلم ومايكل بلاتو

علم النفس الاجتماعي للنجاح 179

بقلم: س. ألكسندر هاسلم وجيسيكا سالفاتور وتوماس كيسلر وستيفن د. رايشر

علم نجاح الفريق 199

بقلم: ستيف دابليو. جي. كوسلويسكي ودانيال ر. إلجين

القسم الخامس: التوازن بين العمل والحياة 211

التواصل المتسلل: العمل والحياة في عالم فائق الترابط 213

بقلم: كريستيل ديكوستا

لماذا نحتاج إلى اجتماعات كثيرة؟ 218

بقلم: كريستيل ديكوستا

التغلب على الإرهاق 228	
بقلم: مايكل بي. ليتر وكريستينا ماسلاش	
تلاشي الإجازة: العودة للعمل بأنفاس مكتومة 242	
بقلم: هيلدا باستيان	
النجاح المهني للأزواج يتأثر بشخصية الشريك 248	
بقلم: سيندي ماي	

القسم السادس: التنوع 253

كيف يعمل التنوع؟ 255
بقلم: كاثرين و. فيليبس

العُمر في مكان العمل 265
بقلم: مايكل فالض نشتاين وساشا سومر

تحديات ومسؤوليات حتى الإنهاك! 272
بقلم: فرانشيسكا جينو وأليسون وود بروكس

دعوة للجميع 279
بقلم: فيكتوريا بلوت

القسم السابع: العلاقة بين صاحب العمل والموظف 291

الموظف المثالي 293
بقلم: توماس تشامورو بروميسيك وكريستوفر شتاينميتز

هل ينبغي أن تُطلِع رؤساءك على مرضك النفسي؟ 308
بقلم: روني جيكوبسون

الصورة غير كاملة 315
بقلم: ديفيد دانينغ وتشيف هيث وجيري م. سولس

المقدمة
النجاح يكمن في العقل

يتجه مئات ملايين البشر كل يوم إلى أعمالهم. يقضون الساعات تلو الساعات في مكاتبهم، ينجزون المهام ويحضرون الاجتماعات ويحاورون ويناقشون زملاءهم في العمل. لكن كم من تلك الساعات المتوالية هي الأكثر إنتاجية؟ وكيف يمكن تحقيق الاستفادة القصوى من الوقت، كي نحقق نجاحات أكبر؟ عوامل عدة -شخصية ومهنية ونفسية- تؤثر على طريقة تفكيرنا ومشاعرنا وأدائنا لعملنا، وتتضافر في النهاية لتؤثر على إنتاجيتنا ونجاحنا. في هذا الكتاب «من 9 إلى 5: عقلك أثناء الانهماك بالعمل»، تناولنا بعض تلك العوامل، بما فيها فضاء العمل والمساحات المتاحة فيه، وكيفية تعزيز الإبداع والتواصل، وعلم نفس القيادة الفعالة، ومنافع التنوع وأهميته، وسبل تحقيق التوازن بين العمل والحياة.

تؤثر المساحة المادية تأثيرًا عميقًا على الحالة المزاجية وتوقعات العاملين، لذلك نلقي نظرة على بيئة المكتب، عبر المقالة «مساحة المكتب، مساحة فسيحة»، يناقش فيها «س. ألكسندر هاسلم» و«كريغ نايت» المساحات المكتبية الحديثة، ويظهران كيف أن بعض

المساحات تثير استياء العمال والموظفين، في حين ترفع أنماط أخرى منها مستويات الرضا والكفاءة.

الابتكار هو مفتاح المضي قدمًا في معظم المهن، لذلك يركز الكتاب على الإبداع في القسمين الأول والثاني. ومع أن الإبداع اعتبر لفترة طويلة نعمة تحظى بها قلة مختارة من الناس، فقد كشف علماء النفس عن بذور الإبداع في العمليات العقلية - آليات اتخاذ القرار واللغة والذاكرة - التي نمتلكها جميعًا، كما توضح «إيفانجيليا ج. كريسيكو» في مقالتها «عقلك الخصب في العمل»، وتمضي في وصف تقنيات تعزيز الإمكانيات الإبداعية؛ في حين يناقش «س. ألكسندر هاسلم» وزملاؤه في مقالة «الإبداع جماعي» الدور الأساسي للمجموعات.

بالطبع، إن مفتاح أي نجاح هو سلوكنا الفردي، والقسمان التاليان من الكتاب يتفحصان العناصر والسمات النفسية التي تعوقنا أو تساعدنا على الازدهار. في القسم الثالث، عن «الشخصية والسلوك»، نلقي نظرة على ما إذا كان من الضار حقًا أن تكون «لطيفًا جدًا» في مقر عملك، وأسباب المماطلة في تأدية المهام وكيفية التغلب عليها، بالإضافة إلى سيكولوجية الغش حيال تأدية المهام للوصول إلى وضع أفضل. في الوقت نفسه، يتعمق القسم الرابع في مفاهيم القيادة والنجاح والتواصل والعمل الجماعي. ويقدم المؤلف «ساني سي غولد» أساسيات «كيف تكون رئيسًا أفضل» و«كيف تكون مفاوضًا أفضل». وفي «علم النفس الجديد للقيادة»، يكشف المؤلفون «ستيفن

دي رايشر»، و«س. ألكسندر هاسلم»، و«مايكل ج. بلاتو» عن بحث يُظهر أن القادة الفعالين يأخذون آراء وأفكار أتباعهم في الاعتبار، وأن القيادة الحقيقية تتطلب أكثر من مجرد الكاريزما والذكاء.

أما التوازن بين العمل والحياة فهو مصطلح غالبًا ما يجري الالتفاف حوله عند مناقشة قضايا العمل والإنتاجية والسعادة، وهذا هو محور القسم الخامس. بالنسبة للعديد من الأشخاص، يعتبر التقبل المتزايد للعمل من المنزل نعمة، ولكن كما تشير «كريستيل دو كوستا» في مقالتها «الاتصال المتسلل»، وهو جانب آخر من الضغط يبقي الموظف «تحت الطلب» على الدوام. وتطرح مقالات أخرى تساؤلات من نوع: لماذا أو هل نحن بحاجة فعلًا لعقد الكثير من الاجتماعات؟ وتقدم لك النصائح بخصوص طرق التخلص من الإرهاق.

يستكشف القسمان الأخيران جوانب مختلفة جدًا من الديناميكيات الشخصية: التنوع والعلاقات بين صاحب العمل والموظف. في المقالة بعنوان «كيف يعمل التنوع؟»، توضح كاثرين فيليبس كيف تكون المجموعات المتنوعة اجتماعيًا أكثر ابتكارًا من المجموعات المتجانسة وفي مقالة «دعوة للجميع» تصف فيكتوريا بلوت كيفية تعزيز بيئة الإدماج، حيث يمكن لمجموعة واسعة من الأفراد المشاركة بأداء منتج. وفي مقالة «الموظف المثالي» اختبر «توماس تشامورو بريموزيك» و«كريستوفر شتاينميتز» كيف يمكن لوسائل التواصل الاجتماعي والألعاب عبر الإنترنت والتنقيب عن البيانات أن تساعد الشركات في العثور على الموظف اللامع.

يتطور مفهومنا للعمل وكيف ننجزه وأين، وسبل تحديد ضرورات النجاح الوظيفي المستمر والمضطرد؟ علينا أن نتكيف إذا أردنا المضي قدمًا. على الرغم من عدم وجود خارطة طريق واحدة مباشرة للارتقاء مهنيًا نحو القمة، لكننا عبر هذا الكتاب الإلكتروني، نسعى إلى إلقاء الضوء على هذه التطورات وتأثيراتها النفسية، وتقديم بعض الأفكار لمساعدتك على النجاح والازدهار في بيئة عمل متغيرة.

كارين تاكر

محررة الكتاب

القسم الأول

مكان العمل

مقصورة العمل، مقصورة فسيحة

بقلم: ألكسندر هاسلم وكريغ نايت

في فترة من الفترات، كانت المصانع بآلاتها المُلطخة الصاخبة مقر العمل الاعتيادي في البلدان الصناعية، أما اليوم فقد صار المكتب محل العمل التقليدي. يعمل مئات الملايين من البشر -أي 15٪ على الأقل من سكان الدول المتقدمة- في مكاتب، تقسمها حواجز تفصل بينهم وبين زملائهم، وتكون المكاتب بلا فواصل بينها أحيانًا. في النتيجة أن عددًا مهولًا من الكراسي الدوَّارة تشغل تلك المكاتب بمجملها.

غير أن المقصورة تتجاوز كونها محلًا للعمل الفعلي فقط. في السنوات الأخيرة، شرع خبراء علم النفس المجتمعي والمؤسسي في جمع الأدلة الداعمة لفكرة أن بيئات العمل الشخصية تؤثر على أداء الناس بشدة وبطرق غير متوقعة. فحجم مكاتبنا وقُربنا من الضوء الطبيعي وجودة الهواء الذي نتنفسه وخصوصيتنا (أو انعدام خصوصيتنا) كلها مؤشرات أساسية تُنبئ بمدى ارتياحنا ورضانا وإنتاجيتنا.

لقد كشفت لنا تجاربنا، على سبيل المثال، أن تعليق أصحاب العمل ملصقات فنية في المكاتب، ووضع نبتات داخل أُصص لإضفاء البهجة على الأجواء، من الجهود التي من الممكن أن تأتي بنتائج

عكسية، وتخلق أجواء مُحبطة للموظفين كتلك التي تخلقها البيئات العقيمة، وتبعث لديهم المستوى ذاته من السخط والنفور. يصل الموظفون إلى الأداء الأمثل حين يجدون حافزًا لتزيين محيطهم بما يتماشى مع أذواقهم بنباتات وزخارف وروزنامات كوميدية وصورٍ فوتوغرافية لأطفالهم أو قططهم أو غيرهم، ما يمنحهم القدر الأكبر من الارتياح، ويجعلهم يشعرون بأنهم على سجيتهم.

ولا يُعتبر تصميم المكتب المحدد الوحيد كي ندرك أن الموظفين يئنون من آلام تصيب عضلات الظهر والعمود الفقري، وإنما التأثير ينسحب على كَمية إنجازاتهم وعدد المبادرات التي يتقدمون بها ورضاهم المهني بالإجمال. قلما ينظر أصحاب الأعمال إلى هذه التشعبات النفسية بعينٍ فاحصة؛ ولكن عليهم أن يفعلوا! إن إمعان النظر بقدرٍ أكبر في تصميم محل العمل يمكن أن يرفع مستوى سعادة الموظفين وإنتاجيتهم بأقل تكلفة ممكنة.

• تاريخ موجز لتصميم المكاتب

يمكن اقتفاء أثر منشأ المكتب الحديث بالعودة إلى كُتَّاب العصور الوسطى الذين أُنيطت بهم مهام حفظ سجلات الكنيسة والحكومة. لقد عمل هؤلاء الحرفيون المهرة في قصور الملوك والنُبلاء، فدوَّنوا ونسخوا الوثائق يدويًا بعنايةٍ وكد. وكان على هؤلاء الكتَّاب حقًا، أن يتلقوا تعليمًا يتجاوز ما يُحصِّله السواد الأعظم من المواطنين. وعليه، عُدَّ الكُتّاب طبقة ذات حظوة ومكانة؛ وكثيرًا ما كان يُسمح

لهم بتجهيز الغرف الصغيرة التي يعملون فيها بحسب ما يتراءى لهم. وكانوا يجهزونها عادةً بمجموعة متنوعة الألوان من الكراسي والمقاعد والكتب وطاولات النسخ.

بحلول نهاية الثورة الصناعية، بدأت هذه الصورة تتبدل وتتغير. ومع تضخم حجم الطبقة العاملة، تضاعفت أعداد المراقبين المُكلفين بالإشراف على عمل أبناء طبقة العمال. وأدى هذا التطور إلى زيادة الطلب على أماكن العمل ذات المواصفات الموحدة، التي يتمتع فيها المديرون بسيطرة أكبر على قوتهم العاملة المكتبية، ويستطيعون مراقبة التقدم الذي يحرزه العاملون تحت إمرتهم طيلة الوقت.

في أوائل القرن العشرين، كان للمهندس «فريدريك وينسلو تايلور» ابن ولاية بنسلفانيا السبق والريادة بما صار يُعرف باسم «حركة الإدارة العلمية». بالنسبة لـ«تايلور» تمثلت المهمة الجوهرية للإدارة في الكشف عن «الطريقة المثلى» لإنجاز أي عمل ووضعها موضع التنفيذ. في عام 1911، وضع «تايلور» كتابه «مبادئ الإدارة العلمية» الذي كان له عظيم الأثر على عالم الأعمال، حتى أن الناس شرعوا يتحدثون عن الشركات التي تحسَّن أداؤها وإنتاجيتها على النحو الأمثل بعد أن أصبحت «تايلورية الطابع» (نسبة لتايلور). إذ أوصى «تايلور» بإزالة كل ما هو غير ضروري من مقر العمل، ما خلا المواد اللازمة جدًا لإنجاز المهام المطلوبة. ومع ارتباط قسم كبير من الوظائف الصناعية وخطوط الإنتاج والتجميع باختبار «تايلور» العملي، سرعان ما بدأ أصحاب الأعمال في تطبيق أفكاره على أماكن العمل الإدارية والإبداعية أيضًا.

يألف الموظفون الإداريون في كل مكان المكاتب المفتوحة؛ مساحات مُجدِبة لاستيعاب، أو «إيداع» إذا جاز التعبير، أعداد كبيرة من الموظفين أمام مجموعة كبيرة من المكاتب يفصل بينها حواجز واهية، لا تضمن سوى الحد الأدنى من الخصوصية. ويمكن تعديل هذه المساحات بسرعة استجابةً إلى التعيينات الجديدة أو حالات التسريح أو مهام العمل المتذبذبة. وتتمادى بعض المؤسسات، فتمارس ما يُعرف باسم «نظام المكاتب المشتركة»، وتخصص مساحة على أساس «الأولوية بالأسبقية»، ولا يضمن أحد الجلوس إلى المكتب ذاته كل يوم. في مثل هذه البيئات، يُعتبر أي شكل من أشكال الفوضى -لا سيما الفوضى الناجمة عن الموظفين أنفسهم- عائقًا أمام الإنتاجية.

يساعد نظام المكاتب المفتوحة المشرفين على مراقبة ما يفعله الموظفون والعمال بدهاءٍ في الخفاء. وأي موظف يضطر للمرور من أمام مكتب رئيسه في العمل عند الوصول إلى مكتبه أو عند مغادرته، يعلم تمام العلم أنه مكشوف لمديره في أي لحظة، وأن مديره يطل من فوق كتفيه ويرى بالضبط ما يفعله، وسيكتشف أن هذا النظام الهندسي للمكاتب مستعار من مفهوم يُعرف باسم «مراقبة الكل» والمطبق في السجون. ففي عام 1785، طوّر الفيلسوف الإنكليزي «جيريمي بنثام» سجنًا دائريًا يشتمل على برجٍ مراقبة مركزي يمكن الحراس من مراقبة المساجين بطريقة لا مرئية. وكان هذا شكل فعال من أشكال السيطرة، انطلاقًا من أن عددًا محدودًا من السجّانين

بوسعهم بث القلق والتوتر في نفوس المساجين؛ بذلك لا يعرفون أبدًا متى يكونون تحت للمراقبة.

• عن قِطَع الليغو والسيوف المضيئة

أشاعت طفرة الإنترنت في تسعينيات القرن العشرين -انتشرت الشركات الناشئة التي تتمتع بتمويل جيد، وشركات الإعلام الرقمي الراسخة، وتنافست جميعها على استقطاب العُمال المهرة- تعميم بدائل للمكاتب في المساحات المفتوحة. حوت المساحات آلات الكابوتشينو ولعبة هوكي الهواء وكراسي المكاتب من طراز آيرون، وكانت الغلبة للعناصر البصرية المثيرة -أحواض الأسماك الاستوائية العملاقة والقطع الفنية المثيرة- ما جعل مكان العمل بيئة آسرة ومُترفة. تمثلت الفكرة في جوهرها بإشعار الموظفين بالتقدير بغية كسب ولائهم، وحثهم على تمضية ساعات إضافية في مكاتبهم. وفي «حرم» شركة غوغل -كلمة «حرم» تشي بالابتعاد عن آليات مكان العمل التقليدي- في مدينة ماونتن فيو الواقعة في ولاية كاليفورنيا، وكذلك في شركات الألعاب والوكالات الإعلانية التفاعلية وغيرها من الشركات الإدارية الرائدة في مجال الأعمال، للموظفين كامل الحرية بتزيين مقصوراتهم بسيوف مضيئة وصناديق طعام كلاسيكية وتذكارات من نوع «هالو كيتي» أو أعمال فنية بارزة مصنوعة من الليغو، وأي شيء جميل أو ممتع أو ذو مغزى على المستوى الشخصي. ويتنافس الموظفون في ما بينهم ليظهروا مَن بوسعه منهم ابتكار أكثر أماكن العمل تفردًا وجاذبية.

لكن في شركات أخرى، يتبنى المديرون نهجًا يطبقونه من القمة إلى القاعدة يهدف إلى إثراء محل العمل، فيزينون المقصورات بملصقات «قصص النجاح» (سلوك بسيط قد يُحدِث فارقًا كبيرًا)، ويخلقون لونًا من «المتعة الاصطناعية»، بتخصيص «أوكار» وهمية تحتوي أرائك مريحة ومتهالكة وثلاجة مليئة بالمرطبات.

يُعتقد على نطاق واسع أن المكاتب المُعززة بهذا الشكل ترتقي بسعادة الموظفين وإنتاجيتهم، غير أنها لا تفضي دائمًا إلى طفرات كبيرة في الإنتاجية. ففي عام 2009 مثلًا، أبدل علماء من جامعة «أمستردام» تصميم المكاتب التقليدي بآخر هو عبارة عن مساحة مفتوحة وغنية بعناصر الجذب، خُصِّصت فيها مساحات لمهام محددة («قُمرة» للمهام التي تتطلب تركيزًا و«غرفة جلوس» للتواصل الاجتماعي مع الزملاء). رغم هذه الإضافات المُبتكرة، تراجعت كمية العمل التي أنجزها الموظفون في حقيقة الأمر بعد تواجدهم في المساحة المكتبية الجديدة ستة أشهر. لماذا حدث ذلك؟

أجرينا تجربتين لدراسة أثر البيئة المكتبية على الإنتاجية. الأولى أجريناها في مختبر لعلم النفس، والأخرى بالتعاون مع موظفين حقيقيين في مكتب تجاري في لندن. في كلتا الدراستيْن، طلبنا من المشاركين أداء مهام مكتبية تستغرق ساعةً كاملة (التحقق من المستندات ومعالجة المُذكرات على سبيل المثال) في واحدة من أربعة أنواع من المساحات المكتبية.

كان المكتب «الرشيق» مساحةً مكتبية جميلة تحوي الأغراض الضرورية لأداء المهام، ألا وهي: قلم رصاص وأوراق ومكتب خالٍ وكرسي دوَّار. وكان المكتب «الثري» يتمتع بهذه اللوازم، غير أنه ازدان بالنباتات والأشكال الفنية، بما في ذلك العديد من الرسوم العملاقة المُشرقة على غرار رسوم الفنانة الأمريكية «جورجيا أوكيف». وفي المكتب «الحافل بسبل التمكين»، زُوِّد المشاركون بالنباتات والأعمال الفنية نفسها الموجودة في المكتب «الثري»، وإنما سُمِح لهم بتنسيقها وتنظيمها بحسب ما يتراءى لهم، أو حتى عدم استخدامها بالمرة. وأخيرًا، في المكتب «الخالي من سبل التمكين»، مُنِح المشاركون فرصة تزيين المكتب، ولكن حين أنهوا ترتيبه وتزيينه، أعاد المسؤولون عن الاختبار تنظيم المكتب بجعله مطابقًا لحالة المكتب «الثري».

قد يبدو أن السيناريو الأخير لا صلة له بالواقع، ولكن يتعين على موظفي المكاتب في حقيقة الأمر التكيف على نحو مفاجئ مع هذا اللون من التدخل غالبًا. التقينا مديرًا لتكنولوجيا المعلومات في واحد من البنوك الكبرى في مدينة سيدني الأسترالية، بدلت الإدارة العليا ترتيبات مكتبه وديكوره 36 مرة على الأقل على مدار السنوات الأربع الماضية. وقال لنا: «أشعر وكأنني بيدق على رقعة شطرنج، والجميع في مكتبي يخالجهم الشعور ذاته. هذا أحد الموضوعات الأساسية التي نتناولها بالنقاش: ماذا يخططون لنا بعد ذلك؟ وإحقاقًا للحق، الأمر ليس ممتعًا بالمرة، ونراه جميعًا مرهقًا للغاية».

كشفت دراساتنا التي نُشرت في مجلة علم النفس التجريبي (the Journal of Experimental Psychology) أن البيئة المكتبية الجذابة رغم أنها ترفع إنتاجية الموظفين، إلا أن الأهم من ذلك استقلالية الموظفين. لقد أنجز الموظفون الذين يعملون في المكتب «الثري» أعمالهم أسرع من أقرانهم الذين يعملون في المكتب «الرشيق» بنسبة 15٪، وبأخطاء أقل، وأفصحوا عن عدد أقل من الشكاوى الصحية المتعلقة ببيئة العمل. كانت الاستجابة التقليدية للمكتب «الثري» مفادها أن «الصور والنباتات أضفت طابعًا مُشرقًا بحق على المكان»، في حين قال أحد المشاركين تعليقًا على المكتب «الرشيق»: «بدا المكتب أشبه بمساحة عرض، وكل شيء في مكانه. ولم يكن بوسع أحد الاسترخاء فيه». وزادت إنتاجية الموظفين وسعادتهم أكثر -تحديدًا بنسبة 30٪- في المكتب الذي رتبه ونظمه المشاركون بأنفسهم بحسب ما تراءى لهم. وقال أحد المشاركين مُتحمسًا: «لقد كانت تلك تجربة مذهلة. استمتعت بالأمر بحق. يا له من مكتب رائع! متى يمكنني الانتقال إليه؟» لكن، عندما غُضَّ الطرف عن الاختيارات الشخصية للموظفين، تراجع أداؤهم وتدنى مستوى سعادتهم إلى المستويات ذاتها التي ظهرت في المكتب «الرشيق». وقال أحد موظفي المكتب «الخالي من سبل التمكين»: «شعرت بالتقليل من شأني بحق. فقد أنفقت وقتًا طويلًا في ترتيب الغرفة». وقال آخر للمسؤول عن التجربة: «وددت لو كان بإمكاني أن أنهال عليك ضربًا».

• عوامل التحكم

هناك عوامل أخرى بخلاف تصميم مكان العمل وزخارفه، كالعناصر الصوتية، يمكن أن تؤثر على أداء الموظفين أيضًا. قيَّمت دراسة أُجريت عام 2009 في جامعة «توركو» في فنلندا مدى براعة الموظفين في إنجاز المهام المعرفية في نطاق بيئات سمعية مختلفة. واكتشف الفريق أنه حين يتناهى إلى سمع الموظفين أصوات كلام غير ذات صلة (بث موجات الإذاعة الصادر من مقصورة زميل على سبيل المثال)، فإن أداءهم للمهام التي تتطلب استيعاب وفهم ما يقرأون وحفظ الأرقام تراجع، وكذلك مستوى راحتهم. وتكهن الباحثون بأن الكلام الخارجي ربما عطل الذاكرة العاملة، واستحث ردود الفعل تجاه الإجهاد والتوتر، وأوصوا بإقامة جدران عالية لمقصورة العمل، ومواد عازلة للصوت لمعالجة هذه المشكلة.

من ناحية أخرى، اتضح أن إطلاع الموظفين على كيفية التلاعب ببيئات عملهم بما يخدم صالحهم له فوائد مميزة. في دراسة أجراها عام 2009 معهد «ليبرتي لأبحاث السلامة» (the Liberty Mutual Research Institute for Safety) في مدينة هوبكنتون في ولاية ماساتشوسيتس، قيّم الباحثون آثار إلحاق الموظفين بدورة تدريبية تتعلق بالتجهيزات المكتبية المراعية للصحة، وإمدادهم مقاعد مكتبية قابلة للتعديل بقدر كبير. أولئك الذين تلقوا التدريب وحصلوا على ذلك المقعد تحديدًا كانوا أقل عُرضة للإصابة بمشاكل عضلية هيكلية، وصرحوا بتحسن شعورهم وموقفهم من العمل عمومًا.

حقيقة الأمر إن لمنح أو تقييد السيطرة على ظروف عمل الموظفين تداعيات كبيرة على الصحة والسعادة، الأمر الذي دللت عليه دراسات تستكشف ما يُعرف غالبًا باسم «متلازمة مرض المباني». وتشمل أعراض تلك المتلازمة تهيج العينين والأنف والحلق والجلد، وكذلك الإنهاك والغثيان والصداع والدُوَار. وعادة ما تُعزى هذه المتلازمة إلى الخصائص الفيزيائية للمبنى، كالمشكلات التي تعيب أنظمة التهوئة والتدفئة أو أنظمة تكييف الهواء. لكن في عام 1989، تحدَّت دراسة كبيرة أجريت في جامعة «كوبنهاغن» هذه الفكرة. ووجد الباحثون أن الشكاوى من «متلازمة مرض المباني» شائعة بمقدار الضعف تقريبًا بين العاملين الذين يشغلون مناصب دُنيا، ولديهم جهود محدودة في السيطرة على بيئات عملهم.

إن العلاقة بين قصور السيطرة على محل العمل وأعراض مرض المباني تسري حتى في البيئات الثرية «الصديقة للموظفين»، مثلما تبين في إحدى شركات السفر في المملكة المتحدة، بحسب بحث أجراه «كريس بولدري» أستاذ الإدارة في جامعة «ستيرلينغ» في اسكتلندا. ظاهريًا، بدت بيئة العمل ممتعة لما تتمتع به من مساحات مكتبية ذات ألوان زاهية، ومزدانة بأشجار نخيل بلاستيكية. غير أن هناك منطقة مصممة على طراز غرفة «مراقبة الكل» في السجون، وتُعرف باسم «مركز المراقبة» التي سمحت للمديرين بمراقبة الموظفين سرًا طيلة الوقت، واشتكى الموظفون باستمرار من اعتلالات بدنية أصابتهم كالسعال الجاف.

ترتبط مشاعر السيطرة بالإنتاجية أيضًا. استقصت دراسة أجريت عام

2010 في جامعة «تشونغ آنغ» في مدينة سيول آراء نحو 400 موظف في شركات في ولاية ميشيغان الأمريكية، وكشفت عن العلاقة بين السيطرة التي يستشعرها الموظفون تجاه بيئات عملهم وقدرتهم على التركيز. في هذه الدراسة، تم تعريف جزء من «السيطرة» بأنها القدرة على تحريك الأثاث في أرجاء مكان العمل وتخصيص شاشات العرض، وهو التعريف الذي يشبه وضع مكتبنا المتمتع ضمن سبل التمكين. وأشارت ردود الاستقصاء إلى أن الموظفين حين شعروا بإمكانية الإدلاء بآرائهم بخصوص النواحي المادية في محل عملهم، تراجعت لديهم تداعيات الآثار السلبية للضوضاء وغيرها من مصادر الإلهاء.

لماذا يكون العاملون، الذين يشعرون بوجود علاقة شخصية تربطهم بأماكن عملهم، أسعد حالًا وأكثر إنتاجية وأوفر صحةً من سواهم؟ نعتقد أنه حين يتأفف الناس من بيئاتهم المحيطة، يقل ارتباطهم، ليس بالمكان وحسب، وإنما بالعمل الذي يؤدونه في ذاك المكان. إن ترتيب الأثاث المكتبي بطرق تستبعد تفضيلات الموظفين وتفردهم يمكن أن يقوِّض الإنتاج والتركيز، حتى لو كان مقصد المصممين حسني النية عكس ذلك. وحين يسمح للموظفين بإحاطة أنفسهم بأشياء ذات مغزى لهم على المستوى الشخصي، لن يجد خبراء الجودة والزخرفة وبائعو النباتات البلاستيكية سوقًا لبضاعتهم.

– نُشرت هذه المقالة للمرة الأولى في مجلة «ساينتفيك أميريكان مايند»، في العدد 21 (الطبعة الرابعة) في سبتمبر/أكتوبر 2010.

القسم الثاني
الابتكار والإبداع

عقلك الخصب أثناء العمل

بقلم: إيفانجيليا ج. كريسيكو

خلال عطلة نهاية الأسبوع التي وافقت ذكرى يوم الاستقلال عام 1994، وبينما كان مهندس الحاسوب «جيف بيزوس» يقود سيارته طراز «شيفروليه بليزر» 1988 برفقة زوجته، أرسى أساس ثورة في عالم تجارة التجزئة. في تلك الحقبة، كانت شبكة الإنترنت أداةً في يد الخاصة، واقتصرت إلى حد كبير على الدوائر الحكومية والأكاديمية. لكن بعد أشهر من المراقبة الدقيقة لاستخدام شبكة الإنترنت، تخيل «بيزوس» توسعًا مهولًا لهذه الشبكة، من شأنه أن يزج بها في الحياة اليومية لعامة الناس. وفي السيارة، راح يرسم الخطوط العريضة لخطة عمل تتعلق بمشروع سيحقق رؤيته على أرض الواقع. إذ بوسع شبكة الإنترنت، بحسب فهمه واستيعابه، تعزيز كفاءة الشركات المتخصصة في البيع بالمراسلة، بدايةً من بيع الكتب.

في خطوة محفوفة بالمخاطر، استقال «بيزوس» وزوجته «ماكنزي» من منصبيهما في القطاع المالي في نيويورك، بغية تأسيس شركة لبيع الكتب تعتمد على شبكة الإنترنت ومقرها مدينة سياتل. أطلقا على الشركة اسم «أمازون» تيمنًا بالنهر الأمريكي المديد وروافده العديدة

في جنوب القارة. بعد بضعة أشهر من الاختبارات وبدون أي نوع من الدعاية، بدأت الشركة تجني 20 ألف دولار أسبوعيًا من المبيعات. وفي غضون بضع سنوات، بلغت قيمة شركة «أمازون» مليارات الدولارات. وغيَّر «جيف بيزوس» الطريقة التي يشتري بها الناس سلعهم إلى الأبد، وترك أثرًا باقيًا في عالم الأعمال.

يعتبر موقع «Amazon.com» بالنسبة لرواد الأعمال في شتى أنحاء العالم نموذجًا للابتكار والإبداع. مع ذلك، يمكن للإبداع أن يأتي في عدة أشكال. لننظر إلى خط منتجات «سويفر» لشركة «بروكتر آند غامبل»، وهو إعادة التصور لمفهوم المكانس والمماسح والمنافض، ويستند إلى فكرة بسيطة مفادها أن التنظيف بأجزاء تستخدم لمرة واحدة يجعل المهمة أسهل وأكثر إمتاعًا. ويرجع الفضل إلى المصمم «جيانفرانكو زاكاي» من شركة «هيرمان ميلر» وفريقه في ابتكار مجموعة منتجات «سويفر» التي تحقق أرباحًا تتجاوز 500 مليون دولار سنويًا.

الابتكار مهم في مجموعة متنوعة جدًا من المهن، إذ إنه يرتقي بمهن رؤساء الطهاة ورؤساء الجامعات والأطباء النفسيين ومحققي الشرطة والصحافيين والمعلمين والمهندسين والمعماريين والمحامين والجراحين، وغيرهم من المهنيين. ويمكن أن تُترجم إسهامات الفكر الإبداعي مباشرةً من خلال التقدم المهني، والمردود المالي أيضًا. وفي المناخ الاقتصادي السلبي، قد يمثل الارتقاء بمهاراتك الإبداعية الخط الفاصل بين الصمود والفشل.

يُعرِّف علماء النفس الإبداع عمومًا بالابتكار الهادف لفكرة جديدة ووضعها موضع التنفيذ. في محل العمل يتلاءم التعريف أكثر، مع وصفه بأنه السعي الدؤوب وراء كل ما هو جديد ووضعه موضع التنفيذ، ويتمخض عنه نتائج مفيدة على نحو ملموس. في العديد من الدراسات على مدار العقود القليلة الماضية، حاول علماء النفس إماطة اللثام عن أسرار الإبداع الاستثنائي في ميدان الفنون أو ميدان العلوم، ودرسوا شخصيات بارزة أمثال «بابلو بيكاسو» و«موتسارت» و«فرجينيا وولف» و«الأخوان رايت» و«ألبرت أينشتاين». وكشفت هذه الاستقصاءات، فضلًا عن استقصاءات أخرى في أصول حل المشكلات اليومية، عن عوامل وراثية واجتماعية واقتصادية (وكذلك ظروف عارضة) تساهم في الفكر الإبداعي.

وما دام الإبداع يُعد هبة قاصرةً على أقلية مختارة، يعكف علماء النفس الآن على الكشف عن بذوره في العمليات العقلية، كصناعة القرار واللغة والذاكرة التي نملكها جميعًا، ويمكننا جميعًا أن نُعزز إمكاناتنا الإبداعية. لقد أثبتت الدراسات الحديثة نتائج واعدة للتقنيات التي تفكك أساليب الناس الراسخة في رؤية العالم، وكذلك الاستراتيجيات التي تشجِّع عمليات التفكير اللاوعي. تابع القراءة عزيزي القارئ لتُجرِّب تلك التقنيات في البيت أو في مكان العمل.

• عقل منفتح

لقد ألهم أفراد بارزون أمثال «بيزوس» والراحل «ستيف جوبز» و«مارثا ستيوارت» و«ستيف إيلز» (مؤسس سلسلة مطاعم

Chipotle Mexican Grill الناجحة) وكثيرون غيرهم، رواد الأعمال والمهنيين لصقل مهاراتهم الإبداعية. عادة ما يستعين الأفراد والشركات بورش عملٍ للإبداع وجلسات للتلاقح الذهني وكتب لمساعدة الذات ومقاطع فيديو تدريبية بل حتى بالتنويم المغناطيسي، باعتبارها وسائل لإنجاز هذا التحسن. ومن غير المعلوم ما إذا كانت هذه الممارسات تؤثر في احتمال تحقيق قفزات إبداعية، ومع ذلك، أنجز علماء النفس وعلماء الأعصاب بعض الاكتشافات المهمة التي يمكن أن تساعدنا على فهم الحالات المزاجية المفيدة للتفكير الإبداعي.

عندما يفكر الناس في الإبداع، فهم يفكرون عمومًا في خلق أفكار جديدة. واستخلاص الأفكار هو بحق المرحلة الأولى البالغة الأهمية في العملية الإبداعية. وكي تتوصل إلى أفكار جديدة لتحقيق غاية ما، فأنت بحاجة عمومًا إلى عقل مُنفتح، أي عقل توجهه القواعد والقيود بالحد الأدنى. في عام 2009، بيَّنت عالمة الأعصاب «شارون تومبسون سشيل» من جامعة «بنسلفانيا» وزملاؤها، أن الإلهام الإبداعي ربما ينتفع من الحالة الدنيا من السيطرة الإدراكية؛ أي قيود أقل على الأفكار والسلوك.

يرتبط فكرك عن الإبداع والمُنساق بالقواعد بدفقةٍ من النشاط في قشرة الفص الجبهي في دماغك، وهي منطقة موجودة على سطح الدماغ خلف جبهتك، وتُنظم قراراتك وأفكارك وأفعالك. حين تتخلى عن قواعدك أو تشوش ركيزة انتباهك، يهدأ نشاط هذه المنطقة

ويخبو. وسمَّى فريق «تومبسون سشيل» هذه الحالة بـ«قصور نشاط الفص الجبهي»، وافترضوا أنه يكفل العديد من المزايا لتعلم اللغات والتفكير الإبداعي، من بين جوانب أخرى من الإدراك.

وعثر الباحثون على علامات مبكرة عن قصور نشاط الفص الجبهي في منتصف التسعينيات، حين قاسوا نشاط الموجات الكهربائية في أدمغة الذين توصلوا إلى أفكار جديدة. وبرصد موجات الكهرباء على فروة الرأس، استطاع العلماء فهم «الحالة الذهنية» للمرء، وعرفوا ما إذا كان مستيقظًا أم نائمًا أم منتبهًا أم مسترخيًا. حين يستغرق شخص ما في مهمة ما تتطلب سيطرة إدراكية وانتباه مُركز، كحل معادلة رياضية مثلًا، أو اتخاذ القرار بشأن محتويات أمتعة السفر استعدادًا لرحلة التخييم، عادةً ما تبسط موجات «بيتا» التي تتذبذب عند تردد يتراوح بين 15 و20 هرتز سيطرتها وهيمنتها. ولكن عند توصل الناس إلى أفكار جديدة، سجَّل الباحثون موجات «ألفا» على القشرة الجبهية الأمامية. عادة ما تكون هذه الموجات التي تتراوح تردداتها بين 8 و12 هرتز علامةً على اليقظة المطمئنة والانتباه المُشتت، وعزز وجودها فكرة أن تخليق الأفكار يرتبط بحالة من السيطرة الإدراكية بحدِّها الأدنى.

إن سلوك المرضى الذين تدهور نشاط الفص الجبهي الصدغي لديهم نتيجة الخرف أو اضطرابات مثيلة له، تتماشى مع هذه الرؤية. وتظهر على هؤلاء الأفراد اعتلالات حادة في تنظيم أفكارهم وأفعالهم، غير أنهم ربما يُعايشون إبداعًا موسيقيًا أو فنيًا بديهيًا افتقروا إليه قبل أن يصيبهم المرض.

هناك المزيد من البيانات الحديثة التي تساند الحجة المؤيدة لأهمية قصور نشاط الفص الجبهي في الإبداع اليومي. في دراسة نُشرت عام 2011، عرضت أنا و«تومبسون سشيل» على المشاركين صورًا لأشياء تقليدية (المحارم على سبيل المثال)، وطلبنا إليهم أن يخبروننا عن الاستعمال الشائع لها (مسح الأنف) أو الاستعمال غير شائع لها (حشوة واقية لمحتويات الطرود). ظهرت على المشاركين الذين خلصوا إلى استخدامات غير تقليدية للأغراض، الحد الأدنى من النشاط في مناطق الفص الجبهي للدماغ، ونشاط متزايد في المناطق الخلفية للدماغ المسؤولة عادةً عن المهارات البصرية المكانية. على النقيض من ذلك، بدا على الذين خلصوا إلى الاستخدامات التقليدية النمط العكسي. إن اختلاق التطبيقات المبتكرة للأغراض يبدو أنه ينتفع أيضًا من القدر الأدنى من تصفية (فلترة) المعارف والتجارب، ما يُمكِّن الناس من التفكير بمجموعة أكبر من الحلول الممكنة.

من الممكن أن تنشأ الأفكار الإبداعية من الالتفات إلى الخصائص البصرية للأشياء، كشكلها وحجمها وتركيبها المادي. وبدلًا من تسليط الضوء على المعارف السابقة، يدخل الدماغ في حالة تؤكِّد على عناصر الإدراكية التي غالبًا ما تكون مُهملة.

استطاع العلماء محاكاة هذه الحالة العقلية عن طريق حث فروة الرأس بحافز كهربائي، لتحسين قدرة المرء على حل المشاكل وتخطي العقبات. وتضفي هذه البيانات مصداقية كبيرة على فكرة أن النشاط المُتراجع في القشرة الجبهية الأمامية، لا سيما تلك

الواقعة على الجانب الأيسر من الدماغ، يشكل أساسًا لجزء مهم من العملية الإبداعية.

• تحفيز الدماغ

تمكن علماء الأعصاب من تعديل العملية الإبداعية إما بتحسين أو تثبيط النشاط في مناطق الدماغ الجبهية. وفي تقنية تسمى «التنبيه باستخدام التيار المباشر عبر القحف»، تتدفق كميات دقيقة جدًا من التيار الكهربائي عبر زوج من الأقطاب الكهربائية مُثبتين بفروة الرأس، فإما تزيد أو تخفض نشاط تلافيف الدماغ الأساسية.

في دراسة نشرت في عام 2011، اعتمد عالم الأعصاب «ألان سنايدر» الذي يعمل في مركز أبحاث الدماغ في سيدني وزملاؤه تلك الطريقة، للتأثير على قدرة الأشخاص في حل الألغاز الحسابية باستخدام أعواد الثقاب (الرسم أدناه). من الممكن حل المسائل المبدئية كلها باستخدام استراتيجية مماثلة، غير أن المسألتين الأخيرتين تطلبتا التخلي عما كان مجديًا من قبل، وتطوير نهجٍ مبتكر. افترض فريق «سنايدر» أن نصف الدماغ الأيمن يعزز الإبداع، في حين أن نصفه الأيسر يعوقه. والواقع أنه حين خفض الباحثون النشاط في القشرة الجبهية اليسرى واستحثوا في الوقت عينه القشرة الجبهية اليُمنى لدى بعض المشاركين في التجربة، حلَّ هؤلاء تلك المسألتين بمعدلات أسرع من أولئك الذين تلقوا نمط الحث المعاكس (تحفيز الفص الأيسر وتثبيط الأيمن) أو تلقوا تحفيزًا زائفًا.

فضلاً عن تعزيز استراتيجيات بديلة لحل المشكلات، يمكن لتقنية التحفيز العصبي هذه أن تدعم توليد الأفكار الجديدة أيضًا، كابتكار تطبيقات جديدة للأشياء. في دراسة أُجريت عام 2012، قمت أنا وزملائي بتخفيض النشاط العصبي في قشرة الفص الجبهي اليسرى للمشاركين، أثناء اختبارهم للتوصل إلى الاستخدام الشائع أو غير الشائع للأشياء المعروضة عليهم في الصور. فكر هؤلاء الأفراد في استخدامات أغرب إلى حد كبير -وأسرع بمعدل ثانية واحدة- من الذين تلقوا تيارًا مُثبطًا في قشرة الفص الجبهي اليمنى، أو أولئك الذين أُعطوا تحفيزًا زائفًا. وتدعم هذه النتائج بقوة فرضية أن عرقلة الفرز الإدراكي عبر تخفيض التحفيز لقشرة الفص الجبهي اليسرى أثناء توليد الأفكار، يمكن أن يُعزز التفكير الإبداعي.

النوع	بيان زائف	الحل
1	III=IX−I	III=IV−I
2	VI=VI+VI	VI=VI=VI
3	IX=VI−III	IX−VI=III

• السيطرة على الفكر

فضلًا عن استحداث الأفكار، ينطوي الإبداع الحقيقي على تقييم خياراتك، وانتقاء أفضلها، وتنفيذ خطة لتحقيق رؤيتك. وتنطوي عملية

التقييم هذه، وهي مرحلة التفكير الإبداعي الثانية الحاسمة، على حالة ذهنية ينشط فيها المُرشِّح الإدراكي في قشرة الفص الجبهي بدلًا من أن يتعطل. في دراسة نُشرت عام 2011، طلبت «كالينا كريستوف» من جامعة «كولومبيا البريطانية» وزملاؤها من طلاب جامعة «إميلي كار» للفنون والتصميم في فانكوفر، صنع رسوم إيضاحية لأغلفة كتب على لوح رسم خاص أثناء تواجدهم داخل ماسح للدماغ. وطُلِب منهم ابتكار أفكار لرسومهم التخطيطية خلال ثلاثين ثانية، ثم إنفاق 20 ثانية على تقييم تلك الرسوم التخطيطية. اكتشف الباحثون أن قشرة الفص الجبهي، من بين مناطق أخرى، كانت أنشط أثناء مرحلة التقييم، ما يوحي بأن شبكة التحكم التنفيذي التي تصفِّي البيانات وتكبح السلوك، تكون أكثر انشغالًا أثناء المرحلة التقييمية من العملية الإبداعية.

بناءً على ذلك، قد يكون المبدعون هم أولئك الأقدر على الارتقاء بتنظيم منظومة التحكم الإدراكي لديهم وتثبيط تنظيمها، وفقًا لمقتضيات الموقف، وهي المهارة المعروفة باسم «المرونة الإدراكية». في دراسة أُجريت عام 2010، قيَّمت «داريا زابيلينا» و«مايكل روبنسون» -كانا يعملان آنذاك في جامعة ولاية داكوتا الشمالية- أولًا إبداع 50 طالبًا جامعيًا باستخدام اختبارات كتابية قياسية، ثم قاسا قدرتهم على التحكم الإدراكي بالاستعانة باختبار «ستروب». في هذه المهمة، يُعطى الناس قائمة بكلمات عن الألوان («أصفر» و«أزرق» و«أحمر»... إلخ) مطبوعة بلونٍ ما لا يطابق الكلمة غالبًا. والهدف من هذه المهمة تحديد لون الكلمة بغض النظر عن معناها. وتقيس هذه المهمة مدى

براعة المرء في استبعاد المعلومات عديمة الصلة للتركيز على الجانب المهم، وهي سمة أساسية من سمات التحكم الإدراكي.

ومع أن أداء المبدعين وغير المبدعين جاء متكافئًا في هذه المهمة إجمالًا، فقد كان أداء المبدعين أفضل كلما أُنيط بهم الانتقال من مزيج متطابق (كلمة «أحمر» مكتوبة باللون الأحمر مثلًا) إلى زوج متنافر («أحمر» مكتوبة باللون الأزرق). تشير هذه النتائج إلى أن المبدعين يظهرون مرونة إدراكية أكبر، ما يدعم القدرة على توليد أفكار جديدة ووضع هذه الأفكار موضع التنفيذ.

كان علماء النفس يستكشفون طرقًا لتوسعة نطاق إبداعنا، وتعزيز ترسانة التقنيات التي تعزز توليد الأفكار وتنفيذها. وتظهر بعض هذه الطرق في الأقسام التالية.

• تمارين ذهنية

يمكن أن تساعد التمارين التي تُزعزع طرق التفكير التقليدية لدى الناس على تبنيهم عقلية إبداعية. يمكن لمهمة البحث عن الاستعمالات البديلة السالف وصفها، أن تحث الناس على إعادة النظر في الطريقة التي يصنفون بها الأشياء. في دراسة نُشرت عام 2006، طلبت أنا وزملائي من طلاب الجامعة ابتكار ستة استخدامات بديلة على الأكثر لـ12 غرضًا شائعًا في غضون 15 دقيقة. بعد ذلك، طلبنا إليهم حل مشكلات عملية، كتثبيت شمعة رأسيًا على جدار، باستخدام علبة أعواد ثقاب وعلبة مسامير. (تلميح: تخيل العلبة بوصفها منصة حاملة).

بالنسبة لبعض الطلاب، كانت أغراض المهمة الأولى مرتبطة بالمشكلات العملية، وبالنسبة لآخرين لم تكن كذلك. لكن جاء أداء هاتين المجموعتين رائعًا إلى حد متكافئ في سياق حل المشكلات العملية، وحلّت كلتا المجموعتين عددًا أكبر بكثير من المشكلات، مقارنة بتلك التي حلها الطلاب الذين لم يستكملوا مهمة الاستعمالات البديلة. لذلك بدا أن المهمة التدريبية تفيد مشاركينا بشكل أكثر عمومية، إذ تسوقهم إلى الحالة الذهنية السليمة الملائمة للحل الإبداعي للمشكلات.

ثمة طريقة أخرى لتعزيز الإبداع قد تتمثل في وصف الأشياء بأساليب غير تقليدية، كوصفها بسماتها وليس تبعًا لوظيفتها. في دراسة أُجريت عام 2012، درَّب عالم النفس «توني ماكافري» من كلية «أمهرست» في جامعة «ماساتشوستس» الطلاب على تعريف الأشياء عمومًا استنادًا إلى شكلها وحجمها والمواد التي تتكون منها. يجوز وصف الشمعة بأنها تتكون من شمع وفتيل، أو حتى على نحو أكثر غموضًا بأنها تتألف من فتيل وليبيدات مصبوبة على هيئة أسطوانية. حث «ماكفري» الطلاب على أن يتساءلوا: «أيمكنني تفكيك الوصف وصولًا إلى مستوى أبعد من ذلك؟» و«هل يوحي وصفي باستخدام بعينه؟» أظهر المشاركون الذين تلقوا هذا التدريب دفعًا بنسبة 67٪ في حل المشكلات مقارنةً بأولئك الذين لم يتلقوا هذا التدريب. ومن بين الأسباب التي صبت في صالحهم أنه كان من المرجح أن يلاحظوا سمات مُستغلقة للمشكلات ضرورية لحلها.

إن أداء المهام التقليدية بترتيب غير تقليدي يُمكن أيضًا أن يخلخل عمليات تفكيرك الاعتيادية، ويرتقى بآفاقك الإبداعية. في دراسة أُجريت عام 2012، طلبت عالمة النفس «سيمون ريتر» من جامعة «رادبود نايميخن» الهولندية وزملاؤها، من مجموعة من الطلاب إعداد شطيرة لوجبة الإفطار بالزبدة والشوكولاتة (مزيج شائع في هولندا). صنع نصفهم الشطيرة بالطريقة التقليدية، وحُث النصف الآخر على صنعها استنادًا إلى تسلسل غير تقليدي للخطوات. وبعد ذلك، أُمهِل الطلاب دقيقتين لابتكار استعمالات لقالب طوب، ودقيقتين أخريين لاختلاق أكبر عدد ممكن من الإجابات عن السؤال التالي: «ما الذي يُصدِر صوتًا؟» استخلص الذين صنعوا الشطيرة بطريقة غير تقليدية -النشاط الذي خالف توقعاتهم بحسب تفسير الباحثين- بأنواع أكثر تباينًا من الإجابات، ونالوا درجات أعلى في المرونة الإدراكية.

إذا لم تمنحك التمارين الذهنية أفكارًا مبتكرة بالقدر الكافي، عليك محاولة الاستعانة بلاوعيك. ثمة خدعة واحدة تساعدك على تحقيق هذا التحول في القدرة العقلية: اخلد للنوم ريثما تصل إلى حلٍ للمشكلة. وتحديدًا، يمكن أن تساعد مرحلة نوم حركة العين السريعة أو مرحلة الأحلام على خلق ارتباطات بين الأفكار الغريبة. وقد تُبرز هذه الارتباطات حلولًا لمعضلات أربكتك قبل خلودك إلى النوم مباشرةً.

يمكن أن تتمخض فوائد مثيلة عند السماح لخيالك بأن يسرح أو أن تشتت انتباهك عن عمد. في دراسة أُجريت عام 2006، طلب عالم

النفس «آب دجيكستير هويس» ويعمل في جامعة «رادبود نايميخن» وزملاؤه، من المشاركين في التجربة ابتكار أسماء جدية لمنتجات معينة. وتبيَّن أن الذين تشتتوا بسبب مهمة مختلفة استخلصوا أسماءً أكثر أصالة من أولئك الذين انكبوا على المسألة بلا انقطاع. في دراسات لاحقة، أظهر فريق «دجيكستير هويس» أن المعالجة اللاواعية يمكن أن تُسفر عن إجابات للمشكلات بالغة الصعوبة والتي تتطلب بحثًا موسعًا عن المعرفة المخزونة. وتشير هذه النتائج إلى أنك لو تعثرت في إيجاد حل لمشكلة عويصة، فمن الأفضل أن تأخذ قسطًا من الراحة وتنشغل بشيء آخر.

اتضح أن ما تنجزه أثناء فترة الراحة بالغ الأهمية أيضًا. في دراسة أجريت عام 2009، طلبت عالمة النفس «صوفي إيلوود» من مركز أبحاث العقل في مدينة سيدني وزملاؤها، من المشاركين التفكير بأكبر عدد ممكن من الاستعمالات لقصاصة ورق. أدى بعض المشاركين المهمة بلا انقطاع لأربع دقائق، بينما توقف آخرون بعد دقيقتين وانخرطوا في تمرين مثيل (التفكير في مرادفات بعض الكلمات) لخمس دقائق قبل العودة إلى مهمة قصاصة الورق. استغلت مجموعة ثالثة فترة الاستراحة لاستكمال استبيان عن الشخصية. استخلص الذين أخذوا فترة راحة استعمالات أكثر لقصاصة الورق من أولئك الذين لم ينقطعوا عن المهمة، غير أن الذين انكبوا على النشاط غير ذي الصلة حققوا الأداء الأمثل في هذه المهمة الإبداعية.

• **الحفاظ على التباعد**

من الممكن أن تستنفر العديد من العوامل الاجتماعية والوجدانية الأخرى التفكير الإبداعي، من بينها التفكير في مشكلة ما باعتبارها بعيدة. أعطى عالم النفس «ليل جيا» وزملاؤه، وكان جيا يُعمل آنذاك في جامعة «إنديانا بلومنغتون»، الطلاب مشكلات عملية شبيهة بالمشكلة التي تنطوي على الشمعة السالف طرحها. قالوا لبعض المشاركين إن إجاباتهم ستُجمع لأجل علماء في واحدة من الجامعات التي تفصلها عنهم بضعة آلاف الأميال، وقالوا لآخرين إن فريقًا بحثيًا في جامعتهم سيحصل على النتائج. ولم تتلقَ مجموعة ثالثة من الطلاب أي معلومات بخصوص مكان إجراء الدراسة. لوحظ أن الطلاب الذين ظنوا أنهم يحلون مشكلات لأغراض الاستقصاء البعيد حلّوا ضِعْف عدد المشكلات التي حلها غيرهم من الطلاب. وافترض الباحثون أن المسافة النفسية أدت إلى تعامل الطلاب مع المشكلات بلغة أكثر تجريدًا، مما يسَّر لهم حلها.

النأي بالنفس زمنيًا يمكن أن يرتقي بالابتكار أيضًا. طلبت عالمة النفس «نيرا ليبرمان» في جامعة تل أبيب وزملاؤها، من المشاركين أن يتخيلوا أنفسهم مُستقبلًا، إما بعد يوم واحد أو بعد عام واحد. بعد ذلك، أعطى الباحثون المشاركين في التجربة سلسلة من المشكلات لحلها، وطلبوا منهم أن يتخيلوا أنهم يعملون على حلها في الزمن المستقبلي المحدد. وظهر أن أولئك الذين تخيلوا أنفسهم في المستقبل البعيد حلّوا مشكلات أكثر بكثير من أولئك الذين تخيلوا أنهم في اليوم التالي.

وفضلًا عن المسافة النفسية، من الممكن أن تزيد المسافة المادية التي تفصلنا عن الآخرين المحصلة الإبداعية أيضًا. وأثبتت الأبحاث الأخيرة أنه رُغم المنافع المفترضة للتلاقح الفكري الجماعي، فإن فائدته لا تتجلى سوى بعد أن تكون قد خلصت وحدك إلى القليل من الحلول لمشكلة معقدة. إضافةً إلى ذلك، يؤتي تلاقح الأفكار ثماره في سياق التفاعلات الاجتماعية العارضة المُختصرة شبه المُنظمة كالغداء الجماعي أو الملتقيات الجماعية، على نحو أفضل من الاجتماعات المُطوَّلة المُنظمة. وتبدو التفاعلات بين الأشخاص من ذوي الخلفيات المتنوعة تبدو رائعة -يعملون في مجالات مختلفة لكنها مترابطة أو يعملون في أماكن أخرى- للارتقاء بتوليف أفكار جديدة واستحداثها على وجه الخصوص.

لكن بغض النظر عن مدى الإبداع في أفكارنا، يترتب علينا أن نجتاز عقبة واحدة كبرى، ألا وهي خوفنا من الإقدام على المخاطر. ينزع الناس إلى سلوك دروب آمنة، غير أن الأمان لا يثمر عن حلول جذرية جديدة. فلم يضطر «بيزوس» وزوجته إلى استحداث فكرة «أمازون» وحسب، وإنما كان لا بد لهما أن يكونا على أتم الاستعداد للتخلي عن الوظيفة الآنية، وملاحقة مستقبل محفوف بالشكوك. في خضم القيود المالية وغيرها من القيود العملية والمهنية في غالبية أماكن العمل، ناهيك عن هموم الحياة الأخرى، قد يكون تخلِّيك عن حلٍ مُرْضٍ ولكن آمن بغية السعي وراء فكرة جديدة أكبر تحدٍ على الإطلاق يعترض درب استثمار إمكانياتك الإبداعية. وكما قال «بيزوس» ذات مرة: «الابتكار خروج عن المألوف».

استهدف الابتكار

جرب هذه النصائح للارتقاء بإبداعك في العمل إلى أقصى حد ممكن.

1. **تحوَّل إلى خبير**: ستسمح لك القاعدة المعرفية المتينة بالربط بين الأفكار الغريبة ورؤية صلتها بمشكلة ما.

2. **راقب**: عندما تحاول التوصل إلى منتج أو خدمة جديدة، ادرس بعناية النحو الذي يستخدم به الناس ما هو مُتاح حاليًا، والمشكلات التي تواجههم.

3. **تعرف على جمهورك**: ضع نفسك مكان المستهلك المُستهدف. كيف يمكن لطفلٍ أن يستخدم جهاز تحكم عن بُعد؟ كيف يمكن لشخصٍ مُسن أن يصل إلى مقصورة التصويت؟ كيف يمكنني أن أصنع حلوى لشخصٍ نباتي؟ اخرج من هالة الرفاهية والتراخي التي تحيط بها نفسك. وابحث عن أنشطة خارج مجال خبرتك. التحق بصف دراسي، أو طالع كتابًا جديدًا، أو سافر إلى بلد أجنبي. التجارب الجديدة غالبًا ما تحمل في طياتها أفكارًا مبتكرة وجديدة.

4. **كُن على استعداد للعمل وحدك**: من الممكن أن يساعدك تلاقح الأفكار على التوليف بين أفكارك. ولكن، لو بدأت العملية الإبداعية من تلقاء نفسك، سيكون ذلك أكثر فعالية بكثير.

5. **تحدث عن عملك مع الغرباء:** المنظور الجديد قد يساعدك على أن ترى حلولًا بديلة أو نواقص مُحتملة تعيب فكرتك الأصلية.

6. **استمتع بوقتك:** المزاج الرائق يمكن أن يخلق روابط مُستبعدة. ربما ساعدتك الموسيقى الصاخبة، غير أنها تجعل أداء المهام التي تقتضي تركيزًا أصعب. إذا كنت بحاجة إلى التركيز، اكبح جماح سلوكك بأغانٍ حزينة.

7. **خذ قيلولة أو اسمح لأفكارك بأن تهيم:** يمكن للنوم وأحلام اليقظة أن يُجندا عقلك اللاواعي، فينكب على مشكلة يستعصي عليك حلها.

8. **خذ قسطًا من الراحة:** تشغيل ذهنك بمهمة مختلفة ربما يطلق العنان لحلول المُبتكرة. تحدَّ نفسك، عطِّل روتينك اليومي، تخلَ عن فكرتك الأولى (حتى لو كانت مُجدية)، وابحث عن فكرة جديدة. اقتبس حلول الآخرين وحاول أن تطورها وترتقي بها.

-نُشرت هذه المقالة للمرة الأولى في مجلة «ساينتفيك أميريكان مايند»، العدد 23 (الطبعة الأولى) في ديسمبر 2013.

الإبداع جماعي

بقلم: ألكسندر هاسلم وإينماكولادا أدارفيس-يورنو وتوم بوستمس

يحصل أفضل الممثلين والمخرجين وكُتّاب السيناريو على جوائز الأوسكار، أما أبرز العلماء فينالون جوائز نوبل. ويقدم المجتمع العديد من الجوائز كل عام للاحتفاء بالإنجازات الإبداعية للأفراد. تُغذي هذه الفعاليات التصور الشائع بأن الإبداع هبة لا يملكها إلا أشخاص محددين، وهو بمثابة تمجيد للفردية. قال «ألبرت أينشتاين» ذات مرة: «كل ما هو عظيم ومُلهم بحق هو صنيعة الإنسان الذي يستطيع أن يعمل بحرية». من هذا المنطلق، غالبًا ما يُعتقد أن قيود الجماعات والمجتمع المُهيمن تحكم على الإبداع بالموت. ويرى كثيرون أن فكرة الإبداع الجماعي ضرب من التناقض.

لكن إذا فكرنا بأسلوب خلاق، وتحدينا الفرضية الأساسية التي مفادها أن الفرد المُبدع هو العنصر الحاسم الوحيد في العملية الإبداعية. نعمد في الواقع إلى دراسة إمكانيات الجماعات في أن تؤدي دورًا محوريًا في الإبداع، ولا أعني في ابتكار منتجات جديدة وتشكيلها وحسب، وإنما في ضمان نيلها التقدير الذي تستحقه

وتحقيقها الأثر المنشود أيضًا. ومع أن هذه الفكرة ربما بدت منافية للعقل، فقد نالت دعمًا علميًا كبيرًا. نشر ثلاثة من فريقنا، بالتعاون مع زميلتنا «ليز يانس»، استعراضًا لقسم كبير من البيانات المتراكمة في مقال يوجز الفكر الحالي المتعلق بالجماعات والإبداع. وخلصنا إلى أنه من الصعب والعقيم أن نفصل ما بين إبداع العقول الفردية والمجتمعات التي ازدهرت فيها تلك العقول.

• الهويات الاجتماعية

رغم الفكرة الرومانسية ومفادها أن الابتكار ميدان الأفراد الصارمين الذين ينهمكون في عملهم في عزلة تامة، إلا أن الركيزة العلمية على الشخصية الفردية لم تظهر بعد توقعات دقيقة حول السلوك الإبداعي. لقد مشط العلماء السير الذاتية للعباقرة المبدعين بحثًا عن تجارب وسمات شخصية من المرجح أن تكون قد أسهمت بما بلغوه من عظمة. لكنهم فشلوا في تحديد السمات التي تتنبأ بقوة بالشباب الذين من المُقدَّر لهم أن يصبحوا عباقرة مبدعين.

وتفتقر هذه الجهود إلى القدرة التنبؤية لأنها لا تأخذ بعين الاعتبار الدور البارز الذي يؤديه السياق الاجتماعي. إن طبيعة الابتكار وأهميته تعتمدان على التفاعل بين أفكار الفرد والعصر الذي يعيش فيه والثقافة التي يعاصرها. لو كان «بروس سبرينغستين» قد وُلِد عام 1749 بدلًا من 1949، لكان من المستبعد أن نسمع أغنية «كُتب علينا الفرار منذ أن ولدنا» (Born to Run). وعلى النحو نفسه، لو أن الموسيقار

الإيطالي «دومينيكو تشيماروزا» وُلِد عام 1949 بدلًا من 1749، ربما لم تر مسرحياته الغنائية البالغ عددها نحو 80 مسرحية، بما في ذلك رائعته «الزيجة السرية» (Il matrimonio segreto)، النور مُطلقًا.

تشير مثل هذه الأمثلة بقدرٍ أكبر إلى الأثر الذي تمارسه الجماعات على الإبداع. في سبعينيات القرن العشرين، استحدث عالما النفس الراحلان «هنري تاجفيل» و«جون تيرنر» من جامعة «بريستول» في إنجلترا مفهوم الهوية الاجتماعية، إذ لاحظا أن الناس، عبر نطاق من السياقات المختلفة، يعدُّون أنفسهم أفرادًا، غير أنهم يعتبرون أنفسهم أعضاءً في الجماعات التي ينتمون إليها أيضًا. لذلك قد ينظر الرسام التكعيبي -سنطلق عليه اسم «بابلو»- إلى نفسه في بعض الأحيان من منطق هويته الشخصية (بابلو)، غير أنه في مناسبات أخرى سيعتبر نفسه تكعيبيًا، وهي هويته الاجتماعية. في حالات أخرى، يمكن أن تتحدد هويته الاجتماعية بالإشارة إلى جنسيته أو نوعه الاجتماعي أو عقيدته أو دوره في فريق أو نادٍ بعينه أو مؤسسة محددة.

برهن «تاجفيل» و«تيرنر» أنه حين تكون هوية اجتماعية بعينها بارزة نفسيًا، وتُحدد إحساس المرء بهويته، فإن الجماعة التي تُشكِّل أساسًا لتلك الهوية ستمارس أثرًا عميقًا على سلوك ذلك الشخص. فضلًا عن ذلك، فإن الطريقة التي يُقيِّم بها المرء فعلًا ما، بغض النظر عما إذا كان صادرًا عنه أم لا، تعكس التفاهمات المشتركة لتلك الجماعة. وتنطبق هذه الفكرة على السلوك الإبداعي وتقييمه أيضًا. على سبيل المثال، انطلاقًا من كون «بابلو» تكعيبيًا، فمن الأرجح

أن يكون مهتمًا بالتمثيلات التجريدية للأشياء وأن يُقيم لها وزنًا، ومن المرجح أن ينجز رسوماته وفقًا لتوجيهات المدرسة التكعيبية وتفضيلاتها.

وتمنح الهويات الاجتماعية الناس منظورًا مُشتركًا أيضًا، وكذلك القدرة والحافز على المشاركة في ممارسة أثر اجتماعي متبادل. لكن حين يتصرف الناس بلغة هويتهم الشخصية المُتفردة، فمن المرجح أن يتجلى إبداعهم في انحرافهم عن الدرب السائد. في تجربة نُشرت عام 2007، طلب ثلاثتنا من بعض الطلاب الجامعيين الذي كانوا يعملون في جماعات أن يصنعوا مُلصقات عن «أسباب التحاقهم بالجامعة»، وطلبنا من مجموعات أخرى من الطلاب أن يصنعوا ملصقات عن «الموضة في الجامعة». بهذه التعليمات، سُقنا الطلاب ضمنيًا إلى الالتزام بمعايير جماعية محددة. فأولئك الذين طُلب إليهم التركيز على «الأسباب» صنعوا بطبيعة الحال ملصقات هيمنت عليها الكلمات، وأولئك الذين طُلب إليهم صنع ملصقات عن «الموضة» صنعوا ملصقات حافلة بالصور إلى حدٍ كبير.

في مرحلة ثانية من الدراسة أُجريت بعد ثلاث ساعات، طلبنا من المشاركين أنفسهم صنع نشرة للإعلان عن الجامعة والترويج لها، وهي المهمة التي يمكن إنجازها بكفاءة بالكلمات وبالصور على حد سواء. في هذه المرة، عمل بعض الطلاب ضمن مجموعات، بينما صنع آخرون النشرة وحدهم. ركزنا اهتمامنا لمعرفة ما إذا كانت هذه المهمة الإبداعية ستُشكِّلها المعايير الجماعية التي تأسست في

المرحلة السابقة، وقد كانت كذلك. اكتشفنا أنه عند العمل ضمن جماعة، كانت إبداعات المشاركين عمومًا تتماشى مع المعايير الجماعية التي ترسَّخت أثناء مشروع صناعة الملصق، سواء ارتكزت تلك المعايير على الصور أو الكلمات. ولكن، عند العمل فرادى، انحرف المشاركون عادةً عن معايير الجماعة التي انتموا إليها في السابق. وتدعم هذه النتائج، وكذلك نتائج الدراسات المثيلة، الزعم بأن طبيعة النشاط الإبداعي للناس تعتمد على معايير الجماعة.

- **روح التعاون**

قد توحي الأدلة على أن الهوية الاجتماعية تُشكل الإبداع، بأن الجماعات تستحث ببساطة تلاقي الأفكار والتوافق. والواقع أنه في السبعينيات، اعتبر عالم النفس «إيرفينغ جانيس» من جامعة «ييل» أن الرغبة في التوافق مع الجماعة تفضي إلى قصور في التفكير النقدي وصناعة قرارات معيبة، وهي الظاهرة التي تُعرف باسم «التفكير الجماعي» التي اعتبرها «جانيس» نقيضًا للإبداع. ومع أن ديناميكية الجماعة يمكن أن تكون قامعة في بعض الأحيان (أو حتى أسوأ من ذلك)، فهي لا تُسفر حتمًا عن خيارات غير عقلانية أو دعمٍ أعمى لأفكار الجماعة.

من ناحية، تُشكِّل معايير الجماعة جانبًا واحدًا فقط من إبداع الفرد. على سبيل المثال، قد يستخدم الرسامون التكعيبيون أشكالًا هندسية تجريدية تمشيًا مع عادات المدرسة التكعيبية. ولكن، من

المرجح أن تختلف أعمالهم الفنية من جوانب أخرى -في استخدامها لألوان أو أفكار بعينها- لا يُقيِّدها الأسلوب التكعيبي.

بالإضافة إلى ذلك، يمكن للنقاشات التعاونية مع الأصدقاء أو الزملاء أو الأقران أن تعزز الأفكار المبتكرة لا أن تكبتها مطلقًا. وكما تقول عالمة النفس «فيرا جون شتاينر» من جامعة «نيومكسيكو» في كتابها «التعاون الإبداعي» الصادر عام 2000، الجماعات الصغيرة -كفريق «البيتلز» أو مدرسة «باوهاوس» أو مجموعة «بلومزبري» مثلًا- عادةً ما تقود الابتكار بتبادل الأفكار فيما بين أفرادها، في حين تبحث عن طرق جديدة للتعاطي مع مشكلات فنية ونظرية وعملية.

الأهم من ذلك أن التضامن والتوافق عاملان ضروريان لتقدُّم الحركات الإبداعية، لأنهما يسمحان للأفراد بالتوافق حول مشروع مشترك. في دراسة نُشرت عام 2006، استكشفنا هذه الفكرة، إذ طلبنا من مجموعات صغيرة من الطلاب المشاركة في عملية تخطيط وهمية، الغاية منها بناء مركز محلي إبداعي لرعاية الأطفال. وقبل الدراسة، خضعت بعض المجموعات لإجراء رسَّخ لدى أفرادها شعورًا قويًا بالهوية الاجتماعية المشتركة، في حين جرى حث مجموعات أخرى على النظر لنفسها نظرة فردية. بعد ذلك، التقت المجموعات ثلاث مرات لأكثر من ساعة ونصف الساعة لمناقشة المشروع الوهمي الذي واجه صعوبات متزايدة. أولًا، زادت تكاليف العمالة، واقتضت الحاجة إجراء دراسة للأثر البيئي للمشروع. وبعد ذلك، علم المشاركون أن صناديق الرمل الخاصة بالأطفال تحتوي

على آثار لعناصر سامة، وهدَّد الآباء بمقاضاة أصحاب المشروع، وأمر المسؤولون بإيقاف تصاريح البناء.

اكتشفنا أن المجموعات التي اكتسبت في بداية الأمر هوية اجتماعية مشتركة ظلت متحمسة للمشروع، وواصلت دعمها له حتى عندما اصطدمت بالمعوقات. من ناحية أخرى، فَقَد أولئك الذين اقتنعوا بالنظر إلى أنفسهم على أنهم أفراد حماسهم تجاه مشروع مركز رعاية الأطفال، وكثيرًا ما تباحثوا في ما بينهم بشأن إلغاء المشروع بمرور الوقت. بتعبير آخر، عززت الهوية الاجتماعية -لا الشخصية- مستوى الحماس، وشجعت الناس على المثابرة على إنجاز المهمة الإبداعية في مواجهة التحديات. وبصورة أعم، يبدو أن الناس بحاجة إلى الشعور بالهوية الاجتماعية المشتركة كي يتشبثوا بإبداعهم، ويُكملوا المشروعات الثورية، سواء في ميدان العلوم أو الصناعة أو الفنون أو السياسة، حتى النهاية.

الالتزام الشديد تجاه الجماعة لا يعمي المرء عن عيوبها أيضًا، وأحيانًا يبدو العكس صحيحًا. حين تكون المعايير مضرة بالجماعة، فإن الأفراد الذين يشعرون بارتباطهم أكثر من غيرهم بالجماعة، يتحمسون أكثر من غيرهم لمناقشة تلك المعايير وإعادة التفاوض بشأنها. في بحث نُشِر عام 2012، طلب عالما النفس «دومينيك جيه باكر» من جامعة «ليهاي» و«كريستوفر تي آتش ماينرز» من جامعة «كوينز» في مدينة أونتاريو، من الطلاب كتابة بيان افتتاحي قبل أحد الاجتماعات، وكان من المقرر أن يناقشوا فيه موضوع تعاطي

الكحوليات مع أقرانهم الذين كان النزوع إلى الاحتفال واحتساء المشروبات الكحولية العرف السائد بينهم. اكتشف الباحثون أنه كلما تماهى المشاركون مع الجماعة، انطوت بياناتهم على قدر أكبر من التحديات الإبداعية لذاك العرف الجماعي، ربما لأن الذين تماهوا بقدر كبير مع الجماعة شعروا بمسؤولية أكبر تجاهها، أو شعروا أنهم الأقدر على إحداث تحول في سلوكها. في كلتا الحالتين، أثبت البحث أن المشاركة مع الجماعة يمكن أن تساعد على تحفيز الأفكار الإبداعية الساعية للتغيير.

• لفت الانتباه

تؤدي الجماعات دورًا محوريًا في تقدير الإنجازات الرائدة أيضًا، فبدون الاستفادة من الهوية الجماعية، قد لا يلتفت أحد إلى الفنانين والكُتّاب والعلماء المبدعين. لم يستطع «فنسنت فان خوخ» طيلة حياته أن يجد من يشتري لوحاته غير التقليدية، ولم تحظَ أعماله بأي اهتمام سوى عندما فسَّر نفر من فناني حركة ما بعد الانطباعية، بعد وفاته، معنى لوحاته على أنها توحي بأسلوب مميز أرادوا محاكاته في أعمالهم الخاصة. بالمثل، في عام 1961، منع المشرف على الطالب الجامعي آنذاك «يوشيسوكي أويدا» في جامعة «كيوتو» نشر نماذجه في الحوسبة في بداية الأمر لأنها عُدَّت طليعية إلى حد مبالغ فيه. لكن ما أن تشكَّل مجتمع من العلماء قدَّر أعمال «أويدا»، حتى أحدثت نظرياته تحولًا في مجال نظرية الفوضى الناشئة آنذاك.

من المرجح إلى حد بعيد أن يدعم الناس مشروعًا أو مجهودًا إبداعيًا لو كان صاحب فكرته عضوًا من جماعتهم. فحالة الاطلاع على مجريات الأحداث هذه تساعد على تبديد الشكوك بأن المنتجات الجديدة المطروحة قد تزعزع الوضع الراهن. ويعادي المطلعون على بواطن الأمور في المؤسسات عادةً إسهامات الدُخلاء، وكثيرًا ما يتجلى التحيز بركيزة عنصرية عندما يُصدِر الناس أحكامهم على الإبداع الفني أيضًا. ففي الفنون المسرحية، قد يمنح الحُكّام الجوائز وفق اختيارهم التفضيلي لمواطني بلدهم.

على سبيل المثال، تهدف جوائز الأوسكار الأمريكية وجوائز الأكاديمية البريطانية للأفلام «بافتا» إلى الحكم على الجودة الموضوعية للأفلام. ولكن في دراسة أرشيفية غير منشورة أجريت في عام 2013، وجد عالم النفس «نيكولاس ستيفنز» وزملاؤه في جامعة «كوينزلاند» في أستراليا، أنه منذ عام 1968 حصل الممثلون والممثلات الأمريكيون على 80٪ من جوائز الأوسكار لأفضل ممثل وأفضل ممثلة، غير أنهم حصلوا على أقل من نصف جوائز الأكاديمية البريطانية للأفلام للفئات نفسها. في الوقت ذاته، حصل الممثلون البريطانيون على نحو نصف جوائز الأكاديمية البريطانية للأفلام لأفضل ممثل أو ممثلة، غير أنهم حصلوا على ما يتجاوز 10٪ فقط لا غير من جوائز الأوسكار المقابلة.

تؤكد التجارب أن تصورات الناس للإبداع تعوِّل على ما إذا كان المُبدع «واحدًا منّا» أم «واحدًا منهم». في واحدة من الدراسات التي

نُشرت عام 2008، طلب ثلاثتنا من 50 شخصًا من المملكة المتحدة تقييم مقترحات تتعلق بالشكل المستقبلي لبرنامج تلفزيوني، زعمنا أن مصدره موقع بريطاني على الويب. وأخبرنا 50 مشاركًا آخرين أن الأفكار ذاتها استُخلصت من موقع ويب هولندي. في الجزء الثاني من الدراسة، طلبنا من 125 طالبًا بريطانيًا تقييم الأعمال الفنية التي نسبناها إما إلى طلاب الجامعات البريطانية وإما إلى طلاب الجامعات الهولندية. في كلتا الحالتين، حكم المشاركون الذين ظنوا أن رفاقهم البريطانيين -المجموعة المُغلقة- ألفوا المنتجات بأنها أكثر إبداعًا، من أولئك الذين قيل لهم إن مواطنين هولنديين ألفوا المنتجات عينها.

ما يعنيه الناس في حقيقة الأمر بالإبداع -طريقة قياس الإبداع ومكافأته- يعولون على الهوية الثقافية أيضًا. في بحث نُشِر عام 2008، أجرى عالما النفس «سوزانا باليتس» وتعمل في جامعة «ميريلاند»، و«كيابينغ بينغ» ويعمل في جامعة كاليفورنيا في مدينة بيركلي دراسة استقصائية ضمَّت أكثر من 300 طالب من الصين والولايات المتحدة للكشف عن جوانب يظنون أنها تجعل منتجات بعينها إبداعية. واختبرا نوعين مختلفين من المنتجات: كتاب أكاديمي ووجبة أعدها صديق. وجد الباحثان أن أحكام الطلاب الأمريكيين على الإبداع تأثرت بقدر أكبر بالمواءمة الملموسة لمنتج ما (ما إذا كان المنتج جيدًا بشكلٍ ما تحديدًا)، في حين استندت أحكام الصينيين بقدر أكبر على ما إذا كان المنتج أمرًا مرغوبًا فيه شخصيًا. ورأى الأمريكيون أن الإبداع مسألة تتعلق بالذوق بقدر أكبر، بينما عدَّه الصينيون مسألة ترتبط بالشهوة.

تُفسر نزعة الكشف عن أحكامنا الإبداعية لهوياتنا الاجتماعية، منحى التحيز القائم على أساس النوع الاجتماعي. في بحث صدر عام 2006، صرَّح عالم النفس «توماس مورتون» وزملاؤه في جامعة «إكسيتر» في إنجلترا أن العلماء الذكور عدَّوا النظريات التي تفسر تفوق الرجال على النساء، أفضل وأكثر إبداعًا من النظريات التي تسوق الحجج بأن النساء أعلى منزلة من الرجال. وانقلبت هذه الآية عند العالِمَات. واعتقدت كلتا المجموعتين أيضًا أن الأبحاث الإبداعية التي تدعم تفضيلاتهما المبنية على هويات أفرادهما تستحق تمويلًا بحثيًا أكبر.

يتمتع المبدعون البارعون بإحساس قوي بجمهورهم، ويُكيِّفون حلولهم أو منتجاتهم لتتماشى مع الاحتياجات والقيم الملموسة لجماعة معينة. وحتى عندما ينحو العمل المستلهم نحو الانفصال عن جماعة ما، نجد أن المُبدع الناجح يألف الجماعة التي يود الانحراف عنها.

على سبيل المثال، في سبعينيات القرن الماضي أرادت فِرق موسيقى الروك الصاخبة كفريق البانك الإنكليزي «سيكس بيستولز» الانفصال عن الموسيقى الشعبية السائدة. ودعا «سيد فيشوس»، عازف القيثارة في الفريق، الناس إلى «الحط من شأن سلطة «المؤسسة» المُتعالية، ونَبْذ معاييرها الأخلاقية وتبني الفوضى والاضطراب بوصفهما علامتين للترويج». من قبيل المفارقة أن المؤسسة الموسيقية آنذاك صبغت فرقته بقوة إبداعية خاصة (الرغبة في التمرد)، منحتها

مسارًا محددًا (شيئًا محددًا تنفصل عنه) وجاذبية خاصة (لأولئك الساخطين على الموسيقى الشعبية التقليدية). وعليه، كما هو حال الجهود الإبداعية الناجحة الأخرى، لم تكن محاولات فرقة «سيكس بيستولز» لكسر القالب عشوائية وفوضوية تمامًا، كما حاول أسلافهم إقناعنا.

• إحداث تحوُّل في المجتمعات

بصفتنا أعضاء في جماعات، يعكس سلوكنا الإبداعي وتقييماتنا لابتكارات الآخرين رغبتنا في توسعة نطاق قيم تلك الجماعات، والطعن في قيم الدخلاء. وكي يُحتفى بالمبدعين ولا يتعرضون للمذمة، عليهم أن يدركوا الأعراف التي هم بصدد الانحراف عنها. في نهاية المطاف، هم بحاجة إلى جمهور على استعداد لتبني أساليبهم الجديدة في النظر إلى الأشياء أو التصرف الذي يجعل عملهم ممكنًا. لذلك، كي تُكلَّل الجهود الإبداعية بالنجاح لا بد أن تُحْدِث تحولًا في المجتمعات. والجماهير التي تظهر حديثًا تدفع بعد ذلك عجلة التغير الثقافي، الذي تشعل شرارته الجهود المُبتكرة.

غير أن التفكير السائد في هذه المسألة يميل أكثر إلى تفكير «بابلو بيكاسو». فقد قال ذات مرة: «الويل للتابعين، فالأساتذة فقط هم المهمون، أولئك الذين يبدعون». مع ذلك، ذكر القيمون على معرض كبير لأعماله أُقيم في المعرض الوطني في لندن عام 2009، أن القسم الكبير من أعمال بيكاسو يدين بالفضل لأنماط رسم سبقته،

ونبذها هو نفسه في نهاية المطاف، ولولا لفيف المعجبين الذي أحاط به لما كان لأعماله سوى أثر طفيف على المجتمع. لذلك لم تكن أعماله في جوهرها مجهودًا ذاتيًا غايته خلق كل شيء من جديد، إنما كانت تمرينًا تآزريًا لـ «إعادة ابتكار المألوف»، كما جاء على لسان الرسام الويلزي «أوسي ريز أوزموند» في استعراضه للمعرض الفني.

علينا رغم ذلك أن ندرس العبقرية الإبداعية للأفراد ونحتفي بها. لكننا بحاجة إلى الإقرار بأن علم نفس الإبداع يضم أيضًا جماعات يُطور فيها المبدعون عملهم، ويسعون إلى توسعة نطاق حدوده، ويمارسون سطوتهم عن طريقه، ويتركون أثرًا. قد يكون شعار المبدعين العظماء الجذاب «أنجزت الأمر على طريقتي»، غير أن نجاحهم، كما في حالة «فرانك سيناترا»، يتطلب عمومًا مروجين ومنتجين وجمهورًا متقبلًا أيضًا.

-نُشرت هذه المقالة للمرة الأولى في مجلة «ساينتفيك أميريكان مايند»، العدد 25 (الطبعة الرابعة) في يوليو/أغسطس 2014.

العقل المُطلق العنان

بقلم: شيلي كارسون

إنه واحد من أشهر رواد الأعمال في العالم وأنجحهم على الإطلاق، سجَّلَ مئات براءات الاختراع باسمه، بما في ذلك الدراجة الصغيرة «سيغواي». لكنك لن ترَ المخترع غريب الأطوار «دين كامين» يرتدى حلة وربطة عنق قط، وإنما يرتدي دائمًا وحصرًا ألبسة من نسيج الدينيم القطني. أمضى خمس سنوات في الكلية قبل أن يتخلف عنها، وهو لا يحمل شهادات جامعية، ولم يتزوج. يرأس «دين كامين» (إلى جانب وزرائه للمثلجات والغذاء والمحسوبية) جزيرة مملكة «نورث دامبلينغ» التابعة لولاية «كونيتيكت» التي «انفصلت» عن الولايات المتحدة الأمريكية، وتتعامل بعُملتها الخاصة المعروفة باسم «باي». أما نموذج تأشيرة دخول الزوار، فيتضمن خانات مخصصة لِذكر العلامات المميزة على وجوههم وأردافهم.

ويُعد «كامين» الذي يعمل بلا كلل ولا ملل من أجل إلهام الأطفال لدراسة العلوم والهندسة، واحدًا من كثير من المبدعين المتفوقين الذين يبدو سلوكهم الشخصي للآخرين غريبًا أحيانًا. التقط «ألبرت

أينشتاين» أعقاب السجائر من الشارع ليحصل منها على التبغ لغليونه، وأمضى «هاوارد هيوز» أيامًا كاملة على مقعد في وسط منطقة يُزعم أنها خالية تمامًا من الجراثيم في جناح فندقه في «بيفرلي هيلز»، وآمن «روبرت شومان» بأن مؤلفاته الموسيقية أملاها عليه «بتهوفن» وغيره من الموسيقيين اللامعين من قبورهم، ويُزعم أن «تشارلز ديكنز» استطاع أن يصد عن نفسه قنافد البحر الخيالية بمظلته بينما كان يجوب شوارع لندن. وفي فترة أكثر حداثة، رأينا هوس «مايكل جاكسون» بتقويم أنفه، وافتنان «سيلفادور دالي» بالحيوانات الخطرة، وارتداء المُطربة الأيسلندية «بيورك» زيًا تنكريًا على هيئة بجعة أثناء حضورها حفل توزيع جوائز الأوسكار.

لا يرى عموم الناس وحدهم أن المبدعين غريبو الأطوار. هؤلاء الأفراد يرون أنفسهم غالبًا مختلفين عن الآخرين وعاجزين عن التكيف معهم. تشير أحدث النتائج المُستخلصة من تصوير الدماغ وأبحاث الإبداع والبيولوجيا الجزيئية إلى أن هذه التصورات لا تستند فقط إلى القليل من الروايات غير الرسمية لعلماء وفنانين «غريبي الأطوار». والواقع أن الإبداع وغرابة الأطوار غالبًا ما يتلازمان. ويظن الباحثون أن سمتي الإبداع وغرابة الأطوار ربما كانتا نتيجة المنحى الذي يُرشِّح به العقل المعلومات الواردة إليه. حتى في عالم المال والأعمال نجد تقديرًا متزايدًا للصلة بين التفكير الإبداعي والسلوك غير التقليدي، مع زيادة ملحوظة في تقبل الأخير.

• **خلق الرابط**

يبدو ظهور السلوك الغريب عند فائقي الإبداع أوسع نطاقًا بكثير من أن يكون وليد الصدفة وحسب. حين نرجع بالزمن إلى اليونان القديمة، نجد أن أفلاطون وأرسطو علّقا على السلوك الغريب للشعراء والكُتّاب المسرحيين. (كان أرسطو أول من رصد العلاقة بين الإبداع والاكتئاب، وهي الصلة التي دللت عليها الأبحاث الحديثة). منذ أكثر من قرن مضى، صنَّف الباحث الإيطالي في علم الجريمة «سيزار لمبروزو» السلوك الغريب للمشاهير المبدعين في كتابه «الرجل العبقري»، ونسب هذا السلوك إلى «التنكس» الوراثي ذاته الذي يميز المجرمين الميالين للعنف.

وفي العقود القليلة الماضية، استكشف علماء النفس وغيرهم من العلماء تلك الصلة، باستخدام مقاييس مُثبتة تجريبيًا للإبداع وغرابة الأطوار. ولقياس الإبداع، ربما فحص الباحثون سجل الإنجازات الإبداعية للمرء، أو مشاركته في الأنشطة الإبداعية أو قدرته على التفكير بشكل مُبدع (كأن يتوصل إلى استعمالات جديدة لأدوات منزلية تقليدية مثلًا). ولقياس غرابة الأطوار، غالبًا ما يستخدم الباحثون مقاييس تقييم الشخصية الفصامية.

يمكن أن تتجلى الشخصية الفصامية في مجموعة متنوعة من الأشكال، بما في ذلك التفكير الخيالي (الأفكار الخيالية أو المعتقدات الخارقة للطبيعة، كإيمان «شومان» بأن «بيتهوفن» مرر إليه موسيقاه من القبر)، والتجارب المفاهيمية غير التقليدية (تشوهات

في التصور، كاعتقاد «ديكنز» أن شخصيات روايته تلاحقه)، وانعدام التلذذ الاجتماعي (تفضيل الأنشطة الانعزالية، إذ فضَّل كل من «إيميلي ديكنسون» و«نيكولا تسلا» و«إسحاق نيوتن» العمل على مخالطة الناس)، وجنون الاضطهاد الطفيف (مشاعر لا أساس لها بأن الناس أو الأشياء المحيطة بالمرء ربما تمثل تهديدًا لهم، كانعدام ثقة «هيوز» الأسطورية بالآخرين).

تعتبر الشخصية الفصامية نسخة أخف وطأة من الحالة النفسية السريرية المعروفة باسم «اضطراب الشخصية الفصامية» التي تندرج ضمن سلسلة من اضطرابات الشخصية الموصوفة بـ «العجيبة أو غريبة الأطوار» في الدليل التشخيصي والإحصائي للاضطرابات العقلية التابع للجمعية الأمريكية للأطباء النفسيين. ونشأ التشخيص الفصامي من الدراسات الوبائية واسعة النطاق التي لاحظ فيها الباحثون أن أقارب الأشخاص الذين شُخِّصت حالاتهم بالفصام كان من المرجح أن تتجلى لديهم سلوكيات ومعتقدات غريبة مقارنةً بأقاربهم الذين لم يُصابوا بالفصام. على سبيل المثال، ربما يرتدي المصابون بالفصام ما يميزهم، وربما كانت أنماط كلامهم خارجة عن المألوف نوعًا ما، وربما استجابوا للمواقف الاجتماعية بحماقة، وربما كانت ردود فعلهم العاطفية غير مناسبة، وربما آمنوا بالظواهر الخارقة للطبيعة كالتخاطر والنُذُر، وربما كان من الصعب التقرب إليهم جسديًا وعاطفيًا على حد سواء. خلاصة القول، الفصاميون غريبو الأطوار.

لكن لا يعاني جميع الفصاميين من اضطراب في الشخصية، فغالبًا ما يكونوا أذكياء وموهوبين وعلى درجة عالية من الأداء. كثيرون من طلابي في جامعة «هارفارد» مثلًا يسجلون درجات أعلى من المتوسط بكثير على المقاييس الفصامية، وكذلك على المقاييس الإبداعية ومقاييس الذكاء.

• الطبع أم التطبُّع؟

استُخلص أول دليل علمي على وجود علاقة بين الشخصية الفصامية والإبداع، من دراسة أجراها عام 1966 عالم الوراثة السلوكية الأمريكي «ليونارد هيستون». في هذه الدراسة الكلاسيكية، ذكر «هيستون» أن الأطفال المُتبنون بمنأى عن أمهاتهم الحقيقيات المصابات بالفصام عند الولادة سعى أغلبهم وراء مهن واهتمامات إبداعية مقارنةً بالأطفال المُتبنين بمعزل عن أمهاتهم غير المصابات بالفصام (إن ذلك يعضد نظرية «لامبروزو» بأن السلوكيات الغريبة التي غالبًا ما تصاحب الإبداع موروثة).

أعاد «دينيس كيني» الباحث في جامعة «هارفارد» وفريقه دراسة «هيستون» بعد أربعين عامًا، وأشاروا إلى أن المصابين بالفصام ربما ورثوا أنماط التفكير والتصور غير التقليدية المرتبطة بالفصام دون أن يرثوا المرض نفسه. في تلك الدراسة، قيَّمَ «كيني» وزملاؤه 36 حالة مُتبناة من آباء مصابين بالفصام، و36 حالة نظيرة كمجموعة مُقارنة مُتبناة من آباء غير مصابين بالفصام، باستخدام مقاييس الإبداع مدى الحياة.

ووجدوا أن الأبناء بالتبني المنسوبين لأشخاص مصابين بالفصام الذين ظهرت عليهم علامات الشخصية الفصامية سجَّلوا أرقامًا أعلى على مقياس الإبداع مقارنةً بأعضاء المجموعة المُقارنة. وحققت مجموعة «كيني» كشفًا جديدًا تمثَّل في أن بعض أفراد المجموعة المُقارنة الذين لم يكن لديهم تاريخ عائلي يشي بالإصابة بالفصام استوفوا ملامح الشخصية الفصامية، وسجلوا درجات أعلى على مقياس الإبداع من غيرهم من أفراد الجماعة المُقارنة.

وسيرًا على النهج العكسي، أكدت الدراسات التي أجراها الباحث البريطاني «دانيال نيتل» والباحثان الأستراليان «ديفيد رولينغز» و«آن لوكارنيني» أن المبدعين يميلون إلى تسجيل درجات أعلى على مقاييس الشخصية الفصامية من الأفراد الأقل إبداعًا. وفي أبحاثي التي أجريتها في جامعة «هارفارد»، وجزء منها أنجزته بالتعاون مع «سينثيا أ. مايرزبرغ» التي تعمل في جامعة «كارولينا» الساحلية، اكتشفت أن المشاركين في الدراسة الذين سجلوا درجات عالية على مقياس الإنجازات الإبداعية في ميدان الفنون، يؤيدون التفكير الخيالي على الأغلب، كالإيمان بالتواصل عبر التخاطر والأحلام التي تبشِّر بالمستقبل وذكريات الحيوات الماضية. هؤلاء المشاركون يشهدون بمعايشة تجارب مفاهيمية غير تقليدية بالمرة، كظاهرة الرؤية المُسبقة المتكررة للأشياء، وسماع أصوات تهمس في الريح.

في استعراضين للفصام والإبداع -نُشر أولهما عام 1989 والثاني عام 1997- خلص «روبرت برينتكي»، ويعمل طبيبًا نفسيًا جنائيًا في

جامعة «فيرلي ديكنسون»، و«جيه آتش برود» من جامعة «أكسفورد» إلى أن الأشخاص شديدو الإبداع لا يتجلى لديهم المزيد من الخصال المرتبطة بالفصام فقط، وإنما يظهر عليهم مزيج من الإبداع والفصام يميل إلى الامتداد إلى عائلاتهم، ما يشير مجددًا إلى العنصر الوراثي.

كيف يمكن للأفكار والسلوكيات الغريبة أن تعزز قدرة المرء على التفكير بشكل خلَّاق؟ تشير أبحاثي إلى أن تجليات الشخصية الفصامية بحد ذاتها لا تعزز الإبداع، وأن ثمة آليات إدراكية محددة ربما تكمن وراء غرابة الأطوار يمكن أن تعزز التفكير الإبداعي أيضًا. وفي نموذج «الضَعْف المشترك» الخاص بي والمعْني بالنحو الذي يرتبط به الإبداع بغرابة الأطوار، أرى من الناحية النظرية أن النزوع إلى زوال التحفظ المعرفي واحد من تلك الآليات الكامنة.

• معلومات موغلة في التخصص

زوال التحفظ المعرفي هو العجز عن تجاهل معلومات غير ذات صلة بالأهداف الحالية أو بالبقاء. إننا جميعًا نملك مُرشِّحات ذهنية تخفي السواد الأعظم من عملية المعالجة التي تجري في أذهاننا من وراء الستار. على سبيل المثال، تصدر حواسنا عددًا كبيرًا جدًا من الإشارات التي لو انتبهنا لها جميعًا لاجتاحتنا وأربكتنا. فضلًا عن ذلك، يصل دماغنا دومًا إلى صورٍ وذكريات مُخزَّنة في ملفاتنا العقلية لمعالجة المعلومات الواردة وفك شفرتها. وبفضل المُرشِّحات المعرفية، فإن غالبية هذه المُدخلات لا تصل إلى إدراكنا الواعي أبدًا.

مع ذلك، هناك أوجه اختلاف فردية في كمية المعلومات التي نحجبها. فقد ثبت أن الذين تظهر عليهم سمات الشخصية الفصامية والمصابين بالفصام فعليًا، يبدون تراجعًا في عمل واحدٍ من تلك المُرشحات الإدراكية يُعرف باسم «التثبيط الكامن» (LI). ويبدو أن التثبيط الكامن المُتراجع يزيد من كمية المحفزات غير المُرشَّحة التي تصل إلى إدراكنا الواعي، ويرتبط كذلك بالأفكار الشاذة والهلوسات. من السهل أن نرى أن السماح للمعلومات غير المُرشَّحَة بالنفاذ إلى الوعي يمكن أن يفضي إلى تجارب مفاهيمية غريبة، كسماع الأصوات أو رؤية أشخاص خياليين لا وجود لهم.

من المحتمل أن يستقر زوال التحفظ المعرفي في لُب ما نعتبره ظاهرة «الكشف المفاجئ». أثناء لحظات الإلهام والأفكار الثاقبة، تتراخى المُرشِّحات المعرفية لحظيًا، وتسمح للأفكار المؤَجَّلَة في الدماغ بالقفز إلى الإدراك الواعي على النحو ذاته حين تخطر أفكار غريبة في بال الفصامي. لننظر إلى هذا المثال الذي ضربته «سيلفيا نصار» في كتابها «عقل جميل» عام 1998 عن عالم الرياضيات الحائز على جائزة نوبل «جون ناش»، والذي شُخصَّت حالته بالفصام. فحين سُئل عن سبب اعتقاده بأن ثمة مخلوقات فضائية من الفضاء الخارجي تتواصل معه، أجاب قائلًا: «لأن الأفكار التي خطرت لي عن الكائنات الخارقة للطبيعة جاءتي بالطريقة عينها التي خطرت لي بها الأفكار الرياضية. وبالتالي، أخذتها على محمل الجد». (توضح حالة «ناش» كيف أن الآلية المعرفية للحظة الكشف المفاجئ شبيهة

بالتجربة الوهمية المعروفة باسم «إقحام الأفكار» التي يؤمن بها الذين يعانون من الذهان، وبأن ثمة قوى خارجية أقحمت أفكارًا في دماغهم. لكن غالبية الذين يعانون من الذهان أو الفصام لا ينتجون أفكارًا تُعتبر مبدعة. وتعوِّل القدرة على الاستفادة من زوال التحفظ المعرفي بطريقة إبداعية على وجود قدرات إدراكية إضافية ترتبط بمستوى عالٍ من الأداء).

من الممكن أن يُفسِّر الترشيح المعرفي المُتراجع نزوع المبدعين للغاية إلى التركيز بشدة على محتوى عالمهم الداخلي، على حساب احتياجاتهم الاجتماعية أو حتى احتياجات رعايتهم لأنفسهم. (كان بيتهوفن يعاني من نفقص القدرة على الاهتمام بنظافته الشخصية مثلًا). حين يكتظ الإدراك الواعي بالمحفزات غير التقليدية وغير المُرشَّحة، يصعب تركيز الانتباه على هذا الكون الداخلي.

في عام 2003، أعلنت أنا و«جوردان بيترسون»، ويعمل في جامعة «تورونتو»، عن نتائج بحث أجريناه في جامعتي «هارفارد» و«تورونتو»، اكتشفنا من خلاله أن المبدعين للغاية من المرجح أن يتجلى لديهم زوال التحفظ المعرفي عند مقارنتهم بالأقل منهم إبداعًا. وفي سلسلة من الدراسات، فحصنا عدة مئات من الأشخاص في واحدة من مهام التثبيط الكامن (مقياس مدى سهولة تجاهل المشتركين في التجربة للمثيرات التي تعرضوا لها بالفعل). وقِسنا الإبداع بعدة طرق مختلفة أيضًا، بما في ذلك مهام التفكير التباعُدي (يقتضي عددًا كبيرًا من الإجابات أو الحلول لمشكلة ما)، ومدى الانفتاح على التجريب

(واحدة من سمات الشخصية الأكثر إنباءً بالإبداع)، ومقياس الشخصية الإبداعية واستبيان الإنجاز الإبداعي (مقياس الإنجاز الإبداعي مدى الحياة).

حين فحصنا أصحاب الدرجات العالية على كل هذه المقاييس الإبداعية، اكتشفنا أن من المرجح أن يُسجلوا درجات أدنى في مهمة التثبيط الكامن (ما يشير إلى زوال التحفظ المعرفي) مقارنةً بالمشاركين الأقل إبداعًا في التجربة. إننا نعتقد أن التراجع في التثبيط المعرفي يسمح بمرور مزيدٍ من المواد إلى الإدراك الواعي، التي يمكن حينئذ إعادة معالجتها وإعادة مزجها بطرق مبتكرة وأصيلة، ما يسفر عن أفكار إبداعية.

تدعم دراسات تصوير الدماغ وتخطيط الدماغ (EEG) النظرية القائلة بأن المبدعين للغاية يميلون إلى مُعايشة زوال التثبيط المعرفي أكثر مما تُعايشه المجموعات المُقارنة الأقل إبداعًا. بدايةً من أواخر سبعينيات القرن الماضي، استهل الباحث «كولين مارتنديل» من جامعة «مين» سلسلة من دراسات التخطيط الكهربي للدماغ المتعلقة بالإبداع. واكتشف وزملاؤه أن الأشخاص المبدعين للغاية يميلون إلى إنتاج موجات دماغية في نطاق «ألفا» (نطاق ترددي يتراوح بين 8 و12 هرتز أو دورة في الثانية) أثناء اضطلاعهم بمهام إبداعية أكثر مما تنتج أدمغة الأشخاص الأقل إبداعًا. وفسَّرَ «مارتنديل» وفريقه قوة «ألفا» بوصفها علامة على الاستثارة المتراجعة للقشرة الدماغية والانتباه المتراجع، وأشاروا إلى أن المبدعين كانوا يسمحون بولوج

المزيد من المعلومات إلى إدراكهم الواعي أثناء عملهم الإبداعي.

لدى «أندرياس فينك» وفريقه في جامعة «غراتس» في النمسا، الذين استنسخوا نتائج «مارتنديل» في مجموعة من الدراسات على مدار السنوات الخمس الماضية، تفسير مختلف لموجات «ألفا» المتزايدة المرتبطة بالإبداع. فهم يزعمون أن نشاط «ألفا» المتزايد يشير إلى أن الدماغ يركِّز على مثيرات داخلية المنشأ، بدلًا من أن يركز على العالم الخارجي. ويوضح هذا التفسير نزوع المبدعين إلى التركيز على حياتهم الداخلية، وهي أيضًا علامة على الشخصية الفصامية.

وناقشت أبحاث أخرى سبرت أغوار الدماغ، ونشرها الباحثان «جون كونيوس» من جامعة «دركسل»، و«مارك بيمان» من جامعة «نورث وسترن» في عام 2009، لحظة الكشف المفاجئ بمزيد من التفصيل وبإسهاب. طلب «كونيوس» و«بيمان» من المشاركين في تجاربهم حل مشكلات تتعلق بترابط المعاني، بينما سُجِّلت موجاتهم الدماغية إما باستخدام التصوير بالرنين المغناطيسي الوظيفي وإما بالتخطيط الكهربي للدماغ. وأشار المشاركون في التجربة إلى اللحظة المحددة التي خطرت لهم فيها الإجابة، وما إذا كان الحل قد خطر لهم بالتجربة والخطأ أم عن طريق فكرة ثاقبة مفاجئة. تشير النتائج إلى أن فترة نشاط «ألفا» تسبق موجة من نشاط «غاما» (تتميز بموجات الدماغ في النطاق الترددي الأعلى من 40 هرتز) في لحظة البصيرة. يخمن «كونيوس» و«بيمان» أن نشاط موجات «ألفا» يركز الانتباه باطنيًا، بينما تُصادف دفقة موجات «غاما» وصول الحل إلى الإدراك الواعي.

تشير دراسة أخرى لتصوير الدماغ أجراها عام 2010 باحثون من معهد «كارولينسكا» في استوكهولم، أن النزوع إلى الأفكار الإبداعية الثاقبة والتجارب الفصامية، قد ينتج عن تكوين مُحدَّد لمُستقبلات الناقل العصبي في الدماغ. وباستخدام التصوير المقطعي بالإصدار البوزيتروني (نوع من النشاط الإشعاعي لاضمحلال «بيتا»)، فحص «أوريان دي مانسانو» و«فريدريك أولين» وزملاؤهما كثافة مُستقبلات الدوبامين «D2» في منطقة المهاد لدى 14 مشاركًا في الدراسة، ممَّن جرى اختبارهم بحثًا عن مهارات التفكير التباعدي ويسمى التبايني أيضًا (عملية تفكير تستخدم لتوليد الأفكار الإبداعية على عكس التفكير التقاربي). تشير النتائج إلى أن كثافات مُستقبلات الدوبامين «D2» تراجعت لدى الأشخاص الذين يملكون قدرات التفكير التباعدي، على غرار الأنماط الموجودة لدى المصابين بالفصام في الدراسات السابقة. ويعتقد الباحثون أن ترابط الدوبامين المُتراجع في المهاد الذي عُثِر عليه لدى المبدعين والفصاميين، ربما يقلص الترشيح الإدراكي، ويسمح بمرور المزيد من المعلومات إلى الإدراك الواعي.

ربطت دراسات كثيرة بين الاختلافات الجينية المرتبطة بالدوبامين وهو الناقل العصبي، وبين الإبداع وغرابة الأطوار. خمَّن الباحث المجري «زوبولكس كيري» الذي ذكر عام 2009 بأن أصحاب الإنجازات من المتفوقين جدًا يملكون على الأرجح تنويعة من جين النمو البشري «Neuregulin 1» الذي ارتبط في السابق بالفصام، معتبرًا أن تنويعة الجين هذه تُيسِّر زوال التثبيط المعرفي. وتدعم هذه النتائج

النظرية القائلة بأن زوال التثبيط المعرفي ربما تأثر بالتنويعات الجينية، وربما كان واحدًا من العوامل التي تُهيئ الفرد للتحلي بالفكر الإبداعي وغرابة الأطوار.

• أهمية الذكاء

من الواضح أن سمة الإبداع لا يتحلى بها جميع غريبي الأطوار. وتشير أعمالنا الاختبارية إلى أن عوامل معرفية أخرى، كمعدل الذكاء العالي وسعة الذاكرة العاملة، تُمكِّن بعض الناس من التعاطي ذهنيًا مع المزيد من المعلومات دون أن تربكهم. من خلال سلسة من الدراسات، أثبتنا في حقيقة الأمر أن مزيجًا من التثبيط الإدراكي الأدنى ومعدل الذكاء الأعلى يرتبط بدرجات الإبداع الأعلى.

يشير نموذج مَواطِن الضعف إلى أن مجموعة فرعية على الأقل من الأشخاص المبدعين للغاية ربما تشترك في بعض (وليس كل) عوامل الضعف البيولوجية، مع أولئك الذين يعانون من أمراض ذهانية كالفصام. قد يسمح مَوطن الضعف هذا لشديدي الإبداع بالولوج إلى أفكار وخواطر لا يمكن أن يلج إليها أولئك الذين لديهم مُرشحات ذهنية أقل مسامية.

ولعدة سنوات، أدرجت سؤالًا في أبحاثي المعنية بالإبداع نصه كالتالي: «هل يخالجك كثيرًا الشعور وكأنك وتد مربع يحاول أن يُقحم نفسه في ثقب دائري فلا يلائم محيطه؟» إن المشاركين الذين يسجلون درجات عالية في استبيان الإنجاز الإبداعي أجابوا بالإيجاب

بنسب أكثر بكثير من أولئك الذين حصلوا على درجات متدنية في الإنجاز الإبداعي. وحقيقة الأمر أن هناك مشارك واحد -كان كاتب سيناريو من هوليوود- أجاب بالنفي، غير أنه كتب التالي أدناه: «لا يخالجني شعور بأنني وتد مربع يحاول أن يتكيف داخل ثقب دائري. وإنما أشعر وكأنني وتد مُثمَّن ذو زوائد مخروطية».

النبأ السار أن أزمة المتنافرين مع بيئتهم ربما تشهد تحسنًا في الوقت الراهن. فقد أدى صعود نجم التقنية المبتكرة بوصفها عاملًا أساسيًا في النمو الاقتصادي إلى الارتقاء بالإبداع، من سمة إيجابية إلى سلعة مُتهافت عليها في السوق العالمية. لدى كثير من الشركات الرائدة - «كوكا كولا» و«دوبونت» و«سيتي غروب» و«هيومانا»- رؤساء لأقسام الابتكار ضمن فرقهم القيادية. وأضافت كليات الأعمال المرموقة - «هارفارد» و«ستانفورد» و«كولومبيا» و«ييل»- مناهج تتناول الإبداع إلى مناهجها الدراسية. وتُلحق الشركات المُدرجة على قائمة فورتشن 500، ومنها «بيبسي كولا» و«بريستول-مايرز سكويب» و«أتنا» و«ماريوت»، موظفيها بشكل روتيني ببرامج تدريب على الإبداع. ويستخدم المدربون في هذه البرامج الدراسية مجموعة متنوعة من الأدوات والتقنيات لمساعدة أصحاب الأفكار المألوفة على الانفتاح ذهنيًا لاستقبال أفكار «خارج الصندوق» ومثيرات «خارجة على المألوف» إما يتجاهلونها أو يكبتونها عادةً.

ومع زيادة القيمة السوقية للتفكير الإبداعي، قد تستمر البيئة المحيطة في الخضوع للتعديلات، كي تستوعب أصحاب الأفكار والسلوكيات غير

المألوفة والمعتادة وتحتضنهم. مقومات الاستيعاب هذه موجودة بالفعل في المجتمعات التي تتسم بكثافة أعداد الفنانين والمؤلفين والعلماء والمهووسين بالكمبيوتر. ويتسامح المديرون داخل تلك المجتمعات مع اختيارات الملابس الغريبة، وتجاهل البروتوكولات الاجتماعية التقليدية، وجداول العمل غير التقليدية، لصالح تعزيز الابتكار والارتقاء به. ففي شركة «Deka Research and Development» المملوكة لـ«دين كامين» مثلًا، لا نجد قبولًا لارتداء الجينز فحسب، وإنما يُسمح للموظفين بحل المشكلات وإنجاز المهام بأي طريقة تناسبهم أكثر من غيرها، بل يُتوقع منهم ذلك أيضًا.

لم يعد غير المتكيفين مع بيئتهم المحيطة يضطرون لبذل مجهود خارق من أجل التكيف. آن الأوان لذلك، إننا جميعًا ندين بالفضل العظيم لأولئك الذين تحقق عملهم الإبداعي على أرض الواقع، على حساب شعورهم بالتغريب والعزلة والنبذ. إن الجهود الإبداعية لغرباء الأطوار تضفي ثراءً وجمالًا وابتكارًا على حياة المتكيفين نوعًا ما في محيطهم.

نموذج مواطن الضعف المُشتركة

في نموذج المؤلِّف الذي يفسِّر علة تلازم الإبداع وغرابة الأطوار غالبًا، يمثل الشكل البيضاوي جهة اليسار الأشخاص الذين تعوق عوامل ضعفهم البيولوجي (تنويعات جيناتهم مثلًا) قدرتهم على ترشيح الأفكار غير التقليدية، وربما (إذا وُجدت مواطِن ضعف كافية)

تتسبب في إصابتهم بأمراض ذهانية. ويمثل الشكل البيضاوي جهة اليمين أشخاصًا من ذوي الأداء العالي، ويساعد تركيبهم البيولوجي على حمايتهم من الأمراض العقلية. عند تقاطع هاتين المجموعتين يستقر غريبو الأطوار المُبدعون الذين يساعدهم مستوى ذكائهم العالي وذاكرتهم العاملة القوية على وقايتهم من الارتباك، بفعل فيض الأفكار والمشاعر الغريبة، وبدلًا من ذلك تسمح لهم باستغلال المثيرات والاستلهام منها في إنتاج أعمالهم الفنية والعلمية العظيمة.

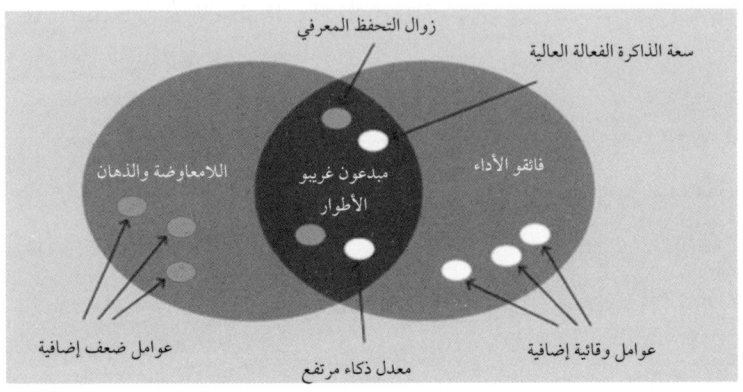

هل أنت غريب الأطوار ومبدع في الوقت ذاته؟

لاستكشاف العلاقة بين الإبداع وغرابة الأطوار أي الخروج عن المألوف، غالبًا ما يستخدم الباحثون الاستبيانات التي تستفسر عن التجارب والسمات الشخصية. أجب بـ «نعم» أو «لا» عن عينة الأسئلة التالية:

1. هل كثيرًا ما تراودك أفكار دون أن تعرف مصدرها؟

2. هل تعتبر نفسك شخصًا منطقيًا للغاية؟
3. هل كثيرًا ما تفكر أو تتحدث مُستعينًا بالاستعارات والمجازات؟
4. هل لديك نطاق واسع من الاهتمامات؟
5. هل تجد في تمضية الوقت وحدك دون تشغيل التلفزيون أو غيره من الأجهزة الإلكترونية مشكلة كبيرة؟
6. هل تؤمن بالتخاطر؟
7. هل شعرت يومًا بوجود شخص ما في الغرفة معك، في حين كنت على يقين أنك وحدك؟
8. هل تؤمن بأن أحلامك قد تكون في بعض الأحيان عروضًا مسبقة لأحداث مستقبلية؟
9. هل تعتقد أن بعض الأحداث أو الأشياء بمثابة علامات، ربما تجلت لك كي تساعدك على اتخاذ قرارات حاسمة؟
10. هل تعتقد بوجود قوى فاعلة في العالم يستحيل الكَشف عنها بأدوات علمية؟
11. هل يخالجك شعور بأنك لست في المكان المناسب؟

- **تسجيل النقاط**

احسب عدد الإجابات بـ «نعم» عن الأسئلة 1 و3 و4. وأضف ذاك العدد إلى عدد الإجابات بـ «لا» عن السؤالين 2 و5. تُعدُّ النقاط

الأعلى (5 بالحد الأقصى) مؤشرًا أكبر على أنماط التفكير الإبداعي. ثم احسب عدد الإجابات بـ «نعم» عن السؤالين 6 و10. النقاط الأعلى تُرجِّح تمتعك بشخصية فصامية ترتبط بسلوكيات غريبة أو شاذة.

إن الذين يحصلون على نقاط عالية في الأسئلة الخمسة الأولى، يميلون إلى تسجيل نقاط عالية في المجموعة الثانية من الأسئلة أيضًا. وترتبط الإجابة بـ «نعم» عن السؤال رقم 11 بالتفكير الإبداعي والشخصية الفصامية معًا.

-نُشرت هذه المقالة للمرة الأولى في مجلة «ساينتفيك أميريكان مايند»، في العدد 23 (الطبعة الأولى) في ديسمبر 2013.

القسم الثالث

الشخصية والسلوك

حين ينهي الطيبون السباق أولًا
بقلم: ديزي غريوال

بينما كنت أشب عن الطوق، اعتادت أمي أن تقول لي: «من الرائع أن يكون المرء ذا شأن، ولكن الأهم أن يكون طيبًا دمثًا». ورغم ذلك، تفيد المقولة السائدة بأن «الطيبين يحتلون المراتب الأخيرة من السباق»، وأن «الطيبات لا يحصلن على المكاتب ذات الإطلالة الرائعة». إن هاتين المقولتين، شأنهما شأن غالبية الأقوال المأثورة، تحويان مسحة من الحقيقة، غير أنهما تبالغان في التحديات وتتغاضيان عن المزايا العظيمة للطف والطيبة.

ويعرِّف علماء النفس الأشخاص الطيبين بأنهم أولئك الذين يسجلون درجات عالية في سمة شخصية تُعرف بـ«القَبول». غالبًا ما تُلازم هذه السمة صفات الكرم ومراعاة مشاعر الآخرين والطبع اللطيف الودود والرغبة القوية في الانسجام الاجتماعي. لو كنت طيبًا لطيفًا، فلا بد أن شغلك الشاغل هو الحفاظ على علاقات إيجابية مع الآخرين. ويغمرك شعور بالسعادة حين تنسجم مع مَن هم حولك، وتبذل قصارى جهدك لتلطيف الأجواء. من بين طرق قياس اللطف والطيبة أن نسأل الناس عن مدى موافقتهم على عبارات مثل: «أستقطع من وقتي لأجل الآخرين» و«أتعاطف مع مشاعر الآخرين».

والقَبول شأنه شأن غيره من غالبية سمات الشخصية له مزايا وعيوب. تشير النتائج المُستخلصة من ميدان علم نفس الشخصية بأن الطيبين يميلون إلى إقامة علاقات أقوى، والتمتع بصحةٍ أفضل، والتحلي بأداء أعلى على المستويين الأكاديمي والوظيفي. ورغم تفوق الطيبين في مكان العمل، فهم يجنون أموالًا أقل عادةً من زملائهم الأكثر تطلبًا، ويغلب تجاهلهم عند اختيار مرشحين للمناصب القيادية. رغم ذلك، يستطيع اللطفاء التغلب على نقاط ضعفهم الواضحة بغية الارتقاء في السلم الوظيفي لو استقر رأيهم على ذلك.

- **مكاسب الطيبة**

يشير عدد من الدراسات إلى أن التحلي بالطيبة له مزايا على الصعيدين المهني والشخصي. وقد يساعدك التحلي بالطيبة على الحصول على وظيفة. في دراسة أُجريت عام 2011، استقصى أستاذ الإدارة «مايكل تيوز» من جامعة ولاية «بنسلفانيا» وزملاؤه كيف يُقيِّم المديرون القدرة والشخصية عند اتخاذهم قرارات التوظيف. واختلق فريق «تيوز» متقدمين وهميين للوظائف يتباينون في درجات الذكاء والشخصية. وسأل الباحثون المديرين عن المرشحين الذين يُرجح أن يقدموا لهم عرض عمل. فضَّلَ المديرون بشدة المتقدمين للوظيفة ممن سجلوا درجات عالية على مقياس القَبول. والواقع أنهم اختاروا هؤلاء المتقدمين، وفضلوهم على أقرانهم الأذكى والأقل قبولًا.

إن تحليك باللطف قد يساعدك على الحفاظ على وظيفتك. ففي دراسة نُشرت عام 2011، اكتشف المختص بعلم النفس التنظيمي «تيموثي جادج» من جامعة «نوتردام» وزملاؤه، أن الظرفاء كانوا عرضة للتسريح من وظائفهم بنسب أقل من أقرانهم الكريهين. لعل أحد الأسباب التي تعلل هذا الاختيار أن المديرين يرون اللطفاء أفضل في أداء عملهم من غيرهم. في دراسة أُجريت عام 2002، درس عالم النفس «لورانس آ. ويت»، ويعمل في جامعة «هيوستن» وزملاؤه، أثر الشخصية على تقارير مراجعة الأداء عبر العديد من المهن. وليس من المستغرب أنهم اكتشفوا أن الموظفين أحياء الضمير تلقوا تقارير أفضل لمراجعات أداء، مع شرط تحليهم بالطيبة واللطف. وتلقى الموظفون الذين يكدون في العمل ويُعْتَمد عليهم، وإنما يفتقرون للطف والطيبة، تصنيفات أقل من المجتهدين الطيبين.

ولِلطف مزايا شخصية أيضًا، إذ تشير الدراسات إلى أن اللطفاء الودودين يتمتعون بزيجات أطول عُمرًا وأكثر حميمية، وعلاقات أفضل مع أطفالهم، ورضا عام أكثر عن حياتهم، وربما يتمتعون بصحة أفضل أيضًا. في عام 2010، صرَّح باحثون من المعهد الوطني للشيخوخة بأن الذين سجلوا نقاطًا متدنية في صفة الطيبة من المرجح أن يصابوا بتصلب شرايينهم السباتية، وهو أحد عوامل الخطر المؤدية إلى الإصابة بالأزمات القلبية. فضلًا عن ذلك، وثُّق فريق «تيموثي جادج» فكرة أن الذين سجلوا نقاطًا عالية في صفة الطيبة صرحوا بمعاناتهم من مستويات أقل من التوتر، ما يمكن أن يصب في صالح علاقاتهم وصحتهم.

• ليسوا أقوياء بالقدر الكافي؟

رغم هذه المزايا، يجوز أن يخسر اللطفاء من جوانب أخرى. على سبيل المثال، لا يُترجم أداؤهم الممتاز في العمل دائمًا إلى مكاسب مادية أعلى. فقد اكتشف «جادج» وزملاؤه في دراستهم أن الذين يسجلون نقاطًا أعلى على مقياس القَبول حصلوا على رواتب أقل من أقرانهم المحبوبين بقدرٍ أقل. ويقول مؤلفو الدراسة إنه من المستبعد أن تزيد الفظاظة من راتبك، غير أن اللطفاء يقدرون العلاقات أكثر مما يقيمون وزنًا للمال، ما يجعلهم يحجمون عن المطالبة بزيادة في الراتب والمخاطرة بوقوع خلاف، أو لعلهم أكثر رضا بما يجنونه من مال بالفعل.

ويجني اللطفاء مالًا أقل بالفعل في المتوسط، لأن عددًا أقل منهم ينجح في تقلد مناصب عليا. لا يشتهر الأقوياء عادةً باللطف وطيبة القلب، وتشير الأبحاث إلى أن الوصول إلى منصب سلطوي يرتبط بمراعاة أقل لأفكار الآخرين ومشاعرهم. وقد يكون أحد أسباب هذا الرابط التصور بأن القيادة والطيبة لا يتماشيان معًا. في دراسة نُشرت العام الجاري، أعطى المختص بعلم السلوك التنظيمي «نير هالفي» من جامعة «ستانفورد» وزملاؤه، مجموعة من الأفراد 10 شرائح يمكنهم إما الاحتفاظ بها (والحصول على دولارين) وإما التبرع بها للمجموعة برمتها (لقاء ربح قدره دولار واحد لكل عضو من أعضاء المجموعة) وإما المساهمة بها لمجموعة كُليّة تتضمن أعضاء من جماعتهم وأولئك الذين ينتمون إلى جماعة أخرى (ما يعود على

الجميع بفائدة قدرها 50 سنتًا). في هذا التمرين، يؤول المآل بالأفراد إلى إصابة أكبر قدر من الثراء عندما يتحلى الجميع بالسخاء، وينتهي بهم الحال إلى الفقر لو تبرعوا ولم يتبرع أحد سواهم. بعد ذلك، عندما سُئل المشاركون عن رأيهم في رفاقهم في التجربة، قالوا إنهم يكنون قدرًا أكبر من الاحترام والإعجاب لأولئك الذين تبرعوا بشرائحهم. مع ذلك، صُنِّف الذين أضافوا الشرائح إلى المجموعة الكليَّة على أنهم أقل هيمنة وسيادة من الآخرين.

في جولة أخرى من التمرين، طُلب من المشاركين اختيار قائد لهم، فصنَّفوا الأفراد الذين أعطوا أموالًا للمجموعة الكليَّة باعتبارهم مرشحين أقل جاذبية من أولئك الذين تبرعوا بأموالهم لمجموعتهم الخاصة فقط. ورغم نيلهم الاحترام، فقد اعتُبِرَ أن هؤلاء الأسخياء يملكون إمكانات قيادية أقل.

وتبقى الصورة النمطية ومفادها بأن الطيبين ضُعفاء مُضللة. اللطفاء ليسوا بالضرورة أقل حزمًا أو قدرةً على المنافسة من الأشخاص الأصعب مراسًا. في واحدة من الدراسات التي نُشرت عام 1997، منح عالم النفس «ويليام ج. غرازيانو»، ويعمل في جامعة «بوردو» مع زملائه، مجموعات تضم الواحدة منها ثلاثة طلاب 15 ثانية لبناء أبراج بالمكعبات. في إحدى المباريات، فازت المجموعة التي شكلت البرج الأطول، وفي مباراة أخرى، كان الفائز شخصًا وضع أكبر عدد من المكعبات داخل البرج. بعد الانتهاء من الألعاب، قيَّم الطلاب سلوك بعضهم بعضًا، وتبيَّن أنه حين اقتضت اللعبة

التعاون والتآزر، عُدَّ الذين سجلوا نقاطًا عالية في اختبار القَبُول أكثر سخاءً وعونًا من غيرهم، ولكن حين اضطر كل فرد أن يلعب لصالحه الشخصي، عُدَّ اللطفاء منافسين شأنهم شأن غيرهم بالضبط.

من غير المرجح أن يسمح اللطفاء والطيبون للناس بأن يدهسوهم أيضًا. ولا يوجد دليل يدعم فكرة أن اللطفاء يفتقرون إلى احترام الذات الضروري للدفاع عن أنفسهم، أو تفادي استغلال الآخرين لهم. مع ذلك، نظرًا لأن ثقافتنا تقيم وزنًا بقدرٍ كبير للحزم، ربما كان اللطفاء بحاجة إلى بذل مجهود أكبر لإقناع الآخرين بأنهم يملكون مقومات القائد الفعال.

• تحولات في موازين القوى

بصرف النظر عن حاجة اللطفاء للدفاع عن أنفسهم لفظيًا، بوسعهم تعزيز فرص حصولهم على زيادة في الراتب، أو زيادة الانتباه إلى لغة جسدهم ومراعاتها. إن الوضعيات التي نتبناها في مواقف بعينها يمكن أن تؤثِّر على النحو الذي ينظر الآخرون به إلينا، والنحو الذي نرى به أنفسنا. في عام 2010، طلبت عالمة النفس «دانا كارني» من جامعة «كاليفورنيا» في بيركلي وزملاؤها، من المشاركين في إحدى التجارب، تمضية دقائق عديدة في اتخاذ وضعية جسدية تشي بالسلطة: الجلوس مستلقين للخلف مع رفع القدمين على مكتب، أو الميل إلى الأمام على المكتب وبسط الذراعين متباعدتين على جانبي الجسد.

إن اتخاذ مثل تلك الوضعيات لم يضفِ على المشاركين شعورًا بأنهم أقوى وحسب، وإنما عزَّز مستويات هرمون التستوستيرون لدى المشاركين والمشاركات على حد سواء. والتستوستيرون هرمون يرتبط بمستوى أعلى من المخاطرة والسلوك التنافسي. لذلك، إذا أردت أن ينصت إليك الآخرون، فقد يساعدك أن تركز ثِقَلك بأن تقف باستقامة، وأن تحتل بجسمك مساحة كبيرة، وتستخدم إيماءات تنمُّ عن بسط السيطرة. ينبغي أن ينتبه الطيبون خصيصًا لوضعية أجسادهم عند شغلهم لمناصب قيادية، أو تعرضهم لمواقف يحتاجون فيها إلى ممارسة سلطتهم على الآخرين.

إن كنت تتمنى، عوضًا من ذلك، لو أنك أكثر لطفًا، فمن بين الخيارات المتاحة لديك أن تمارس شكلًا من التأمل يُعرف باسم «اللطف النابع من الحب». في هذا اللون من التأمل، يكرر المشاركون بلا كلام أمانيهم، بأن يتمتعوا هم والآخرون بالصحة والعافية والسعادة، من خلال ذلك يزرعون في أنفسهم مشاعر التعاطف، التي تُعدُّ الأساس الذي ترتكز عليه الطبيعة الودودة الطيبة. في دراسة نُشِرت عام 2008، مسح باحثون في جامعة «ويسكونسن-ماديسون» وزملاؤهم أدمغة أشخاص متأملين مبتدئين وخبراء. حين تناهت إلى أسماعهم أصوات شخص ما في محنة تصدُر من مكبر صوت أثناء ممارستهم تمرين «اللطف النابع من الحب»، ظهر على جميع المشاركين نشاطًا متزايدًا في الفص الجزيري في الدماغ، وهي منطقة دماغية معنية بالوعي بالذات والتجارب العاطفية. وتجلى على المتأملين الخبراء أقوى

ردود الفعل تجاه الأصوات، الأمر الذي يوحي بإمكانية تعلُّم التعاطف والتقمص العاطفي. في دراسة أخرى أُجريت عام 2008، اكتشف علماء نفس من جامعة «ستانفورد» أن الذين يمارسون تأمل «اللطف النابع من الحب» يشعرون بأنهم أقرب إلى الغرباء الذين شاهدوا صورهم وأوثق صلةً بهم على المستوى الاجتماعي.

إن منافع تحلي المرء باللطف تعتمد على تعريفك الخاص للنجاح. فإذا كان النجاح يتمثل في حصولك على الأشياء التي من المرجح أن تسوقك إلى السعادة على المدى البعيد في الحياة -أعني العافية والعلاقات المتينة والاستمتاع بما تنجزه كل يوم- فاللطفاء يتمتعون بميزة واضحة. لعل أمي كانت على حق على أية حال.

-نُشرت هذه المقالة للمرة الأولى في مجلة «ساينتفيك أميريكان مايند»، في العدد 23 (الطبعة الثالثة) في يوليو/أغسطس 2012.

سأؤجل عمل اليوم إلى الغد

بقلم: تريشا غورا

المحامي رفيع المستوى «رايموند» يؤجل عادة الرد على مكالمات العمل المهمة وتدوين الملخصات القانونية، وهددت تلك السلوكيات حياته المهنية تهديدًا جسيمًا. التمس «رايموند» (ليس اسمه الحقيقي) مساعدة عالم النفس السريري «وليام نوس» الذي يمارس مهنته في مدينة لونغميدو في ولاية ماساتشوستس الأمريكية. في الخطوة الأولى، أعطى «نوس» المحامي «رايموند» مُلخصًا من صفحتين عن المماطلة والتأجيل، وطلب منه قراءته «واستشفاف ما إذا كان يحوي الوصف المناسب». وافق «رايموند» على أن يفعل ذلك أثناء رحلة طيران له إلى أوروبا، وبدلًا من أن يفعل، انشغل بمشاهدة فيلم. بعد ذلك، تعهد بمطالعته في أول ليلة له في الفندق، لكنه خلد إلى النوم مبكرًا. وكان كل يوم يجد العذر عبر الأمور الأكثر إلحاحًا التي يتعين عليه إنجازها. في النهاية، قدَّرَ «نوس» أن المحامي أمضى 40 ساعة في إرجاء مهمة كانت ستأخذ من وقته دقيقتين لإنجازها.

كل البشر تقريبًا يماطلون ويُسوِّفون بين الحين والآخر، وهذه الظاهرة يُعرِّفها عالم الاقتصاد «بيرس ستيل» في جامعة «كالياري»

بأنها تأخير مسار عمل منشود طواعيةً، رغم توقع سوء الأمور بسبب التأجيل. وعلى العكس من «رايموند»، فإن نسبة مثيرة للقلق تتراوح بين 15٪ و20٪ من البالغين «المؤجلين عمل اليوم إلى الغد» يُرجئون أنشطةً من الأفضل إنجازها في أسرع وقت ممكن. ووفقًا للتحليل التجميعي الذي أجراه «ستيل» عام 2007، يصيب التسويف نسبة مذهلة تتراوح بين 80٪ و95٪ من طلاب الجامعة الذين تُعرِّضهم جداولهم الأكاديمية المُتخمة وعوامل التشتيت واللهو على غرار حفلات الأخوية إلى عواقب لها مخاطرها.

ولا يعني التسويف جدولة عدد أقل من المهام بالغة الأهمية لفترات زمنية لاحقة عن عمد. ومصطلح التسويف يصح حين يُخفق المرء في الالتزام، وينتهي به الأمر إلى تأجيل المهام ذات الأهمية أو الضرورات القصوى. أي لو كان التفكير في مهام الغد يثير حفيظتك، ويقض مضجعك، أو يجبرك على أن تفعل شيئًا أكثر تفاهةً، فاعلم أنك تتعمد التسويف.

والنزوع إلى التسويف له خسائر فادحة، إذ يحمل في طياته خسائر مالية، ويُعرِّض الصحة للخطر، ويضر بالعلاقات، ويدمر المسارات المهنية. يقول عالم النفس «تيموثي بيشيل» مدير مجموعة أبحاث التسويف في جامعة «كارلتون» في أوتاوا: «يقوِّض التسويف الرفاهة على نطاق واسع». ومع ذلك، تُلمِّح الأبحاث إلى الجوانب الإيجابية المحتملة لهذه العادة السيئة، وتوضح أن المُسوفين يستفيدون وجدانيًا من تكتيكاتهم المميزة على الدوام، الأمر الذي يدعم نزوع البشر إلى تفادي كل ما هو كريه.

إن التسويف مُكتسب، ولكن ثمة سمات شخصية راسخة مُحددة تزيد من احتمال اكتساب المرء لتلك العادة. يقول «تيموثي بيشيل»: «التسويف رقصة بين الدماغ والمَوْقِف الذي يتعرض له المرء». إن وجهة النظر المتعلقة بالطبع والتطبع جزء من مسار بحثي جديد يتناول عملية التسويف والحيلولة دونها. وأدى فهم علة تأجيل الناس للمشروعات إلى وضع استراتيجيات لمساعدتنا جميعًا على الشروع في المهام واستكمالها إلى النهاية.

• التحيز الكامن

إن التسويف قديم قِدَم البشر، وبالنسبة للذين يعيشون في المجتمعات الزراعية، يمكن أن يترتب على تأخير زراعة محصول ما حصول مجاعة. وكان التسويف عند أسلافنا، بمن فيهم الشاعر اليوناني «هِسْيُود» عام 800 ق. م.، بمنزلة الخطيئة أو الفتور والتراخي. وربما يسَّرت الثورة الصناعية ممارسة تأجيل المهام بالغة الأهمية، إذ يجلب لنا التقدم التقني في طياته شيئًا من الوقاية من شر العواصف والمجاعات، وكذلك زيادة في وقت الفراغ وفي السلع الاستهلاكية المغرية وعدد الخيارات الممكنة للأنشطة. ويُقدِّم المجتمع المعاصر لنا فيضًا من المُلهيات، بما في ذلك ألعاب الكمبيوتر والتلفزيون والتراسل النصي -ناهيك عن السيارات والطائرات التي تنقلنا لمشاهدة وممارسة أشياءً أكثر- تغوينا كلها للانحراف عن المهام التي بين أيدينا.

والاستسلام لمثل هذه الإغراءات يمكن أن يكون مُكلفًا. يُقدِّر الخبراء أن 40٪ من الناس عانوا من خسارة مالية بسبب التسويف، وفي بعض الحالات كانت خسارتهم فادحة. في عام 2002، دفع الأمريكيون ضرائب بلغت قيمتها إجمالًا 473 مليون دولارًا نتيجة التسرع وما ترتب عليه من أخطاء. ومن الممكن أن تُعزى نُدرة مدخرات التقاعد الخاصة بالأمريكيين نوعًا ما إلى تسويفهم في ادخار المال.

ومن الممكن أن يُعرِّض التسويف صحة الإنسان إلى الخطر أيضًا، فبعد فحص أكثر من 19800 شخص لتحديد مستوى ارتفاع الكوليسترول في الدم، صرَّحت عالمة الوبائيات «سينثيا موريس» وزملاؤها في جامعة «أوريغون» للصحة والعلوم عام 1990، أن 35٪ من أولئك الذين علموا أنهم يعانون من ارتفاع الكوليسترول في الدم أجلوا استشارة الطبيب خمسة أشهر على الأقل. وفي عام 2006، صرَّحت عالمة النفس «فوشيا سيرويس» من جامعة «ويندسور» في أونتاريو، في دراسة أُجريت على 254 شخصًا بالغًا، أن المُسوفين يعانون من مستويات توتر أعلى ومشكلات صحية أكثر حدة من الذين استكملوا مهامهم في الوقت المناسب. وخضع المسوفون أيضًا لفحوص طبية وفحوص للأسنان أقل، وتعرضوا لحوادث منزلية أكثر نتيجة تسويفهم لمهام مملة، كتغيير بطاريات مُستشعرات دخان الحرائق.

إن تحاشي إنجاز المهام أحد المحفزات الخارجية الأساسية للتسويف. من ذا الذي يُؤجل عمل ما يحب؟ وفقًا لتحليل «ستيل»

التجميعي، استشهد نصف الطلاب الجامعيين بطبيعة المهمة ذاتها، باعتبارها السبب وراء تأجيلها. ومما لا شك فيه أن قلة من الناس فقط يغتنمون فرصة كتابة أطروحة عن تكاثر الديدان الخيطية، أو يستغلون فرصة تنظيف المرأب. يقول «بيشيل»: «التسويف في جوهره يتعلق بألا تكون لديك مشروعات في حياتك تعكس أهدافك حقًا».

ويؤثر مقدار الوقت الفاصل بينك وبين موعد إنهاء مشروع ما، على الميل إلى التسويف. وعلى وجه الخصوص، من المرجح أن يتلكأ الناس أكثر حين يكون الموعد النهائي لإنجاز المهمة بعيدًا جدًا. ويكمن السبب في ظاهرة تُعرف باسم «التأخير الزمني»، وتعني أنه كلما كان المرء أقرب إلى نيل مكافأة ما (أو معايشة شعور بالإنجاز)، بدت المكافأة أعظم قيمةً، وكان من المستبعد بقدر أكبر أن يُرجئ أداء العمل الضروري لنيل المكافأة. بتعبير آخر، الإشباع الفوري أكثر تحفيزًا من الجوائز أو الأوسمة التي سيحصل عليها المرء في المستقبل البعيد.

قد يكون لهذا التفضيل أساس تطوري قوي. لقد كان المستقبل، بالنسبة لسكان العصر الحجري، عصي على التنبؤ في أحسن الأحوال. يقول «بيشيل»: «مقولة عصفور في اليد خير من عشرة على الشجرة تحمل في طياتها شيئًا من الحقيقة، والبشر لديهم أدمغة تتحيز للتسويف لأغراض البقاء».

في عام 2004، أشار عالم الأعصاب «باري ريتشموند» وزملاؤه في المعهد الوطني للصحة العقلية، إلى العثور على أساس بيولوجي

لهذا التحيز. فقد درب فريق «ريتشموند» القردة أولًا على تحرير رافعة كلما تحولت بقعة على شاشة الكمبيوتر من اللون الأحمر إلى الأخضر. ومع استمرار تحرير القردة للرافعة بشكلٍ صحيح، زاد سطوع شريط رمادي اللون، فعرف القردة أنهم صاروا أقرب إلى المكافأة، وكانت عصيرًا شهيًا. وشأنهم شأن البشر المسوفين، بدأت الحيوانات تتراخى أثناء التجارب المبكرة، فاقترفت كثيرًا من الأخطاء. لكن حين اقتربت المكافأة الممثلة في العصير، ركَّزت الحيوانات على المهمة التي بين أيديها واقترفت أخطاءً أقل.

افترض فريق «ريتشموند» أن الدوبامين، الناقل العصبي الذي ينقل مشاعر المكافأة، ربما يكمن وراء هذا السلوك. بالتعاون مع «باري ريتشموند»، استخدم عالم الوراثة الجزيئية «إدوارد جينز» شركًا جزيئيًا يُعرف باسم «مضاد التعبير الجيني للحمض النووي الريبوزي منزوع الأوكسجين»، ليوقف إنتاج إحدى مُستقبلات الدوبامين جزئيًا في منطقة محددة في أدمغة القردة تُسمى القشرة المخية المحيطة بشق العين، وتربط الإشارات البصرية بالمكافآت. لقد قلَّل العلاج من آثار الدوبامين لدرجة أن القردة لم تستطع بعد أن تتنبأ بالتوقيت الذي ستثمر فيه أي تجربة عن العصير على سبيل المكافأة. ولذلك اعتمدت القردة الحيطة في رهاناتها، وعملت جاهدةً طيلة الوقت، وكأن «الذي يفصلها دومًا عن الخطوة قبل الأخيرة تجربة واحدة»، بحسب ما جاء على لسان «ريتشموند».

غير أن جميع القردة التي شهدت تراجعًا في ردود فعل الدوبامين، تصرفت بالحدة نفسها. بقي بعضها لينًا بعد علاجه المُثبط للدوبامين،

وأخفق في شحذ جهودٍ كبيرة، حتى بعد أن ضاق الوقت الفاصل بينها وبين المكافأة. وتشي هذه الملاحظة بالتفرد في التسويف: فبعضنا أكثر عُرضة للتسويف من بعضنا الآخر.

• اتخاذ منحى شخصي

في نهاية القرن العشرين، بدأ علماء النفس يدرسون السمات الشخصية الخمسة الكبرى المشهورة التي تمتزج لتصف أي إنسان، وهي: يقظة الضمير والقَبول والعُصابيّة والانفتاح والانبساط. ووفقًا لـ«بيرس ستيل»، فإن مدى إظهار الإنسان لكل سمة من تلك السمات، يساعد على تحديد ميل الشخص إلى التسويف والمماطلة.

والسمة الأكثر ارتباطًا بالتسويف هي يقظة الضمير أو انعدامها. فالإنسان يقظ الضمير جدًا، يكون مُستقيمًا ومُنظمًا وكادحًا. أما الإنسان الذي يفتقر إلى يقظة الضمير، فمن المحتمل أن ينزع إلى التسويف بشدة، كذلك يكون المتهور الطائش عُرضة لخطر التسويف والمماطلة أيضًا. يقول «بيشيل»: «المتهورون لا يستطيعون أن يصونوا واحدة من نواياهم من غيرها من النوايا. ومن السهل أن تلهيهم المغريات التي تظهر في خضم إنجازهم لمشروع ما، كصياغة بحث الفصل الدراسي، وتنحرف بهم عن مسارهم».

من الممكن أن ينبع التسويف من التوتر أيضًا، الذي يُعدُّ فرعًا من فروع العُصابيّة. يؤجل المسوفون البدء بالمهمة خشية الفشل (إنني قلق جدًا من الفشل في إنجاز هذه المهمة)، وخشية اقتراف خطأ في

نهاية المطاف (إنني بحاجة إلى التأكد من أن المحصلة ستكون مثالية)، وخوفًا من النجاح (لو أبليت بلاءً حسنًا، سيتوقع الناس مني أكثر دائمًا وأبدًا، لذلك سأؤجل المهمة حتى اللحظة الأخيرة، وأنجزها بشكلٍ رديء، فأخفض توقعات الناس مني).

تتجلى سمات الشخصية هذه، وكذلك السمات الأقل أثرًا، في مواقف محددة، بالاقتران مع البيئة. ويحاول الباحثون الآن رصد التفاعل بين الطبع والتطبع لتوحيد نظريات التسويف الحالية، والتنبؤ بمن من المرجح له أن يسوِّف وتحت أي ظروف. استمد «ستيل» صيغة رياضية تُحدِّد صفة «المنفعة»، أي مدى جاذبية مهمَّة ما للفرد. ولتحديد منفعة أي مهمة، واحتمال إنجاز شخص لها على الفور، وضع «ستيل» أربعة عوامل أساسية معًا، هي التوقُّع (E) والقيمة (V) والتأخير وصولًا إلى المكافأة أو العقاب (D) والحساسية الشخصية تجاه التأخير (Γ)، في المعادلة التالية:

$$U = \frac{E \times V}{\Gamma \times V}$$

حين يتوقع المرء أن ينجح في مهمة بعينها أو يلقى عمله التقدير، فمن المرجح أن ينجزها. بالتالي، فإن الرقم الأعلى للتوقُّع أو القيمة سيزيد المنفعة. من ناحية أخرى، لو استقرت المكافأة أو العقاب في المستقبل البعيد أو كان المرء «حساسًا» تحديدًا، أي أنه عُرضة للتشتت أو التهور أو يفتقر إلى ضبط النفس، فمن الأقل رجحانًا أن ينجز المهمة، على الأقل في الوقت المناسب. وعليه، فالحساسية تجاه

التأخير، والتأخير بحد ذاته، يقلصان المنفعة من مهمة ما، ويؤديان إلى المماطلة والتسويف.

يعارض كثير من العلماء فكرة أن السلوك البشري المُعقَّد يمكن تعريفه بصيغة رياضية. يقول «بيشيل»: «تسوقك الفكرة إلى الاعتقاد أنه سيكون بوسعي أن أطلعك على ما ستفعله يوم الجمعة المقبل». مع ذلك، فمعادلة «ستيل» هي محاولة مبدئية لتوحيد النظريات التحفيزية والنفسية المتعددة المتعلقة بالتسويف، وإتاحة إطار عمل للأبحاث المستقبلية.

• علم نفس التأخير

بدلًا من قياس سمات الشخصية وحل الصيغ الرياضية، يُفضِّل بعض الباحثين استخلاص علم النفس الكامن وراء السلوك. هناك عنصران أساسيان يدخلان في الرغبة في تأجيل المشروعات، هما الشعور المؤرق حيال نشاط ما والرغبة في تفادي هذا الشعور. يفسِّر «بيشيل» الأمر قائلًا: «يقول المُماطل: 'يحدوني شعور سيء تجاه مهمة ما'، لذلك ينسحب كي يتحسن شعوره». وابتكر عالم النفس «جوزيف فيراري» من جامعة «دي بول» اصطلاح «المُماطل بغية التجنُّب» لوصف الشخص الذي يُعد التفادي حافزه الأساسي.

وثمة حافز نفسي آخر يتمثل بالتردد. يعجز «المُماطل المُتردد» عن أن يتخذ قراره بشأن إنجاز مهمة ما. لنفترض أن امرأة تنوي زيارة أمها في المستشفى، وبدلًا من أن تمسك بالمفاتيح وتخرج ببساطة

من بيتها، تبدأ المماطِلة المُترددة في التحاور مع نفسها: أقود السيارة أم أستقل القطار؟ القطار ينطوي على شيء من المتاعب، غير أن موقف السيارات باهظ التكلفة، وسأضطر للعودة ساعة الذروة. لكنّ القطار سيكون مكتظًا أيضًا. ويستمر الحوار الداخلي حتى يمر وقتًا كافيًا تنتهي في أثنائه ساعات الزيارة.

التفسير الثالث الذي كثيرًا ما يُستشهد به للإشارة إلى التأخير غير المنطقي هو الإثارة. يُقْسِم «المماطل الباحث عن الإثارة» بأنه يعمل بأعلى قدر من الكفاءة تحت الضغط، وبأنه يعشق إثارة الموعد النهائي واللحظة الأخيرة، كي يشرع في العمل. يعتقد هذا الشخص أن المماطلة تكفل له تجربة «الذروة» أو «التدفق العفوي». ويُعرِّفها عالم النفس «ميهالي كسيسنتميهالي» من كلية «دروكر» للإدارة التابعة لجامعة «كليرمونت» للدراسات العليا، بالانغماس الكامل في نشاط ما لأجل النشاط بحد ذاته، فيختفي الوقت، وتذوب الأنا.

لكن التسويف لا يُسهِّل حالة التدفق، بحسب عالمة الاجتماع في جامعة «هالا» الكورية الجنوبية «يونجو لي». ففي عام 2005، صرَّحت «لي» بأنها استبينت 262 طالبًا، واكتشفت أن المماطلين يميلون إلى معايشة تجارب تدفق ذهني أقل وليس أكثر. على أية حال، لا بد أن يكون الشخص قادرًا على الانفكاك من ذاته كي «يتوه» في أي تجربة، والمماطلون عادةً أشخاص واعون لأنفسهم يصعب عليهم أن يفعلوا ذلك.

يضاف إلى ما سبق، أن إثارة الموعد النهائي الذي يلوح في الأفق، ليست السبب الفعلي الذي يدعو الناس إلى تأجيل المهام غير الممتعة.

قاس «بيشيل» وتلميذه الخريج الجامعي «كايل سيمبسون» السمات المرتبطة بالإثارة، بما في ذلك السعي وراء الإثارة والانبساط، لدى الطلاب الذين غالبًا ما يسوفون. في أطروحة الدكتوراه غير المنشورة لـ«سيمبسون»، أثبت «بيشيل» و«سيمبسون» أن كلتا السمتيْن لا تفسران التسكع الذي صرح به الطلاب. بالتالي، ربما لا يحتاج المسوفون في الواقع إلى الإثارة، بحسب تصريح «بيشيل»، وإنما يستغلون الاعتقاد بأنهم بحاجة إلى ضغوط الدقيقة الأخيرة قبل الموعد النهائي لتبرير تسويفهم، وهو الأمر الذي يلجأون إليه لأسباب أخرى، كالتحايل على الأمور البغيضة.

ويؤجِّل المسوفون الآخرون المشروعات استراتيجيًا، لتبرير الأداء القاصر حال حدوثه. ويُحدِّثون أنفسهم أو الآخرين بقولهم: «كان من الممكن أن أحقق أداءً أفضل لو بدأت في وقت أسبق». قد تعمل هذه الاستراتيجية، في بعض الحالات، عمل الدرع للأنا الهشة الضعيفة.

• أسرار المهنة

التسويف ليس عصيًا على التطويع دائمًا. في استقصاء أُجري عام 2007 على 67 مُسوِّفًا باعترافهم بين طلاب الجامعة، علم عالم النفس «غريغوري شرو» من جامعة «نيفادا» في لوس أنجليس وزملاؤه، أن هؤلاء الطلاب وجدوا سبلًا مبُتكرة كي تصب عادتهم السيئة في صالحهم. على سبيل المثال، حضر كثير من الطلاب المحاضرات

التي يقدم فيها الأستاذ منهجًا مفصلًا فقط، وليس المحاضرات التي يعطى فيها عرضًا تقريبيًا للمهام. وسمحت هذه الخصوصية بالتسويف «المُخطط له»، واستطاع الطلاب جدولة النحو الذي يؤخرون به أعمالهم الدراسية، ومن ثم خصصوا أقصى وقت ممكن للأنشطة الأكثر إغراءً.

وللتكيف مع الشعور بتأنيب الضمير والتوتر الناجمين عن الانتظار حتى اللحظة الأخيرة، جلب بعض الطلاب جميع الكتب المتعلقة بمهمة ما فور استلامها، ووضعوها على الرف. قال الطلاب إن وضعهم للكتب على الرف، يوحي بإنهم «وضعوا» أفكارهم المؤرِّقة بشأن المهمة جانبًا. ويتفادى الواحد منهم الشعور بالذنب، بأن يُحدث نفسه قائلًا: «مهلًا، على الأقل جلبت الكتب». بعد ذلك، وقبل موعد تسليم المشروع بثماني وأربعين ساعة، يزيل المماطل الغبار من على الكتب، ويتخلص من مشاعره المؤرقة، ويعمل بشكلٍ محموم لإنجاز المهمة. نتيجة لذلك، أنجز الطلاب أقصى قدرِ ممكن من العمل المُكلفين به في أقل وقت ممكن، وبأدنى شعور بالألم وتأنيب الضمير.

رغم أن هؤلاء الطلاب كانوا لا يزالون يؤجلون العمل لفترة أطول مما ينبغي، فقد تمكنوا من إنهاء مهمتهم دون أن يفقدوا سلامتهم العقلية. ويؤكد «غريغوري شرو» أن أبحاثه لا يُقصد بها الدفاع عن المماطلة، وإنما إظهار أن هذه الممارسة يمكن أن تخلق بعض مهارات البقاء المفيدة، كالتخطيط التكتيكي لاستكمال مهمة ما في

زمن محدود، وبأقل قدر من التوتر والإجهاد. ويقول: «المغزى من القصة هو أن الناس يماطلون، كي يتسنى لهم أن يحيوا حياة عقلية أفضل».

- **الحيلولة دون التسويف**

لا يتفق جميع الخبراء مع «شرو»، والواقع أن التحليل التجميعي لـ«بيرس ستيل» يشير إلى أن 95٪ من المسوفين يريدون كسر تلك العادة، لكنهم لا يستطيعون لأنها صارت بديهية وراسخة بداخلهم. يقول «بيشيل»: «تتحول العادات إلى عمليات عقلية لا واعية. وحين يصير التسويف مزمنًا، يتحول المرء فعليًا إلى طيار آلي».

ويشير بعض الخبراء إلى إحلال وصفات محددة زمنيًا للتصرف محل التأجيل اللاإرادي. وينصح عالم النفس «بيتر غولفيتزر» من جامعة «نيويورك» وجامعة «كونستاتنس» في ألمانيا، بابتكار «نوايا تنفيذ» تُحدد مكان وتوقيت أدائك لسلوك بعينه. لذا، بدلًا من وضع هدف غامض على غرار «سأهتم بصحتي أكثر»، عليك أن تضع هدفًا ينطوي على شروط تنفيذه، بما في ذلك التوقيت، فتحدث نفسك قائلًا: «سأقصد النادي الصحي في السابعة والنصف غدًا صباحًا».

يبدو أن وضع هذه الوصفات المحددة يثبط النزوع إلى المماطلة. ففي عام 2008، أثبت عالم النفس «شين أوينز» وزملاؤه في جامعة «هوفسترا»، أن المماطلين الذين غرسوا في أنفسهم نوايا تنفيذية كان من المرجح أن يلتزموا بها إلى النهاية، أكثر بثمانية أضعاف من أولئك

الذين لم يغرسوا في أذهانهم تلك المقاصد. يقول «أوينز»: «عليك أن تلتزم مسبقًا التزامًا محددًا بالزمان والمكان لتتصرف، فذلك سيجبرك على المتابعة حتى النهاية».

يمكن للجدولة الذكية أن تُحبط التسويف أيضًا. في تجربة نُشِرت عام 2002، طلب أستاذ الاقتصاد السلوكي «دان أريلي»، وكان يعمل في معهد «ماساتشوستس» للتكنولوجيا، وأستاذ التسويق «كلاوس فيرتنبروخ» من كلية «إنسيد» لإدارة الأعمال ولها فرعين جامعيين في فرنسا وسنغافورة، من طلاب صف المهارات التنفيذية أن يُحددوا مواعيدهم النهائية لتسليم ثلاثة أبحاث علمية في الفصل الدراسي. وضع «أريلي» و«فيرتنبروخ» عقوبات لأصحاب الأبحاث الذين يسلمون أبحاثهم بعد مواعيدها النهائية التي حددوها لأنفسهم. ورغم العقوبات، اختار 70٪ من الطلاب مواعيد نهائية مُتفرقة على مدار الفصل الدراسي، بدلًا من حشدها كلها في نهايته. الأدهى من ذلك أن أولئك الذين حددوا مواعيد نهائية مُبكرة جاءت درجاتهم أفضل في المتوسط، مقارنةً بطلاب فصل مثيل حدد فيه «أريلي» موعدًا نهائيًا واحدًا لتسليم الأبحاث الثلاثة في نهاية الفصل الدراسي. هذا اللون من التخطيط بوسعه القضاء على أي نزعة لتأجيل العمل. يقول «أريلي»: «جعلتهم المواعيد النهائية أصحاب أداء أفضل».

وينصح «بيشيل» المسوفين ببساطة بأن «يبدأوا وحسب»، فالتوقعات الخاصة بالمهمة غالبًا ما تكون أسوأ بكثير من واقع المهمة نفسها. لبيان هذه الحقيقة، وزعت مجموعته، في بحث ظهر عام 2000،

على 45 طالبًا أجهزة نداء «بيجر»، وعمل المتطوعون على تفقدهم 40 مرة على مدار خمسة أيام لسؤالهم عن حالتهم المزاجية وعن عدد المرات التي أجلوا مهمة جرى تحديد موعدها النهائي. ويقول «بيشيل»: «اكتشفنا أنه عند إنجاز الطلاب المهمة التي يتفادونها فعلًا، تتغير تصوراتهم لها بشدة، وكثيرًا ما يستمتعون بها في حقيقة الأمر».

في حالة «رايموند»، كان البدء في المهمة هو الجزء الشاق في الواقع. وساعده «نوس» على أن يفعل ذلك، إذ حدد أولًا السبب الكامن وراء رغبته في التأجيل: خشي «رايموند» أن يكون موضع اختبار ويظهر بمظهر الأحمق. لذلك طلب «نوس» منه أن يختار أخف الضررين؛ إما أن ينجز عمله ويخاطر بقصوره عن مرتبة الكمال، وإما يتفادى المهام الصعبة ويخسر وظيفته بالكامل. حين صاغ «نوس» الموقف بهذا الشكل، استطاع المحامي أن «ينجز الأمر بشق الأنفس»، وبدلًا من أن يُطرد من عمله، صار «نجمًا لامعًا» في شركته.

تحليل التأجيل

قد يساعدك إدراك الوقت الذي تسوِّف فيه على اختصار إهداره والبدء في مسعاك. وبحسب ما جاء على لسان المختص بعلم النفس السريري «وليام نوس» الذي يمارس مهنته في مدينة لونغميدو في ولاية ماساتشوستس، ثمة ست خطوات تُميِّز عملية المماطلة والتسويف:

1. لديك نشاط ما له موعد محدد لإنجازه، وتلازمه مكافأة إذا أنجزته ببراعة، أو عقوبة لو لم تنجزه كما يجب.

2. تنظر إلى النشاط نظرةً سلبية، وتعتبره مملًا أو كريهًا أو مُهدِّدًا أو مُربكًا.

3. تُضخم مشقة المهمة، في حين تحقِّر من شأن العوامل المشجعة على العمل الآن.

4. لتفادي الشعور بعدم الارتياح أو التخفيف منه، يمكنك استبدال نشاط بنشاط آخر كأحلام اليقظة أو «التنظيم» أو أي شيء آخر يتطلب استخدام الكمبيوتر.

5. تُقنع نفسك بأنك ستشرع في الاضطلاع بالمهمة، ربما غدًا، وحين يأتي الغد، تتعذر بعذرٍ جديد.

- نُشرت هذه المقالة للمرة الأولى في مجلة «ساينتفيك أميريكان مايند»، العدد 19 (الطبعة السادسة) في ديسمبر 2008/ يناير 2009.

تحفيز الكسل بداخلنا

بقلم: ساندرا أبسون

يهيم «تيموثي بيشيل» عالم النفس في جامعة «كارلتون» بكلابه الإسكيمو الثمانية حُبًا. في عطلات نهاية الأسبوع الشتوية، يصحبها لجر الزلاجات على المسارات الجليدية على مقربة من بيته في مدينة أوتاوا.

لكن مع ازدياد عدد كلابه، زادت الأعباء المنزلية. ويهاب «بيشيل» واجبًا واحدًا من بين الواجبات المنوطة به كلها، ألا وهي تقليم مخالب الكلاب البالغ عددها 150 مخلبًا بالإجمال تقريبًا. يروي «بيشيل» معاناته قائلًا: «يتطلب الأمر شخصين أو ثلاثة أشخاص لتثبيت واحد من كلابي. هذا دليل على مدى كراهية الكلب للتجربة كلها». ورغم أنه يريد لكلابه أن تنعم بالسعادة والصحة، لكنه حين يواجه ليلة شاقة يصارع فيها الكلاب من أجل تقليم مخالبها، يجد نفسه مفتونًا بشدة بالاسترخاء على أريكته واحتساء الشراب.

هل هذه المقايضة هي لُب التسويف؟ إننا ندرك ما علينا إنجازه، لكننا نتذمر ونخرب على أنفسنا، ونرضى بملهيات عقلية ثانوية. لماذا؟

الإجابة السهلة على هذا السؤال هي أننا نُفضل البحث عن أمور ممتعة آنية، على أن ننتظر مكافأة بعيدة المنال، حتى لو كانت المكافأة بعيدة الأجل أثمن بكثير من متعة الوقت الحاضر. هذه النزعة تخفق في تفسير علة أننا تارة نهدر الوقت في اللاشيء، وفي أوقات أخرى نشرع في العمل بلا تقصير. تقول عالمة النفس «فوشيا سيرويس» من جامعة «بيشوب» في مقاطعة كيبيك: «تكمن العلة في عمليات وجدانية. نحن نواجه صراعًا وتوترًا وجدانييْن، والتسويف من بين السبل المتاحة لتجنبهما والتعاطي معهما».

وتشير الأبحاث الحديثة إلى أن الشعور بعدم الأمان أو الاكتئاب يدفعان بنا أكثر نحو التسويف، لأن الاستسلام لدوافعنا يمنحنا دفعة وجدانية. وكي نتحول من أشخاص كسالى لا يبارحون أرائكهم إلى أبطال أفلام الحركة، لا بد أن نتعلم كيف نُسخِّر التقلبات الدقيقة التي تصيب مشاعرنا. إن تحويل النفور الأولي إلى مصدر للتحفيز يمكن أن يساعدنا على تفادي الإغراءات وملاحقة أحلام أكبر وأكثر جرأة.

• تفكيك التأخير وتحليله

التسويف هو محرِّك الندم الذي سحق إنجازات البشر منذ فجر الحضارة. فمنذ عام 800 ق. م.، أسدى الشاعر اليوناني «هِسْيود» نصيحة مألوفة لنا تقول: «لا تؤجل عمل اليوم إلى الغد وبعد غد». يمكننا أن نُسوِّف في أي شيء؛ في العمل أو ممارسة التمارين الرياضية أو بدء نظام غذائي صحي أو إرسال بطاقة معايدة. وبشكل

رسمي أكثر، عُرِّف التسويف بالتأخير الطوعي لأي فعل نعلم تمام العلم أنه ينبغي لنا الإقدام عليه الآن.

ربما بسبب عالمية الظاهرة وشمولها، صارت مثار سخرية وموضوعًا للنكات أيضًا. مثال على ذلك، نادي المماطلين الذي لم يلتقِ أعضاؤه قط، وكتاب التسويف الذي لم يُؤلّف. واستشهد أحد المؤلفين ببحث زائف عن التسويف في مقالة صحافية، إذ قال: «استخدم عالمان خياليان يدعيان 'ستيلتون' و'إيدام' الجُبْن لمراقبة التسويف لدى الفئران. كذلك اشتُهر عن القديس أغسطينوس أثناء فترة شبابه الحافلة بالمتع الحسية في القرن الرابع ميلادي بدعائه للرب قائلًا: امنحني العفة والزهد... ولكن ليس بعد».

بالنسبة للمدمنين على المماطلة، هذا الواقع ليس مثيرًا للضحك أبدًا. يميل المتلكئون بشدة لنقد الذات، ونراهم يكافحون الاكتئاب والقلق، ودائمًا ما نجدهم يستسلمون لنزواتٍ أكثر بكثير من سواهم. يميط الباحثون اللثام عن العلاقة السببية بين التسويف والاندفاع والحالة المزاجية. تقول «فوشيا سيرويس»: «قسم كبير من المادة العلمية المتاحة تفيد بأن [هؤلاء] يعانون من مستويات أعلى من الاكتئاب والقلق، وما إلى ذلك. الأمر لا يتعلق بانسياقهم وراء المتع ببساطة فحسب، وإنما يرتبط بتجنُّب المشاعر السلبية».

عندما يُسأل المماطلون عن أفكارهم، فهم يميلون إلى مشاطرة شذرات من حوار داخلي مُظلم كئيب على غرار: «إنني أغبى من أن أضطلع بذلك»، أو «إن لم أستطع استكمال هذا البحث، فكل

ما أنجزته سيضيع هباءً وسيفقد معناه». في إحدى دراسات الحالة، سوَّف محاسب يُدعى «طوم» كثيرًا جدًا، حتى أنه أخفق في إعداد تقريره الضريبي الخاص. ربما أضحكتنا المفارقة، ولكن عندما سُئل «طوم» عن شعوره حيال الموقف، قال إنه شعر بالقصور والعجز وبأنه مثير للشفقة.

أظهرت العديد من الدراسات لعالم النفس «روي ف. باومايستر» من جامعة ولاية «فلوريدا» ومساعديه، أن المشاعر السلبية تُضعف القدرة على ضبط النفس. ويقوِّض التوتر الالتزام بالأنظمة الغذائية، ويفسد جهود المقلعين عن التدخين أيضًا. وحين يشعر الناس بالضيق، يتصرفون بعدوانية على الأرجح، أو ينفقون أموالًا مبالغ فيها، أو يمارسون ألعابًا في الوقت الذي يعلمون فيه تمام العلم أن عليهم أن ينكبوا على الدراسة. إن الشعور بالإحباط والاكتئاب مؤشر قوي أيضًا على الارتداد نحو سلوكيات إدمانية كإدمان الكحول والقمار.

من بين الوظائف الأساسية للدماغ تنظيم المشاعر، بما في ذلك تبديد المشاعر السلبية عندما تمثل تهديدًا للبقاء. على سبيل المثال، حين نرى صورة مُزعجة، فإننا نُبعد ناظرينا، وحين نتأهب لإلقاء كلمة، نحاول أن نبدو هادئين رابطي الجأش كوسيلة للتخفيف من حدة الاضطرابات التي تموج بنا. ليس من قبيل المصادفة بعد الانفصال عن الحبيب أن يلجأ بعضنا إلى تناول كميات كبيرة من البوظة. إن الاستراتيجيات الثلاث كلها تساعد على رأب جراحنا النفسية، كما نضمد جراحنا الفعلية بالضبط.

يبدو أن الإلهاء وسيلة مدهشة لنبذ المشاعر غير المرغوب فيها. إذ إن الطلاب الذين يخربشون على هوامش دفاترهم ربما اكتشفوا من تلقاء أنفسهم ما أثبته علماء النفس في المعمل أخيرًا، وأعني أن الرسم يمكن أن يكبح المشاعر السلبية لا عبر القوة التعبيرية، وإنما بصرف انتباهنا عن مشاعرنا. والحاجة لا تقتضي أن تكون المُلهيات كلها نشطة جدًا، فثمة وسيلة أخرى فعالة لاستعادة ضبط النفس، فالمزاج المرح يتحقق ببساطة بأخذ قيلولة، وهي تكتيك مُجرَّب لدى طلاب الجامعة المماطلين.

إن صرف النظر عن فكرة مملة أو مُؤرقة هو أحد أسباب تلكؤنا، ولكن ربما كانت هناك بعض العمليات العاطفية الأخرى التي تتدخل في المسألة. تكهن عالما النفس «جيفري أ. هانكوك» و«كاتالينا ل. توما» من جامعة «ويسكنسون-ماديسون» بأن الأنا الجريحة ربما تجبر المرء على التسويف كوسيلة لإصلاح إحساسه بالذات. بعد انتكاسة في واحدٍ من الاجتماعات، ربما يعود الشخص الذي يخالجه شعور بالهزيمة إلى مكتبه، ويتفقد النقاط التي أحرزها في لعبة ليلة أمس، ويتصفح موقع «فيسبوك» كوسيلة لتأكيد مشاعره بالترابط الاجتماعي بلا وعي منه.

لاختبار هذه الفكرة، طلب «هانكوك» و«توما» من 86 مشاركًا في الدراسة إعداد خطبة قصيرة موجزة وإلقائها. وبعد ذلك، تلقى نصفهم النقد، في حين تلقى نصفهم الآخر تعليقات محايدة. وأُتيحت للمشاركين الفرصة إما لتصفح صفحاتهم على «فيسبوك»

وإما الانخراط في واحدٍ من أربع مصادر للهو على شبكة الإنترنت: مشاهدة مقاطع فيديو على موقع «يوتيوب» أو مطالعة الأخبار أو الاستماع إلى الموسيقى أو ممارسة ألعاب الفيديو. أظهرت النتائج التي نُشرت العام الجاري أن الذين تحملوا النقد وقع اختيارهم بمقدار الضعف تقريبًا على «فيسبوك» لا على الملهيات الأخرى على شبكة الإنترنت، مقارنةً بأولئك الذين تلقوا ملاحظات محايدة، فالوقت الذي أُنفق على الشبكة الاجتماعية يبدو أنه أصلح الحالة المزاجية حقًا. وفي دراسة وثيقة الصلة استعرض فيها أصحاب الأنا الجريحة إما صفحاتهم على «فيسبوك» أو صفحة شخص غريب عنهم، اكتشف «هانكوك» و«توما» أن الذين تفقدوا صفحاتهم تعاملوا مع النقد على نحو أفضل من أولئك الذين زاروا صفحات شخص غريب. (أخذوا على عاتقهم تحمل المسؤولية، وكانوا أقل نزوعًا للإلقاء اللوم على الآخرين، في ما يخص النقد السلبي الذي تلقوه). مع أنك تظن أن تسويفك بلا داعٍ، فقد يكون التلكؤ خطوة لا واعية لإثبات الذات، للتحقق من القيم وألوان الشغف التي تُشكِّل هويتك.

تُميز الاستراتيجيات الدقيقة لتنظيم العواطف المتلكئين أيضًا. استقصت «سيرويس» كيف يستخدم المماطلون مجموعة من الأفكار المعروفة باسم «الافتراضات المخالفة للواقع». غالبًا ما تبدأ هذه التصريحات بعبارات مثل «على الأقل» أو «ليْت». «على الأقل، لم أحطم السيارة!» أو «ليتني نمت قرير العين ليلًا». وتعمل الافتراضات المخالفة للواقع أو الأسوأ منه، حين تبين كيف يمكن للأحداث أن

تكون أسوأ، على تحسين الحالة المزاجية. أما الافتراضات المخالفة للواقع والأفضل منه، فإنها ترصد كيف كان من الممكن أن نتفادى خطأ، فتفعل النقيض.

في دراسة نُشِرت عام 2004، قاست «سيرويس» نزوع 80 طالبًا إلى المماطلة والتسويف، ثم طلبت منهم قراءة قصة تصف تجربة المرء وهو يرى بيته يحترق. بعد ذلك، كتب المشاركون أكبر عدد من الافتراضات المخالفة للقصة التي تخطر على بالهم. واكتشفت أن الطلاب الذين يسوفون أكثر من غيرهم اكتشفوا عددًا أكبر من الافتراضات الأسوأ المخالفة للواقع، مقارنة بأولئك الذين كانوا أقل عرضة للتسويف. وتبرهن «سيرويس» أن المتلكئين المزمنين يكونون أقل مرونة حين تجتاحهم مشاعر سلبية، وتنطلق آلياتهم الدفاعية في وقت أسبق. تقول «سيرويس» متأملة: «يغمرك شعور بعدم الارتياح حين تتعاطى مع مهمة ما تستنفر عدم الطمأنينة بداخلك. وبالنسبة لبعضهم، هذا ليس بالموقف الذي يروق لهم التعرض له».

• مباشرة العمل

تتمثل إحدى العقبات أمام أي أسلوب لمكافحة التسويف بإدارة حالتنا النفسية الداخلية -إدارة أفكارنا وعواطفنا بما يتوافق مع أسمى أهدافنا- وغالبًا ما يتطلب ذلك ضبطًا للذات، وهذا المجهود يمكن أن يُبقي لدينا قوة معرفية أقل للاضطلاع بالمهام التي بين أيدينا. من الممكن أن يقف خلف قرارك بالإحجام عن تفقد بريدك الإلكتروني

مثلًا، ميلك للتسلل إلى المطبخ خلسةً للحصول على كيس من رقائق البطاطس.

نتيجة الفكرة القائلة بأن المشاعر السلبية تسوق للتسويف وتوجهه، فُتح المجال أمام طرق جديدة لتعزيز المرونة. وتظهر استراتيجيات كثيرة في المعامل والمختبرات دون التعرض لمسألة ضبط النفس. ويمكن لهذه الطرق أن تساعدك على التعامل مع مهامك المنزلية أو إنجاز مشروعاتك في العمل أو تحديد موعد مع طبيب الأسنان.

في شهر أبريل 2013، وجدت نفسي في موقف مثير للسخرية، إذ استقرت في غرفة معيشتي شجرة يوم الميلاد بكل ما تزدان به من زينة. شتاء ذاك العام، كنت قد أجلت إلقاءها في الخارج انطلاقًا من شعوري بالأسى تجاه رمي شجرة بديعة المنظر في مكب نفايات المدينة. فضلًا عن ذلك، كانت تعمل بكفاءة عمل علّاقة القبعات، ناهيكم عن استغلالها كمكان تخزين مستمر لكل تلك الزينة.

فجأة، حلَّ شهر مايو. وفي غمضة عين، فات شهر آخر وبدأت مشاعري تتبدل. كنت أخشى أن أجرَّها إلى الشارع وأتركها لجامعي القمامة. ماذا سيظن الجيران؟ لقد تجنبت استضافة الضيوف كي لا يسخر أحد من شجرتي الهشة. وأمسيت الآن أسيرة الشجرة.

وأخيرًا، أنقذني تحول في الحافز، وبدلًا من إطالة التفكير في احتمالات الحرج الذي يمكن أن أشعر به، ركزت على حفل عشاء وافقت على استضافته. صرت بحاجة إلى إخراج هذه الشجرة من بيتي

لأفسح الطريق لأصدقائي، وبذلك أصبح التخلص من الشجرة مهمة نزيهة بدلًا من أن تكون مزعجة. ودون أن أشعر، استعنت باستراتيجية محورية للتغلب على التسويف، ألا وهي إعادة التقييم المعرفي.

إن إعادة التقييم المعرفي خطوة مُتعمدة لتغيير معنى موقف ما، عبر تعديل الاستجابة العاطفية تجاه ذلك الموقف. في بحث نُشِر عام 2012، شرع عالم النفس «جيمس غروس» من جامعة «ستانفورد» وزملاؤه، في دراسة ما إذا كانت إعادة تقييم الموقف ستساعدنا على تبديد إغواء الإغراءات دون استنفاد ضبط النفس. وفي واحدة من دراسات «غروس»، طُلِب من 51 طالبًا استظهار تفاصيل العديد من أنواع الشراب وهم جالسون في غرفة تحوي صورًا مُشتتة للانتباه، كالمُلصقات والصور الفوتوغرافية التي تزين مهاجع الطلاب. وجرى حث نصف الطلاب على النظر إلى النشاط بوصفه فرصةً لتقوية ذاكرتهم، ما يمكن أن يعينهم على الدراسة الجامعية. وطُلب من بقية المشاركين الذين يشكلون المجموعة المقارنة أن يبذلوا قصارى جهدهم.

اكتشف الباحثون أن النظر إلى المهمة باعتبارها فرصة لتحسين الذات، قلص من تعرض الطلاب إلى الإغواء وساعدهم على استرجاع معلومات أكثر عن أنواع الشراب. وأظهرت العديد من التنويعات على هذه التجربة بأن إعادة التقييم المعرفية تزيد من تركيز الناس وحماسهم وترتقي بأدائهم، وهي الجوانب الثلاثة التي يبتغيها غالبية المماطلين المكتئبين بالتأكيد.

وتتسق هذه النتيجة مع الأعمال السابقة لاثنين من المشاركين لـ«غروس» في تأليف دراسته، وهما «فيرونيك ليروي» و«جاك غريغوار» من جامعة «لوفان» الكاثوليكية في بلجيكا. فقد أثبتا أن الطلاب الجامعيين الذين يعيدون تقييم ردود فعلهم العاطفية روتينيًا، يميلون إلى تقديم أداء أفضل في دراستهم. وكما يوضح «غروس»، فإن إعادة التقييم المعرفية «تشبه نوعًا ما تعلم التزلج على الماء. لو استطعت تسخير القوة المهولة والمذهلة لعواطفك، ستحظى بمتعة أكبر بكثير مما لو ورحت تنظر باستمرار إلى تقلب الماء وتخبطه».

لقد تغلب «بيشيل» على نفوره من تقليم مخالب كلابه بالتركيز على حبه لهم وعنايته بهم. وأطرق مفكرًا: «هناك أماكن أخرى في واقعي الشخصي أستطيع أن أنطلق منها. فمشاعري الأولى تجاه مهمة ما ليست العواطف الوحيدة الكامنة بداخلي». قسَّم «بيشيل» المهمة إلى أجزاء أصغر أيضًا، وحدَّث نفسه بأن يتعهد كلبًا واحدًا بالرعاية كل مرة، ثم يسمح لنفسه بالانسحاب من المهمة مؤقتًا. إن المهمة ليست كريهة حتمًا كما يتخيلها، وأنهى أخيرًا من تقليم 150 مخلبًا.

من بين الطرق الأخرى للنظر إلى حدث ما باعتباره أكثر إيجابية، هي أن تمنح نفسك فرصةً للراحة. إذ يبدو أن التسويف يستفز حالةً من النقد اللاذع للذات، وربما يعزز نفسه بنفسه، فيجرنا إلى القاع أكثر. لهذا السبب، سلَّط «بيشيل» الضوء على أهمية الغفران للذات ومسامحتها:

هي عملية من ثلاث خطوات للتخفيف من حدة الاضطراب العاطفي الذي يثيره التسويف. وتنطوي على الإقرار باقتراف خطأ، والحد من مشاعر تأنيب الضمير، ثم معايشة تحوّل الدافع حين يُفسح العقاب الذاتي الطريق أمام المشاعر الإيجابية في تقبل الذات.

ولاختبار قيمة الغفران، أعطى «بيشيل» وزملاؤه، 119 طالبًا في أحد الصفوف الدراسية استبيانات تقيس نزوعهم إلى التسويف، وغفرانهم أو توبيخهم لأنفسهم بسبب المماطلة. كشف الطلاب عن تسويفهم مرتين قبل اختبار منتصف الفصل الدراسي وبين الاختبارات، وأعربوا عن شعورهم حيال أدائهم.

واكتشف الباحثون أن الطلاب الذين كانوا أرحم بأنفسهم وأكثر رأفة بها بعد التسويف أثناء اختبار منتصف الفصل الدراسي الأول، اجتاحتهم مشاعر سلبية أقل، وارتقوا بعادات دراستهم استعدادًا للاختبار اللاحق. وعلى النقيض من ذلك، تبيّن أن الطلاب الذين لم يكفُّوا عن تأنيب أنفسهم بسبب تسويفهم لم تجتاحهم مشاعر أسوأ فحسب، وإنما كرروا أخطاءهم في الاختبار الثاني أيضًا. في المرة المقبلة التي تخفق فيها في الالتزام بموعد نهائي لأنك سهرت ليلتك وأنت تشاهد مقاطع فيديو عن الهررة على موقع «يوتيوب»، لا تطل التفكير في الخطأ. اعترف به وبمشاعر تأنيب الضمير، ثم امضِ قُدمًا.

قد ينبثق تفسير جزئي لعلة تأجيج النقد حيال عادة التسويف كنوع من إثبات الذات، وهي نفسها الاستراتيجية التي دفعت الناس دفعًا

في دراسة «هانكوك» و«توما» إلى موقع «فيسبوك» بحثًا عن علاج يبث فيهم مشاعر طيبة. لقد كان إثبات الذات هذا بلا وعي، لكنه يمكن أن يكون متعمدًا أيضًا.

تستند هذه الفكرة إلى النظرية القائلة بأن البشر يتحفزون بقوة سعيًا وراء تقدير الذات. وأوضحت مجموعة كبيرة من الدراسات أن الرجوع إلى أعمق قيمنا على الإطلاق يمكن أن يحررنا من ردود الفعل الدفاعية. بدءًا من البحث الذي نُشر عام 2009، اكتشفت خلاله عالمة النفس «كاثلين د. فوس» من جامعة «مينيسوتا» وزملاؤها، أن إثبات الذات يمكن أن يعيد للمرء ضبط النفس باستمرار.

على سبيل المثال، فحصت إحدى التجارب مدى التزام الناس بالمهمة التي بين أيديهم إذا كان خلفها تقدير أو عدم للذات. واستنفد المشاركون في هذه التجربة ضبط أنفسهم أولًا، إذ اضطلعوا بمهمة معرفية مرهقة، فشاهدوا مقطع فيديو، وركزوا جل انتباههم على وجه امرأة على الشاشة، في حين تجاهلوا الكلمات التي ظهرت بين الفينة والأخرى. بعد ذلك، كتبوا: إما عن قيمة شخصية ذات أهمية بالغة بالنسبة لهم وإما عن «بيل غيتس». وتبيَّن أن الذين كتبوا عن قيمهم الخاصة ثابروا على ممارسة نشاط ممل لاحقًا، بما يعادل ضِعف مثابرة الذين تأملوا قصة الملياردير «بيل غيتس». افترضت «فوس» وزملاؤها أن التفكُّر في قناعاتنا الأساسية يساعدنا على أن نرى الصورة الأكبر. وتقول: «تفيد نظريتي المفضلة بأن ذلك يمنع الناس من تقييم أنفسهم للحظة، ويدفعهم إلى التركيز بشكل وصفي على ما يهم في الحياة».

إن استراتيجية بسيطة كالاحتفاظ بصور للعائلة على مكتبك يمكن أن يعمل عمل التذكير بأهم الأمور.

في ظل اكتمال مخزون ضبط النفس، يمكننا التحوُّل عن بيئاتنا الداخلية والشروع في تفصيل الظروف الخارجية بدلًا من ذلك. في نهاية المطاف، يبدو أن السر لا يكمن في مقاومة المغريات دائمًا وأبدًا، وإنما في تعلم كيفية تفادي أكبر عدد ممكن منها. في دراسة أُجريت عام 2012، طلب «باومايستر» و«فوس» والمتعاونون معهما من 205 أشخاص من مدينة «فورتسبورغ» الألمانية أن يحملوا هواتف ذكية لأسبوع واحد. ونبهتهم إشارات دورية أُرسلت للهواتف إلى تسجيل أي رغبات تراودهم في تلك اللحظة. اكتشف علماء النفس أن الناس صرحوا برغبةٍ ما استجابة لنصف المُنبهات، وهي استجابة مذهلة. وتعارض نحو نصف تلك الرغبات مع هدف أو قيمة ما.

وبالنظر إلى البيانات عن كثب، لاحظ الباحثون أمرًا غريبًا: أعلن المشاركون الذين حصلوا على نقاطٍ أعلى في ضبط النفس عن إغراءات متضاربة، أقل بكثير من أولئك الذين حصلوا على نقاط قليلة. قد لا يكون ضبط النفس هو القدرة على الإقدام على أفعال عملاقة تنم عن قوة الإرادة، وإنما القدرة على تشكيل المرء لبيئته بشكل استباقي عبر عادات وروتين فعال.

لذا إن كان لديك خطة لممارسة التمارين الرياضية في الصباح، دُس مفاتيحك في سروالك القصير، وجهز حذاءك في الليلة السابقة، واركن المنبه في آخر الغرفة، فكلما قلت العقبات، تضاءلت فرص

ظهور المشاعر السلبية. وحين تواجه رغبة مُلحَّة في تفادي إنجاز الأمور الأهم بالنسبة لك، تفقَّد مشاعرك أولًا. ربما تبسط تلك المشاعر سيطرتها للحظة، لكنك ستتحكم بالموقف رغم ذلك.

-نُشرت هذه المقالة للمرة الأولى في مجلة «ساينتفيك أميريكان مايند»، العدد 24 (الطبعة الخامسة) في نوفمبر/ ديسمبر 2013.

لماذا نغش؟

بقلم: فيريك فانغ وأرتورو كاساديفال

اعتذر الدراج «لانس آرمسترونغ» عن استخدامه عقاقير معززة للأداء للفوز بسباق فرنسا للدراجات سبع مرات. وعزا غشه لإصراره على «الفوز بأي ثمن». وطُرِد عالم النفس «مارك هاوزر» من جامعة «هارفارد» لأنه كتب مقالة ذات مرة بعنوان «ثمن الخداع: الغشاشون ينالون العقاب...» بعد أن خلص المكتب الأمريكي لنزاهة الأبحاث إلى أنه «لفَّق بيانات وتلاعب بالنتائج في العديد من التجارب، ووصف كيف أُجريت الدراسات بطرائق خاطئة في واقع الأمر». وعما زُعم أنها أكبر عملية احتيال مالي في تاريخ الأسواق، وافق 16 مصرفًا على إجراء تسويات أو الخضوع لتحقيقات بسبب التلاعب بسعر الفائدة بين أكبر البنوك في لندن، وهو معدل الفائدة المسموح به للبنك عند الاقتراض من بنوك أخرى.

هذه الحالات هي مجرد جزء بسيط من فيض لا ينتهي من فضائح الغش والتدليس التي تعج بها الصحف، وتؤثر على الرياضة والعلوم والتعليم والشؤون المالية وغيرها من المجالات. ورغم أنه من المطمئن الظن بأن غالبية الناس صادقون في الأساس ويتحلون

بالنزاهة، فالغش -الذي يُعرَّف بأنه التصرف على نحو يفتقر للنزاهة والشرف بغية الحصول على ميزة ما- شائع إلى حد مذهل في حقيقة الأمر. في استطلاع للآراء أُجري عام 1997، كشف «دونالد ماكابي» أستاذ الإدارة من جامعة «روتجرز» و«ليندا كيلبي تريفينو» أستاذة السلوك المؤسسي في جامعة ولاية «بنسلفانيا» أن نحو ثلاثة أرباع الطلاب البالغ عددهم 1800 طالب في تسع جامعات في ولايات مختلفة اعترفوا بالغش في اختبارات أو واجبات كتابية. وفي عام 2005، أعلن عالم الاجتماع «بريان مارتنسون» وزملاؤه من مؤسسة أبحاث «هيلث بارتنرز» في مدينة بلومنغتون في ولاية مينيسوتا، أن واحدًا من بين ثلاثة علماء أقروا بالتورط في ممارسات بحثية مُريبة خلال السنوات الثلاث الماضية.

والغش لا يقتصر على البشر، فقد وُثِّق الغش في عالم الكائنات الحية بأسره، كلما حضرت المنافسة على الموارد المحدودة. ورغم تفشي الغش في كل مكان، من الممكن أن يكون ضارًا جدًا بالأفراد وبالمجتمع، فالغشاشون يوصمون بالعار وتلاحقهم الفضائح، وربما فقدوا وظائفهم، والموارد تُبذر وتُهدر على جهود احتيالية. ويُحرم الذين يلتزمون بالقواعد من المكافآت التي يستحقونها، وتقع أضرار ثانوية أيضًا. فقد أُرغم رفاق فريق «آرمسترونغ» للدراجات الهوائية على مسايرته في تعاطي المنشطات، وتعرضوا للتنمر عندما حاولوا الاعتراف بما حدث. من الممكن أن يُضلل البحث العلمي المفتقر للنزاهة باحثين آخرين، ويفضي إلى سياسات

عامة ضالة، ويضر بالمرضى عندما تستند القرارات الإكلينيكية إلى معلومات مغلوطة.

أدت هذه المشكلات إلى فرض كثير من القيود الفعالة على الغش، غير أن الضوابط الحالية في المجتمع البشري ربما كانت بحاجة إلى صقل وتنقيح. في محاولة لفهم الغش على نحو أفضل، اكتشف العلماء أن الإبداع والخوف من الخسارة ومشاهدة السلوك غير النزيه من الممكن أن يشجع على الغش أو على جعل احتمالات حدوثه أكبر. هذه المحفزات، إلى جانب الإقرار المتزايد بأن الغش يمكن أن يكون مُعديًا، ربما ساعدت على تفسير «وباء» الخداع الحديث في الأوساط الأكاديمية، وربما أشارت إلى استراتيجيات للحد من انتشار السلوكيات غير النزيهة. والمؤسسة العلمية ليست حصينة بالمرة من الغش، غير أنه من المفيد أن نستوعب السبب الذي يدعو الناس للغش، وما يمكننا فعله حيال ذلك.

• أصول الخداع

تطور الغش في الطبيعة كوسيلة تكتسب الكائنات الحية بواسطتها ميزة على غيرها من الكائنات، دون أن تجشم نفسها الجهد والعناء. وبالنسبة للفرد، المعادلة بسيطة: هل يمكنني الحصول على شيء ما بلا مقابل، دون أن أَضبط مُتلبسًا وأتعرض للعقاب؟ على جميع المستويات، تُقْدم بعض المخلوقات على المخاطرة. فقد اكتشف «إيفرت بيتر غرينبرغ» عالم الأحياء الدقيقة في جامعة «واشنطن» أن

بعض الجراثيم المعروفة باسم «الزائفة» تستغل المنافع العامة التي تنتجها بكتريا أخرى متآزرة معها، دون أن تشارك بأي شكل من أشكال الإنتاج. بالمثل، اكتشف «ألكساندر فان أوديناردين» المختص بالنُظُم البيولوجية في معهد «ماساتشوستس» للتكنولوجيا، أن بعض خلايا فطريات الخميرة «السكيراء الجعوية» تغش، إذ تستخدم منتجات إنزيم استقلاب السكر التي تصنعها خلايا أخرى.

ومع الارتقاء بالسلسلة الغذائية، سنجد أن السمك المُنظِّف الصغير يشتهر أيضًا باستغلاله للعلاقات بينه وبين غيره من الأسماك لتحقيق مكاسب ذاتية. على سبيل المثال، يتغذى نوع السمك المُنظِّف «لابرويدز» على الطفيليات التي تلتصق بأسماك الببغاء من نوع «كلوروروس»، فيخدم الأسماك الأكبر حجمًا غالبًا كأزواج متعاونة من الذكور والإناث. لكن السمك المُنظِّف يفضل أن يقتات على المخاط الذي يفرزه جلد أسماك «كلوروروس». وحين ينتزع السمك المُنظِّف المخاط بدلًا من الطفيليات، فإنه يغش أسماك الببغاء ويحرمها من منفعتها، خارقًا بذلك سياق الاتفاق المشترك بين النوعين. ولاحظ «رضوان بشاري» عالم الأحياء من جامعة «نيوشاتيل» في سويسرا وزملاؤه، أن أسماك الببغاء كثيرًا ما تستجيب لذلك السلوك بالفرار والهرب، فتفقد السمكة الغشاشة ورفيقتها الصارمة قوتهما. وأحيانًا تلاحق السمكة المُنظِّفة المظلومة رفيقتها الغشاشة لتنتقم منها. ويبدو أن هذه المعضلة تثبط سلوك الغش لدى السمك المُنظِّف، إذ يزيد احتمال لجوء الأسماك المُنظِّفة للغش عندما تقتات وحدها.

مع ذلك، يوازن هذا النوع من الأسماك ببساطة بين الخسائر والمنافع، ويستحيل تفسير سيكولوجية هذه الظاهرة لدى البشر. لتقريب المشهد أكثر، علينا أن ننظر إلى رئيسيات أخرى تمتلك قشرة دماغية حديثة كبيرة وملتوية بِعمق (الطبقات الخارجية للدماغ المسؤولة عن الفكر الواعي واللغة)، فهذا الجزء الصغير والأملس لدى الثدييات الصغيرة لا وجود له لدى حيوانات أخرى. وشكك علماء الرئيسيات وعلماء النفس وعلماء الأعصاب مرارًا في أن التحديات التي تفرضها مجموعات الرئيسيات الاجتماعية، أفضت إلى التطور المذهل لقشرة الدماغي الحديثة لدى الرئيسيات المسؤولة عن القفزة الكبيرة في الذكاء.

تتمثل إحدى المظاهر الرئيسة للذكاء الاجتماعي بالقدرة على الخداع، والخداع التكتيكي واسع الانتشار بين الرئيسيات. وصف عالم الأخلاق «هانز كومر» من جامعة «زيوريخ» بوضوح سلوك الغش لدى سعادين «الهامدراير» في إثيوبيا. ووجد أن الصغيرات منها تتزاوج مع الذكور الصغار، وتتستر على فعلتها من الذكر الزعيم بالتواري وراء الصخور. ووثق «فرانس دي فال» عالِم الرئيسيات في جامعة «إيموري» أمثلةً على غش قردة الشمبانزي التي تعيش في الأسر. في عام 2004، أثبت عالما النفس «ريتشارد دابليو بيرن» من جامعة «سانت أندروز» في اسكتلندا و«ناديا كورب» التي تعمل في جامعة «كيل» في إنجلترا، أن حجم القشرة الدماغية الحديثة يُنبئ بدرجة ممارسة الرئيسيات للخداع، فكلما كانت أكبر لدى نوع ما، زاد استخدام أفراد ذاك المجتمع لتكتيكات مخادعة بهدف التلاعب الاجتماعي.

• الجميع يغش... قليلًا

يسارع البشر للغش إلى حد مذهل، كلما كانت الظروف مؤاتية. في عام 2008، وصف المختص بالاقتصاد السلوكي «دان أريلي» من جامعة «ديوك» وزملاؤه، ما حدث حين طلبوا من طلاب جامعيين حل ألغاز رياضية لقاء جوائز نقدية. وعندما بدَّل الباحثون ظروف التجربة وظن الطلاب أن المشرف على اختبارهم لا يستطيع اكتشاف الغش، ارتفع متوسط درجات الاختبار المقدرة ذاتيًا ارتفاعًا ملحوظًا. وقرر الباحثون أن الدرجات لم تتضخم من قبل قِلة من الطلاب الذين غشوا كثيرًا، وإنما لدى كثير من الطلاب الذين غشوا قليلًا.

قد يبدو من البديهي أن تشجع المنافع المحتملة الناس على الغش، شأنهم شأن غيرهم من الحيوانات. لو استخدم الغشاشون حسبة التكلفة والمردود البسيطة، ربما تنبأ المرء بأن الناس سيغشون قدر إمكانهم وليس قليلًا فقط. ورغم ذلك، أبلغ الطلاب في دراسة «أريلي»، أنهم أجابوا ست إجابات صحيحة في الوقت الذي أجابوا فيه عن أربع فقط، مع أنه كان بوسعهم زيادة درجاتهم إلى 20 وهي الحد الأقصى. بالإضافة إلى ذلك، لا توجد علاقة بسيطة بين حجم المكافأة واحتمالات وقوع الغش، وعندما زاد فريق «أريلي» المكافأة النقدية، تراجعت نسبة الغش في حقيقة الأمر. يقول «أريلي» إن الطلاب اجتاحهم شعور بتأنيب الضمير عندما غشوا أكثر، أو تلقوا مبالغ نقدية أكبر، نتيجة سلوك يفتقر للنزاهة. أي أن ضمير المرء يضع حدًا لقدر الغش الذي سينغمس فيه. وهناك احتمال

آخر مفاده أن الطلاب ظنوا أنهم يجذبون انتباه الآخرين بدرجة أقل لو غشوا قليلًا.

لا يلجأ كل الناس للغش بالقدر ذاته. في عام 2011، بيَّن «أريلي» والمختصة بالاقتصاد السلوكي «فرانشيسكا جينو» من كلية «هارفارد» للأعمال، بأن الذين حصلوا على درجات أعلى في اختبارات الإبداع النفسية كانوا أكثر عرضةً للانخراط في الغش، وهي العلاقة التي ربما ليست بالمفاجأة إذا ما نظرنا إلى أن الإبداع والخداع التكتيكي منتجان من منتجات القشرة الدماغية الحديثة. غير أن «جينو» و«أريلي» لا يعتقدان أن الاثنين مرتبطان تشريحيًا فقط، وإنما سببيًا أيضًا. ويعتبران أن المبدعين أفضل من غيرهم في خداع الذات: يبتكرون مبررات أكثر إبداعًا للغش كوسيلة يريحوا بها ضمائرهم حيال الإقدام عليه. وكما لاحظ «بروست» في روايته «بحثًا عن الزمن الضائع»: «إننا لا نكف عن ملاحظة كذبنا لا بالكذب على الآخرين فقط، وإنما بالكذب على أنفسنا أيضًا». أو كما قال «جورج» لـ«جيري» في مسلسل «ساينفيلد» بعد 75 عامًا: «الكذب لا يُعدُّ كذبًا لو صدقته». ومن المفارقات أن الإبداع والذكاء اللذين نعتبرهما سمتيْن بشريتيْن تحديدًا ربما نشآ جنبًا إلى جنب مع قدرتنا على الخداع. هذه هي طبيعتنا لأننا نغش.

يؤدي النوع الاجتماعي أيضًا، دورًا في تحديد الشخص الذي يخدع أقرانه. بالتعاون مع الأخصائية في علم الأمراض «جوان دابليو بينيت» من جامعة «روتجرز»، لاحظنا أخيرًا أن الذكور تحديدًا، من بين الباحثين في مجال علوم الحياة، من المرجح أن يغشوا. ويتجلى

سوء التصرف بين الذين يشغلون جميع درجات السلم الأكاديمي، بدءًا من الطلاب وصولًا إلى الأساتذة، غير أن الرجال لهم اليد العليا بين أصحاب السلوك المنحرف. وكما يقترفون جرائم أكثر في المجتمع عمومًا، يبدو أن الذكور أكثر نزوعًا إلى الخداع في الأوساط الأكاديمية. ورغم أننا لا نعرف بالضبط حتى الآن علة انحراف الرجال أكثر عن جادة الطريق، فقد ألقى العلماء نظرةً ثاقبة على محفزات الغش عمومًا.

فضلًا عن المكاسب المحتملة، ربما كان الخوف من الخسارة دافعًا للغش. والواقع أن «سكوت ريك» الباحث في مجال التسويق الذي يعمل حاليًا في جامعة «ميشيغان»، و«جورج ف. لوينشتاين» أستاذ الاقتصاد السلوكي، ويعمل في جامعة «كارنيغي ميلون»، لاحظا أن الخوف حافز أقوى حتى من الرغبة في نيل مكافأة. وفي تعليق على بحث نشره «أريلي» وزملاؤه عام 2008، قال «ريك» و«لوينشتاين» إن الغش في عالم الواقع وفي العديد من الحالات يحدث عندما يجد الناس أنفسهم في موقفٍ يواجهون فيه احتمال خسارة أموالهم أو سمعتهم أو حياتهم المهنية.

نعتقد أن القلق الناجم عن الخسارة دافع رئيس للغش في مجال العلوم. بالتعاون مع عالم الأعصاب والكاتب في مجال الطب «ر. غرانت ستين» الذي يرأس المؤسسة الطبية الاستشارية «Medical Communications Consultants» في مدينة تشابيل هيل في كارولاينا الشمالية، درسنا أكثر من 2000 بحث مرفوض بسبب الغش

والتدليس، أغلبها في مجال علوم الحياة. في العام المنصرم، أوضحنا بأن غالبية حالات الرفض نتجت عن سوء التصرف البحثي، لا سيما الاحتيال. وحتى بعد التصحيح مراعاةً لعدد المنشورات العلمية المتزايد بسرعة الصاروخ، اكتشفنا أن معدل حالات رفض الأبحاث بسبب الاحتيال زاد نحو عشرة أضعاف عما كان عليه في العقدين الماضيين. ويوازي هذا التوجه الضغوط المتزايدة والمنافسة على مِنَح الأبحاث والمناصب الأكاديمية. إن الجو المهيمن «إما النشر وإما الهلاك» المشهور في الأوساط الأكاديمية يفيد بأن هيئة التدريس التي ليس لديها منشورات كافية أو تمويل كافٍ ربما خسرت مساحتها أو مكانتها أو وظائفها البحثية. نتيجة لذلك، فإن قسمًا كبيرًا من الغش في الأوساط الأكاديمية ربما ينبع من القلق بشأن ضياع الوظيفة، لا من الحظوة التي يكفلها النشر.

ذكر «إيريك بولمان» أستاذ علم وظائف الأعضاء في جامعة «فيرمونت»، وأحد أندر العلماء الذين سُجنوا حقًا بسبب انحرافاتهم في الميدان البحثي، بأنه كان «قلقًا جدًا» حيال قدرته على دعم الباحثين في مختبره. وأخبر القاضي الفيدرالي في جلسة استماع الحكم عليه في يونيو عام 2006 قائلًا: «كنت حبيس حلقة مفرغة، ولم أستطع الخروج منها». في دراسة نُشرت العام الماضي، خلص «دونالد كورنفيلد» الطبيب النفسي والأستاذ الفخري في كلية الأطباء والجراحين التابعة لجامعة «كولومبيا» إلى أن الدافع الأساسي وراء سوء سلوك المتدربين في الميدان البحثي هو الخوف من الفشل في التقدم في مسيرتهم

المهنية. وتخلق احتمالات الخسارة بحسب «ريك» و«لوينشتاين» ما يدعى «الحافز المفرط » للغش، ما يمكن أن يسوق الناس إلى التغلب على قيودهم الأخلاقية المعتادة.

• خداع متوحش

من الممكن أن يُفرز الغش غشًا لو لم يعترض شيئًا طريقه. ولحظة أن يتغلب المرء على العائق الأولي أمام الغش، ربما بدت العقبات اللاحقة أمام السلوك المخادع أصغر ويسهل التغلب عليها. ويسمي «أريلي» ردة الفعل هذه «الندم وإعادة الكرَّة»، كأن يقول أحدهم: «ما الفائدة؟ لقد أفسدت حميتي الغذائية بالفعل، فلا بأس إن تناولت بعض الحلوى أيضًا». في دراستنا للأبحاث المرفوضة، لاحظنا سوء سلوك تسلسلي من علماء صار الاحتيال عندهم عادة راسخة. والمثال الأكثر تطرفًا حتى الآن هو «يوشيتاكا فوجي» طبيب التخدير الذي كان يعمل في السابق في جامعة «توهو» في مدينة طوكيو، وزُعِم أنه اختلق بيانات في عدد من المقالات العلمية بلغ عددها 183 مقالة.

تتمثل إحدى الطرق التي يمكن أن تساعد على تفشي الغش بسلوك المحاكاة، فرؤية شخص آخر يغش دون أي تبعات واضحة وصريحة يشجع الآخرين بقوةٍ على أن يقتدوا به. جل ما يحتاج إليه المرء أن يرى المشاة ينتظرون في منتصف معبر المشاة أو الركاب يتجاوزون الطابور في محطة للحافلات كي يلاحظ أمثلة على

هذه الظاهرة. في عام 2011، وصفت عالمتا النفس «أغاتا بلاشنيو» و«مالغورزاتا ويريمكو» من جامعة «لوبلين» الكاثوليكية في بولندا، تجربة خضع فيها طلاب لاختبار هجاء في غرفة مجهزة سرًا بمرآة أحادية الاتجاه. كانت الغرفة تحوي قاموسًا وموسوعة، وطُلب من الطلاب عدم استخدامها. وظهر أن المشاركين في التجربة غشوا أكثر بمعدل ثلاثة أضعاف مع وجود مراقب يتقمص شخصية طالب غشاش بينهم. والواقع أن الغش بلا رادع يمكن أن يعزز الصور بأن على المرء أن يغش كي يظل منافسًا.

أدت هذه الملاحظات إلى أن وصف «أريلي» الغش بـ«المُعدي». وبصفتنا أطباء مختصين بالأمراض المعدية، نجد هذا المجاز مثيرًا للاهتمام. إن هذا اللون من العدوى الاجتماعية يجوز له أن يساعد على تفسير الانتشار الكبير للغش في جماعات صغيرة نسبيًا من البشر. على سبيل المثال، خضع 125 طالبًا من طلاب جامعة «هارفارد» للتحقيق بسبب الغش في الاختبار النهائي في منهج حكومي تمهيدي. (أُمِر أكثر من نصف هؤلاء الطلاب بالانسحاب من الدراسة لعام كامل بحد أقصى على سبيل العقاب). من غير المرجح إحصائيًا أن نحو نصف طلاب هذا الصف البالغ عددهم 279 طالبًا مُعتلون اجتماعيًا، إذا ما نظرنا إلى التفشي المحدود للاعتلال الاجتماعي البالغة نسبته 3٪ لدى الذكور و1٪ لدى الإناث. والتفسير المنطقي الغالب هو العدوى، والأرجح أن كسر القواعد واسع الانتشار أدى بالطلاب إلى الاستنتاج بأن التعاون مع غيرهم من الطلاب لا ضير منه. (كانت

مادة الصف بعنوان «مدخل إلى الكونغرس»، ولعل الطلاب تماهوا أكثر من اللازم مع المادة العلمية).

يمكن لعدوى الغش الطفيفة أن تتطور ببساطة إلى حالة أخطر إذا لم تُعالج، فإن أفعال الغش المحدودة التي تمر مرور الكرام ربما تبعها سوء تصرف أبشع. كان «لوك فان باريجس» في فترة من الفترات متدربًا شابًا واعدًا في مرحلة ما بعد الدكتوراه في مختبر «ديفيد بالتيمور» الحائز على جائزة نوبل في معهد كاليفورنيا للعلوم التقنية. وبحسب مقابلة شخصية أُجريت في «بالتيمور» ونُشرت عام 2010، كان «فان باريجس» يلجأ إلى بعض الأساليب الملتوية في المعهد، غير أن معهد «بالتيمور» لم يكن على دراية بسلوكه آنذاك. وبعد أن أسس «فان باريجس» مختبره الشخصي في معهد «ماساتشوستس» للتكنولوجيا، تصاعدت حدة سلوكه المخادع. ففي عام 2009، اكتشف مكتب نزاهة الأبحاث أنه زوَّر بيانات العديد من المِنَح والمنشورات وعروض الأبحاث. وحُذِفت خمسة منشورات له، وفقد «فان باريجس» وظيفته.

حتى أفعال الغش الفردية يمكن أن يكون لها تبعات خطيرة ودائمة على المجتمع. ومثال مشهور على ذلك مقالة حُذِفت عام 1998 من مجلة «ذا لانسيت» لـ«أندور ويكفيلد» الباحث في طب الجهاز الهضمي في مستشفى «رويال فري» في مدينة لندن، أشار فيها المؤلف إلى الصلة بين التوحد والتطعيم. وساعدت تلك المقالة التي وصفها محررو المجلة الطبية البريطانية (BMJ) بـ«الاحتيال

المُتقن» على تأجيج حركة مكافحة اللقاحات التي ما زالت إلى الآن تزعزع ثقة العامة بالتطعيم، وتؤدي إلى حالات عدوى كان يمكن الحيلولة دونها.

• مفطورون على الأمانة

تشير عالمة النفس «ليدا كوزميدس» وعالم الأنثروبولوجيا «جون توبي» من جامعة كاليفورنيا في سانتا باربرا، إلى أن البشر يتمتعون بالقدرة على الخداع، وكذلك يمتازون بموهبة الكشف عن الغشاشين. ولأكثر من عقدين كاملين، جادل العالمان بأن الناس يبحثون عن انتهاكات للقواعد الاجتماعية، للكشف عن الغشاشين في الظروف التي يحدث فيها الغش، كأن يدخل فتى في السابعة عشرة من عمره إلى متجر للمشروبات الكحولية أو يحضر حفلاً تُقدَّم فيه تلك المشروبات. ويكمن جزء من موهبة ضبط الخداع تلك في قدرتنا على إجراء بحث، يمكن استخدامه لابتكار استراتيجيات أكثر فعالية للحد منه. رغم أن هناك نزعة فطرية تدعونا إلى اللجوء إلى عقوبات أكثر صرامة للحد من الغش، فلا توجد إلا أدلة محدودة تدعم فكرة أن العقوبات الأكثر قسوة تكون فعالة أكثر من العقوبات المعتدلة. وبدلًا من ذلك، يبقى التعليم الهادف إلى غرس الحواجز الشخصية التي تحول دون الغش وتعزيزها النهج الجاذب أكثر.

وفقًا لـ«أريلي»، إن صورة المرء أمام ذاته من القيود المهمة على الغش. فالناس لا يغشون حين يغمرهم شعور سيء حيال أنفسهم.

وعندما يغشون فعلًا، ربما يختلقون تبريرات مُتقنة ليشعروا بتحسن حيال أنفسهم. لذا فإن التذكير بميثاق الشرف أو دعوة الناس إلى التوقيع على بيان يشهد بأنهم لن يغشوا، له أثر قابل للقياس في الحد من الغش. يقترح «أريلي» نقل مكان التوقيع من الأسفل إلى الأعلى في نموذج الإقرار الضريبي، كي يحث دافعي الضرائب على تحري الأمانة والصدق. وتعتبر اللافتات التي تكشف حدود السرعة المسجلة على الرادار فعالة في تعديل السلوك، لأنها تخجل السائقين وترغمهم على تحري حدود السرعة عند إعلانها عن أي مخالفة.

وللحد من التحفيز المفرط على الغش النابع من الخوف من الخسارة، فإننا بحاجة إلى نُظُم مكافأة ترتقي بحس الفرد بالأمان في الظروف التي يمثل الغش فيها معضلة. في الأوساط الأكاديمية، ربما يقلل الحد من اعتماد أعضاء هيئة التدريس على أموال المنح لأبحاثهم من تعرضهم للإغواء بهدف تحسين نتائجهم أو اختلاقها. وكذلك الأمر بالنسبة إلى اعتماد التقدير للفرق الناجحة بدلًا من الأفراد، بما يقلل حوافز سوء السلوك أيضًا.

وينبغي لتعليم الأخلاق، حيثما وُجِد في كليات الدراسات العليا وأماكن العمل، أن يؤكِّد على تبعات الغش وآثاره المُدمرة. في عام 2006، أوصت لجنة تعليم العلاقات العامة بأن تدرِّس الكليات والجامعات مناهج متخصصة في الأخلاق، غير أن أغلبها لم يفعل ذلك بعد. قد يقلِّص هذا التعليم انتشار الغش في الجامعات، ويبدد الحيرة والارتباك بين كثير من الطلاب بشأن ما يعتبر انتحالًا.

وتعتبر المراقبة وتنفيذ العقوبات على الغشاشين من بين الأدوات الحاسمة أيضًا، للحد من تفشي هذا السلوك. وتكشف الاختبارات التشخيصية حالات العدوى بالضبط، ويمكن للتكنولوجيا المتطورة أن تكشف تعاطي الرياضيين للمنشطات، وربما يفضح التمحيص الدقيق للبيانات إلى جانب أدوات إحصائية، غش العلماء. فضلًا عن ذلك، من الممكن أن يعمل المبلغون عن المخالفات عمل الحيوانات الرقيبة أثناء الأوبئة، لرصد أولى علامات الغش. فقد أبلغ عن «آرمسترونغ» و«هاوزر» و«بولمان» و«فان بارجيس» أُناس من بطانتهم. وقال قاضي المحكمة العليا «لويس برانديس» ذات مرة: «يُزعم أن ضوء الشمس أفضل مُطهِّر، وأن الضوء الكهربائي هو الشرطي الأكثر كفاءة». وبناءً على ذلك، لا بد من الإقرار بمشكلة سوء السلوك ومناقشتها على الملأ.

في مجال علم الأوبئة، يمكن حماية الفرد من المرض بفعل «مناعة القطيع» التي يتمتع بها أغلب أعضاء المجتمع بمقاومة العامل المعدي، فالآباء الذين يحرصون على تطعيم أطفالهم يحمون أطفال غير المُطعمين أيضًا. وبالمثل، ربما يتحصن العاملون في بيئة يُعدُّ فيها الغش إشكالية، وتقوي لديهم المناعة ضد الغش، من خلال تذكيرهم بالمدونات الأخلاقية والعهود وبحالات ضبط الغشاشين والعقاب الذي أنزل بهم.

ولأن سوء السلوك الطفيف ربما أدى إلى سلوك أكثر بشاعة، فلا بد من التعامل مع أفعال الغش البسيطة بجدية. وهذا هو أساس

نظرية «النوافذ المُحطمة» الشهيرة في علم الجريمة للراحل «جيمس ك. ويلسون» التي وضعها عام 1982. على اعتبار أن التعامل مع مخالفات أقل حجمًا كالتخريب، ربما يردع صغار المخالفين عن تطوير هذا السلوك والتحول إلى مجرمين عُتاة، بالضبط كما يجوز أن يحول علاج حالات عدوى الجلد الموضعية دون تطورها إلى تسمم الدم المُهدِّد للحياة. ولو عُرِفت نزعة «فان بارجيس» لاختصار الطرق والتلاعب وتم التعامل معها حين كان متدربًا في مرحلة ما بعد الدكتوراه، لكان ما زال موجودًا في الأوساط الأكاديمية الآن.

في نهاية المطاف، ستتطلب محاربة الغش نهجًا متعدد الأوجه لتعزيز ثقافة أخلاقية أكبر. وقد تتضمن هذه العناصر تعديل نظم المكافآت لتقدير العمل الجماعي والتآزر، ومعاقبة المخالفين بطريقة متسقة، وإعداد سبل حماية قوية للمبلغين عنها، والارتقاء بطرق الكشف عن الغش. ورغم أن للغش مزايا قصيرة الأجل للغشاشين، كالمكافآت المالية والمكانة المرموقة، فمن الممكن أن يكلف الأفراد والمجتمع ثمنًا باهظًا. لقد جُرِّد «آرمسترونغ» من ألقابه ومُنع من ممارسة الرياضة بقية حياته، وحُرِم «هاوزر» من الأستاذية في «هارفارد»، وعلموا هم وآخرون مع الأسف، أن الغش له تبعاته وثمنه.

- نُشرت هذه المقالة للمرة الأولى في مجلة «ساينتفيك أميريكان مايند»، العدد 24 (الطبعة الثانية) في مايو/ يونيو 2013.

القسم الرابع
القيادة والنجاح

كيف تصبح رئيسًا أفضل في العمل؟

بقلم: سوني سي غولد

توليت أول منصب «رئيسة» منذ عامين، وكنت أشرف على كادر صغير من المحررين الناشئين في إحدى المجلات النسوية القومية. صناعة الإعلام ليست مشهورة بمديريها ليِّني الجانب وسهلي المراس -هل قرأت يومًا رواية «الشيطان يرتدي من برادا؟»-لم أتلقَ أي تدريب إداري رسمي خلال سنوات عملي العشر في مجال الأعمال. لذلك، حكمت على الأمور دومًا استنادًا إلى قاعدة ذهبية، بطرح السؤال التالي على نفسي: «ماذا كانت 'ويندي' -رئيستي السابقة والرائعة في العمل- لتفعل لو كانت مكاني؟» وأجدت في محاكاتي سلوك المرشدة الناجحة وانتفعت منها، وحين غادرت منصبي الإداري، بدا أن الموظفين أسفوا حقًا لرحيلي. حين فحصت محتوى الأبحاث بخصوص هذه المسألة، اتضحت لي الجدوى من تكتيكات «ويندي». إن سر رئيس العمل البارع يكمن في المزيج من التواضع والثقة وسبل الترغيب السليمة.

1. **اكبح جماح غرورك**: ركزت مجموعة من خبراء علم النفس التنظيمي في جامعة «ميشيغان» وجامعة «أكرون» اهتمامها

على دراسة الغرور في محل العمل، أثناء أزمة الانهيار المصرفي العالمي في الماضي، حين كان القادة من أصحاب الطائرات الخاصة ومن ذوي الأمزجة الحادة في المؤسسات المُقدر لها الهلاك مثل المجموعة الأمريكية الدولية، يتصدرون عناوين الأخبار. تعمقوا في الأبحاث المتاحة آنذاك، واكتشفوا أن رؤساء العمل المتعالين -يتجاهلون النقد، ولا يحترمون أفكار موظفيهم، ويتفادون اللوم بإلقائه على الآخرين- يدمرون العمل. إن هذا النوع من السلوك يفضي إلى بيئة عمل مرهقة ومعدل تبديل وتغيير أعلى للموظفين. ووجدوا أن المديرين المتواضعين -يتقبلون الأفكار الجديدة وقادرون على الاعتراف بأخطائهم- ينالون ولاء الموظفين. لا يجوز أن تتوقع أن يحبك موظفوك أو حتى يعجبوا بك دائمًا، لكنك ستشجعهم على البقاء لو كنت رب عمل متواضعًا على الأقل.

2. **امنح الموظفين قدرًا من السيطرة:** كثيرًا ما يتحدث علماء النفس الذين يدرسون الإدارة عن ضغوط العمل، بسبب الطرق الكثيرة التي تسمح لتلك الضغوط بأن تؤثر على الشركة، ويظهر أثرها في التكاليف الطبية وأيام الإجازات والروح المعنوية للموظفين ومعدل تبديلهم. مرة تلو الأخرى، يجد الباحثون أن واحدة من أكثر السبل اتساقًا للحد من التوتر بين الموظفين تكمن في منحهم قدرًا

أكبر من الاستقلالية، وإضفاء الشعور بسيطرتهم على عملهم. ليس بوسع الجميع تحديد ساعات عملهم أو انتقاء واجابتهم المنوطة بهم، لكن بوسع المدراء تخيير الموظفين بطرق أخرى عديدة، وذلك بحسب تصريح «إدوارد ديسي» أستاذ علم النفس في جامعة «روتشستر» الذي أجرى بعض أبرز الأبحاث المعنية بتقرير المصير في العمل. يقول «ديسي»: «لو لم نتشدد بصفتنا مديرين أو أصحاب أعمال، فمن الممكن أن نسمح للموظفين بالتوصل إلى الحلول ونضفي عليهم شعورًا بالرضا في آن معًا». اسمح لهم بالتصويت على التغيير كجماعة مثلًا، أو اسألهم أي نوبة من نوبتي العمل يفضلون. يقول «ديسي» عن أفضل رؤساء الأعمال: «يقنعون الموظفين بأنهم يفهمونهم، ويُشعِرونهم بأن الخيار كان خيارهم بما يضطلعون به من أعمال وكيفية إنجازها».

3. **احظَ بعطلة نهاية الأسبوع**: مرت لحظة على السواد الأعظم منا في الليل أو أثناء عطلة نهاية الأسبوع، وخطر أمر على قدر من الأهمية على بالنا، فسارعنا بإرسال إلكترونية لزميل أو مرؤوس. لا بأس بذلك، طالما أن الموظفين لا يعتقدون أنك تتوقع منهم ردًا فوريًا. درست «يونغاه بارك» التي تعمل في جامعة ولاية «كانساس» استخدام التكنولوجيا في البيت، واكتشفت أن الموظفين الذين يستخدمون الهواتف أو أجهزة

الكمبيوتر لأغراض متعلقة بعملهم خارج ساعات العمل عانوا من «انفصام» نفسي أقل عن المكتب، ما انتقص من سعادتهم وجعلهم أكثر توترًا. وثمة دراسة منفصلة أجريت في جامعة ولاية «بورتلاند» وجامعة «بولينغ غرين» أظهرت أن الموظفين الذين فكروا في العمل وانخرطوا فيه أكثر من غيرهم خارج ساعات العمل الرسمية كانوا أكثر فعالية من المتوسط. إن الذين لم يتفقدوا عملهم أو فكروا فيه قط وهم بمعزل عنه نزعوا إلى إنجاز العمل بمستوى رديء أيضًا. الواضح -كما في كل شيء- أن الاعتدال هو السر متى تعلق الأمر بالرد على رسائل البريد الإلكتروني الخاصة بالعمل من البيت. وبصفتك رئيسًا في العمل، فإن مهمتك أن تُرسِّخ ثقافة تسمح للموظفين بالانفصال عن العمل في غير ساعات الدوام.

4. **وظِّف المغريات لا العقوبات**: من المُعترف به على نطاق واسع في ميدان علم نفس العمل، أن الخوف من العقاب ليس بالحافز العظيم. لكن النقاش لا يزال دائرًا بخصوص ما إذا كانت المغريات «الملموسة» كالعلاوات والجوائز تلهم الموظفين بحق هي الأخرى. من بين المغريات التي تُجدي نفعًا دائمًا تقريبًا، بحسب تحليل تجميعي كبير أجراه «ديسي» وزملاؤه، كانت الملاحظات الإيجابية. يقول «ديسي»: «غالبية المديرين لا يُقدِّمون ملاحظات إيجابية كثيرة، لكنها

من الأمور التي تُشْعِر أي إنسان يتلقاها بالرضا عن نفسه. هذا يعني حقًا تعزيز إحساس المرء بالكفاءة، وحين يتحمس الناس بشدة، وينخرطون في عملهم ويخلصون له، سيبرعون في أدائه، وعندما يبرعون فيه، سيعود ذلك بنتائج إيجابية على الشركة».

تلك نصيحة واحدة سألتزم بها بلا شك في منصبي الرئاسي التالي: عندما يبلي الناس بلاءً حسنًا في عملهم، لا تنسَ الثناء عليهم، إنه أمر سهل ويسير ولا يكلف شيئًا.

-نُشرت هذه المقالة للمرة الأولى في مجلة «ساينتفيك أميريكان مايند»، العدد 24 (الطبعة الثالثة) في يوليو/ أغسطس 2013.

كيف تكون مفاوضًا أفضل؟

بقلم: سوني سي غولد

من خلال تجربتي الأولى في ميدان التفاوض، عرضت عليَّ مندوبة الموارد البشرية في إحدى دور النشر 24 ألف دولار سنويًا لقاء وظيفة للمبتدئين. ولمَّا كنت قد تلقيت تدريبًا على ألا أقبل بأول عرض أبدًا، أجبتها قائلة: «أهذا أفضل عرض يمكن أن تُقدميه لي؟» بعد يوم واحد فقط، غمرني شعور طاغٍ بالسعادة، إذ قبلت عرضها الثاني بقيمة 24.5 ألف دولار. لقد أهلني انتصاري، مهما كان صغيرًا، لأن أتحرى التفاوض في المرة التالية التي تلوح لي فيها فرصة جديدة. يقول «راسل كوروبكين» أستاذ القانون في جامعة «كاليفورنيا» في لوس أنجليس ومؤلِف كتاب القانون الأكاديمي الرائد «التفاوض: النظرية والاستراتيجية»، الطبعة الثانية (دار نشر «ولترز كلوير لو آند بيزنيس»، 2009): «لا أعتقد أن هناك فارق بين التفاوض لأجل تحرير رهينة أو التفاوض للحصول على سعر أفضل لسيارة مُستعملة، فمبادئ المُفاوض البارع واحدة لا تتغير». إليكم ثلاث طرق مُثبتة بالأبحاث لتعزيز قدراتكم التفاوضية:

1. **تَحرَّ العدل**: يقول «كوروبكين»: «ينبغي أن يفكر المفاوضون البارعون دومًا في الطريقة التي يستطيعون بها إثبات أن

مقترحهم عادل للطرفين». و«الإنصاف» ليس له تعريف محدد، غير أن علم النفس الاجتماعي يقترح أن العرض الذي يراه الناس منصفًا هو عرض شبيه بذاك الذي يحصل عليه أولئك الذي يخوضون الموقف ذاته، على أن يتسق مع أسعار السوق أو شروطه، أو يكون على قدم المساواة مع معاملة مثيلة انخرطت فيها في الماضي. ويضيف «كوروبكين» قائلًا: «لو كانت الصفقة منصفة، فلن يشعر الشخص الذي تتفاوض معه أبدًا بأنه يتعرض للاستغلال، وستجعل من الأسهل عليه الموافقة».

2. **اتخذ وضعية تنُمُّ عن القوة**: اكتشف علماء النفس أن الوضعيات غير المتحفظة الصريحة (وضعيات استعراض القوة) تجعل الناس يشعرون بأنهم أقوى وأكثر ثقة بأنفسهم في المواقف العصيبة، كالمقابلات الشخصية أو المفاوضات، في حين تأتي الوضعيات المتحفظة التي تنم عن الخضوع (وضعيات الخضوع) بنتائج عكسية. وكشفت دراسة لـ«إيمي كادي» عالمة النفس الاجتماعي في كلية «هارفارد» للأعمال أن اتخاذ وضعيات استعراض القوة -كأن يضع المرء يديه على وركيْه مع إبعاد المرفقين (كالوضعية التي تتخذها المرأة الخارقة)، أو إبعاد المرفقين ووضع اليدين وراء الرأس (كوضعية رجل يشاهد مباراة كرة قدم)، أو الميل إلى الأمام مع إبعاد الذراعين ووضع الكفين

على طاولة (وضعية قيادة اجتماع) تؤدي إلى زيادة هرمون التستوستيرون وتراجع هرمون الكورتيزول المسؤول عن التوتر. في أبحاث أخرى، طلبت «كادي» وزملاؤها من طلاب متطوعين أن يتخذوا وضعية استعراض القوة أو وضعية الخضوع لسبع دقائق قبل إلقاء كلمة. ورغم أن الطلاب وقفوا وقفة طبيعية أثناء إلقاء كلماتهم، اكتشف المراقبون أن المجموعة التي اتخذت وضعية استعراض القوة كانت أكثر إقناعًا، ورجحوا أن يوظفوهم بعد مقابلة عمل.

3. **ضع أهدافًا طموحة**: طموحة بحق، فقد أثبتت أبحاث الأعمال أن الذين لديهم أهداف أكثر طموحًا (لكنها واقعية رغم ذلك) -كالحصول على علاوة بنسبة 20٪ في العمل بدلًا من زيادة بنسبة 5٪- ينتهي بهم الأمر إلى التفاوض بشكل أفضل. يقول «كوروبكين»: «هناك سبب بالغ الأهمية وراء ذلك يكمن في أن الذين لديهم أهداف أكثر طموحًا يُقدِّمون عروضًا أولى أكثر طموحًا. مبتدؤك يرتبط بشدة بمُنتهاك». تسمى هذه الظاهرة «تأثير الإرساء»، وهي استراتيجية أعمال مُجربة ومُثبتة اكتشفها أول مرة عالما النفس «عاموس تفيرسكي» و«دانيال كانيمان» في سبعينيات القرن الماضي. لنفترض أنك تجني 50 ألف دولار سنويًا وتسعى للحصول على زيادة، فإذا دخلت مكتب رئيسك

في العمل وهدفك الحصول على 60 ألف دولار بدلًا من 52 ألف دولار، فستتقدم بطلب أول أعلى، وسيؤثر الرقم الأول على الطريقة التي سيفكر بها رئيسك في العمل، وتستمر عملية التفاوض، فتعمل عمل المرساة في عملية الشد والجذب. يقول «كوروبكين»: «إذا طلبت 75 ألف دولار، ربما قال رئيسك في العمل [مستحيل]، ولكن في الجزء اللاواعي من عقله، سيحاول أن يتوصل إلى الرقم الذي سيكون مُنصفًا. ربما بدا 58 أو 59 أو حتى 60 رقمًا منصفًا. وربما لن تصل إلى رقمك المستهدف رغم ذلك، ولكن عندما تضع هدفًا طموحًا -في حدود المعقول- فستكون لديك فرصة عظيمة على الأقل».

وبقدر ما يخالجني شعور بالتوتر والخوف كلما فكرت في الأمر، فإنني أتعهد بتجربة هذه النصيحة الأخيرة أثناء مفاوضتي المقبلة التي ستكون في سوق السلع المُستعملة أو محل أثاث على الأرجح، لأننا بصدد إجراء عملية تجديد. سأقول للبائع: «أتريد أن تبيعني هذه الطاولة الحديثة التي ترجع لمنتصف القرن الماضي بـ125 دولار؟ سأعطيك 75 دولارًا». وحينئذ ربما سأحصل عليها بالسعر الذي أردت أن أدفعه حقًا طيلة الوقت: سعر وسط بين الرقمين السابقين.

-نُشرت هذه المقالة للمرة الأولى في مجلة «ساينتفيك أميريكان» في العدد 24 (الطبعة الثالثة) في خريف عام 2015.

بحثًا عن الشخصية الآسرة

بقلم: إس. ألكسندر هاسلم وستيفن د. رايشر

سحب الرئيس نفسه بمشقةٍ على طول رصيف محطة القطار نحو العربة... كل الذين وقعت أعينهم عليه في تلك اللحظة، من المؤيدين أو الخصوم، لم يسعهم إلا أن يتأثروا بحال ذاك الرجل المصاب بإعاقة جسيمة، وهو يشق طريقه بصعوبة شديدة، دافعًا نفسه بعضلات ذراعيه وكتفيه، بينما يستند بيديه القويتين بالقضبان المثبتة على جانب الرصيف.

لقد أمست جولات القطار الرئاسي السريع لـ«فرانكلين روزفلت» خلال حملاته الرئاسية بين عامي 1932 و1936، بحسب وصف كاتب خطبه «ساموويل روسينمان»، أسطورة تتناقلها الألسن؛ فقد حققت نجاحًا مدويًا بكل المقاييس. وبحسب ما جاء على لسان «بريكنريدج لونغ»، سفير روزفلت في إيطاليا، وفدت الحشود من كل حدب وصوب لتراه، «تجاوزت كل حدود الحماس -وأعني الحماس الجنوني بحق- التي رأيتها في حياتي في أي تجمع سياسي». امتد هذا الحماس إلى صندوق الاقتراع، وفي عام 1936 فاز «فرانكلين روزفلت» بالانتخابات، ونال 11 مليون صوتًا، محققًا الفوز في جميع

الولايات الأمريكية ما عدا ولايتي «فيرمونت» و«مين». وسلطت مجموعة من الدراسات الأكاديمية، وأبرزها تحليل مؤثِّر وضعه «دين كيث سيمونتون» من جامعة كاليفورنيا، دافيس، نُشر عام 1988 في مجلة «الشخصية وعلم النفس الاجتماعي» (Journal of Personality and Social Psychology)، الضوء على روزفلت باعتباره أكثر الرؤساء الأمريكيين جاذبية على الإطلاق.

في البداية، أشار مستشارو روزفلت عليه بألّا يقوم بتلك الجولات التي من شأنها أن تعزز سمعته وترسّخها. وفي عام 1921، أصيب روزفلت بالتهاب سنجابية النخاع، أي شلل الأطفال كما كان يُعرف آنذاك. وبحسب ما جاء في التوثيق الدقيق لخبيرة الحملات السياسية «كاثلين هول جاميسون» من جامعة بنسلفانيا، فعلى مر قسم كبير من التاريخ البشري، صُوِّر القادة ذوو الجاذبية الشخصية بوصفهم كاملي الرجولة وأقوياء ونشطين. وسلب مرض شلل الأطفال «روزفلت» كل تلك الصفات.

ما هو مصدر جاذبيته الشخصية (الكاريزما) إذن؟ يشير عدد كبير من العلماء إلى أنه استقى تلك الجاذبية من قدرته على تحويل عيبه إلى ميزة. فقد حوَّل التركيز على السمات السلبية لحالته الصحية، بجعله ينصب على السمات الإيجابية لمسعاه الشخصي؛ ألا وهي الشجاعة والقدرة على التحمل والجهود الحثيثة. وسمح له ذلك بأن يكون على تماس شخصي مباشر مع معاناة ملايين الأمريكيين من عامة الشعب خلال فترة الكساد العظيم. وبعد وفاته، سأل

مراسل صحفي أحد المعزين المنتظرين ليروا قطار الجنازة في محطة «يونيون» في ولاية واشنطن: «ما الذي حملك على المجيء؟ أكنت تعرف فرانكلين روزفلت؟» وقيل إن المُعزي أجابه: «لا، لكنه كان يعرفني».

لقد نجح «روزفلت» في الظهور بأنه «مِنّا» و«لنا»، وهو الإنجاز الذي يكمن في لب الجاذبية الشخصية (الكاريزما) عمومًا. إن الجاذبية الشخصية، على خلاف الهبة التي يهبها الله للإنسان منذ مولده، هي نتاج صنعة دقيقة. ففي هذه العملية، تجد الجماعة المُنقادة نفسها كأنها على قدم المساواة مع قائدها. وعلى السياسي الطموح أو مسؤول الأعمال التنفيذي أو الناشط الدؤوب أن يدمج تاريخ الجماعة وآمالها وقِيمها في قصة متجانسة -في حالة روزفلت تمحورت القصة حول المثابرة- ويصور نفسه أو نفسها كرمز في تلك القصة.

إن التوازن الدقيق للقوى الاجتماعية يضفي على المرء القدرة على إلهام الآخرين، فحين تراقب مهارات الإلقاء المسرحي لانتخابات ما، راقب جهود المرشحين الساعين إلى تقديم تفسيراتهم للهوية الجمعية في عقول الناخبين. والسياسة مجال واحد من مجالات مختلفة. تقترح الاكتشافات الأخيرة أننا جميعًا نستطيع أن نتعلم كيف ننمي جاذبيتنا الشخصية ونطورها، سواء كنا سياسيين أو رؤساء تنفيذيين لشركات مُدرجة على قائمة مجلة «ثروة 500 مدير تنفيذي» (Fortune 500 CEO) أو رؤساء هيئات طلابية طموحين، يمكننا أن نتألق أكثر باستيعابنا لكيفية تفكير الجماعات.

• هل الكاريزما فطرية أو مكتسبة؟

في اللغة الإغريقية، تحمل كلمة «جاذبية شخصية» (χα′ ρισμα) عدة معانٍ: إنها القدرة على اجتراح المعجزات، والقدرة على التنبؤ، والقدرة على التأثير في الآخرين. والمعنى الأخير هو الأوثق صلةً في هذا السياق، لأن القيادة تُعرَّف حاليًا بوصفها عملية اجتماعية عمومًا، على عكس السمة التي تُمكن المرء من تحفيز الآخرين لتحقيق أهداف جماعية.

ولا يُنظر دومًا للقيادة والجاذبية الشخصية بوصفها ظاهرة اجتماعية. منذ أوائل الكتابات التي تناولت الموضوع قبل قرابة 2400 عام، اعتبر غالبية العلماء أن خصال القيادة تملكها قلة مختارة مصطفاة فطريًا. فقد أعلن سقراط أن «عددًا محدودًا فقط من الناس» يتمتعون ببعد النظر والمواهب الجسمانية والعقلية الضرورية لقيادة رفاقهم من المواطنين. وفي فترة أكثر حداثة، نُسِب هذا الموقف إلى عالم الاجتماع الألماني «ماكس فيبر» الذي يرجع إليه الفضل عمومًا في إشاعة مصطلح «الكاريزما». ففي أوائل القرن العشرين، وصف فيبر الكاريزما قائلًا:

> «هي صفة مُحدِّدة للشخصية الفردية يتميز بها [القائد] عن غيره من عموم الناس، ويُعامل بوصفه يمتلك قوى أو سمات فوق بشرية أو على الأقل استثنائية تحديدًا. تلك السمات ليست متاحة للشخص العادي، لكنها تُعتبر ذات أصل مقدس أو مثالي... وكأنها تعتمد على قوى خارقة».

ولكن، لو تعمَّقنا أكثر في قراءة «ماكس فيبر»، يتجلى لنا أنه لم يرَ الجاذبية الشخصية باعتبارها سمةً نادرة يمتلكها أفراد محظوظون فحسب. يميل الناس إلى التركيز على كلمتي «فوق البشر» و«خارق» في الاقتباس السابق، غير أن كلمتي «يُعامل» و«تُعتبر» لا تَقِلان أهمية. وكما يتابع فيبر حديثه قائلًا: «الجانب المهم وحده هو النحو الذي ينظر به أولئك الذين يخضعون لسلطته الكاريزماتية، و'أتباعه' أو 'مناصريه'»؛ وبتعبير آخر، يميز التابعون القائد عمن سواه، وتمنحه/يمنحه هؤلاء صفة الجاذبية الشخصية.

ويدعم البحث التجريبي هذه الرؤية الثاقبة، وتحديدًا أبحاث الراحل «جيمس ميندل» من جامعة «بافالو» وزملائه. فقد راجع «جيمس ميندل» و«ستانفورد إيرليش»، المنتسب إلى جامعة «كاليفورنيا» في سان دييغو، و«جانيت دوكريش» من جامعة «تكساس» في أوستن، 30 ألف تقرير صحافي تضمنوا ذكر قيادة رجال الأعمال التنفيذيين. وفي عام 1985، صرحوا بالعلاقة القوية بين الإشارات البارزة للكاريزما لدى قادة الأعمال التنفيذيين، والأدلة على تحسن أداء الشركات. واقترح هذا الكشف احتماليْن: إما أن قرارات القائد وتصرفاته أدت إلى التحسن المؤسسي، وإما أن الناس عند رؤيتهم بأن شركة ما تحقق أداءً أفضل، افترضوا أن النتيجة مرجعها القيادة الكاريزماتية.

ولاستخلاص القضايا السببية الشائكة، صمّم «جيمس ميندل» تجربةً على سبيل المتابعة. وعمِل بالتعاون مع «راجانديني بيلاي» من جامعة «كاليفورنيا» في سان ماركوس، وقدَّم لطلاب كلية

الأعمال بيانات السيرة الذاتية الخاصة بالرئيس التنفيذي لواحدة من شركات الوجبات السريعة، إضافة إلى بيانات عن أداء الشركة خلال السنوات العشر السابقة. وقيل لبعض المشاركين في الدراسة إن الشركة انتقلت من الربح إلى الخسارة (تفاقُم الأزمة)، في حين قيل لآخرين إن الشركة إما ظلت تخسر، وإما حافظت على أرباحها، وإما انتقلت من مرحلة الخسارة إلى مرحلة الربح (انعطاف الأزمة). وبعد ذلك، صنَّف المشاركون الجاذبية الشخصية للقائد وفق سلسلة من المقاييس.

رغم أن شخصية المسؤول التنفيذي وُصِفت بالطريقة عينها في كل حالة، إلا أنه اعتُبِر أكثر جاذبية بكثير عندما تحسنت حظوظ الشركة. ونتيجة لذلك، خلص «جيمس ميندل» إلى أن الجاذبية الشخصية ليست سمةً من سمات القائد، وإنما صفه ينسبها التابعون الذين تغريهم «رومانسية القيادة» على حد وصفه. وخلاصة القول إن الجاذبية الشخصية ربما كانت فخًا أكثر من كونها سمة.

لكن التحلي بالجاذبية الشخصية ينطوي على ما يتجاوز النجاح. فثمة أدلة مُستقاة من أبحاث أخرى تشير إلى أنه من المستبعد أن ننسِب الجاذبية الشخصية إلى مدير فريق منافس يتفوق على فريقنا، أو إلى قائد حزب منافس يهزم حزبنا في استطلاعات الرأي. هذا يعني أن القائد ينجح من أجلنا. وهذه الرؤية الثاقبة نقطة انطلاق لما أشرنا إليه، في كتاب صدر عام 2010 شارك في تأليفه «مايكل جاي بلاتو» من جامعة «أستراليا» الوطنية، عنوانه «علم نفس القيادة الجديد».

أن تحب أو تمقت

ثمة تجربة أجراها «راجناندينى بيلاي» و«جيمس ميندل» أثبتت أن الجاذبية الشخصية ليست جزءًا من شخصية المرء. والأحكام الخاصة التي تصدُر بشأن الجاذبية الشخصية للرئيس التنفيذي لم تعتمد على شخص القائد نفسه، الذي ظل كما هو طول فترة التجربة، وإنما على حظوظ الشركة وثرواتها. وكلما كانت المجموعة ناجحة، عُدَّ القائد أكثر جاذبية على المستوى الشخصي.

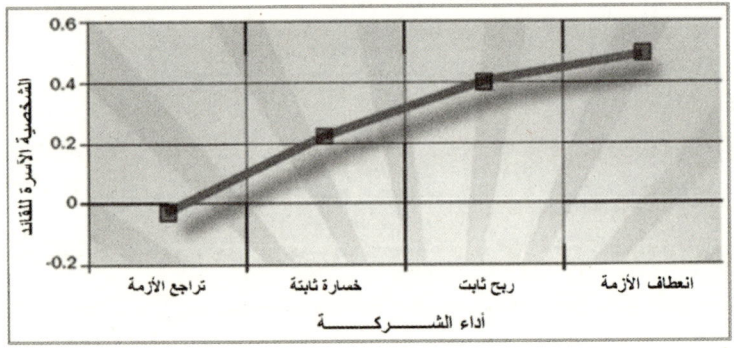

- **«نحن» متميزون**

يَنبع إطار تحليلنا من أعمال الراحل «جون تشارلز تيرنر» الذي كان عالم نفس اجتماعيًا في جامعة أستراليا الوطنية. وتتمثل الرؤية الثاقبة المحورية للعالِم في موضوع القيادة، التي بيَّنها تفصيلًا في كتابه «النفوذ الاجتماعي» الصادر عام 1991، بأنها عملية جماعية يُمكِّن فيها إحساس الأفراد بالهوية الاجتماعية المشتركة من ممارسة التأثير على بعضهم بعضًا.

وتشير الهوية الاجتماعية إلى إدراك الناس لأنفسهم باعتبار أنهم ينتمون إلى جماعة ما. إنها الإحساس بـ«جمعيتنا» الذي ندركه إذ نقول «نحن الأمريكيون» و«نحن الطلاب» و«نحن مشجعو فريق سيلتكس»، وما إلى ذلك. وأحد التنبؤات الهامة لنظرية الهوية الاجتماعية هو أننا حين نُعرِّف أنفسنا بلغة الجماعة (على سبيل المثال «نحن الأمريكيون»)، فإننا ننظر إلى هذا الكيان الجمعي باعتباره مختلفًا عن غيره من الجماعات، وله الأفضلية عليها، و«بالنسبة لنا، سيؤلمنا أن نرى الخلط بينها وبين جماعات أخرى، ويتجلى لك ذلك كما لو كنت كنديًا ووُصِفت عن طريق الخطأ بالأمريكي، أو إسكتلنديًا ظنه الناس إنجليزيًا. وبالمثل، يؤلمنا أن نرى جماعتنا تُهزم، خصوصًا على يد جماعة منافسة».

إننا نميل أيضًا إلى الاعتراف بأن الأعضاء في جماعتنا أكثر نفعًا من الدخلاء، في ما يتعلق بخدمة مصالح جماعتنا. لقد أثبت برنامج بحثي مستمر لعالم النفس «دان فان كنيبينبرغ» من جامعة «إراسموس روتردام» وزميليْه «ناتالي لوسي» و«هينك ويلكه» أنه بغض النظر عن النقاشات والحجج المحددة التي يطرحها القادة دعمًا لسياسة جديدة -تفضيلهم أو معارضتهم لاختبارات الالتحاق بالجامعة- يتأثر الطلاب بالقادة الذين تبدو آراؤهم ممثِّلة للهيئة الطلابية أكثر من تأثرهم بأولئك الذين تعتبر آراؤهم غير ممثلة للمجلس. بتعبير آخر، كي نثق بأن القائد سيسوقوننا في الاتجاه السليم، فإننا بحاجة أولًا إلى الإيمان بأنه «واحد مِنّا».

تكمن المبادئ ذاتها في لب المفاهيم المتعلقة بالجاذبية الشخصية. على سبيل المثال، في تجربة حديثة أجريناها بالتعاون مع «كيم بيترز» و«نيكلاس ستيفنز» من جامعة «إكسيتر» في إنجلترا، وعُرِضت في الجمعية العمومية للرابطة الأوروبية لعلم النفس الاجتماعي عام 2011، اكتشفنا أن الطلاب رأوا أن الرئيس «باراك أوباما» كان آسرًا وجذابًا أثناء إلقائه خطابًا في «قمة كوبنهاغن» للتغيرات المناخية عام 2009، عندما اعتبروه عضوًا من جماعتهم، ويعمل على تحقيق أهدافها وغاياتها. وبشكل محدد أكثر، حكم المستجوبون الذين يعرفون عن أنفسهم بأنهم «دعاة حماية البيئة» على كلمة أوباما بأن جاذبيتها زادت، حين سمعوا إن الولايات المتحدة ستفي بأهداف خفض انبعاثات ثاني أكسيد الكربون، إذ كانوا يظنون أن الولايات المتحدة لن تلتزم بتلك الأهداف. لكنَّ هذه المعلومات لم يكن لها أثر على الطلاب الذين لم يتماهوا مع أنصار الحفاظ على البيئة، واعتبروا كلمة أوباما عمومًا أقل جاذبية. لقد كانت جاذبية أوباما الشخصية متوقفة على إدراك جمهوره بأنه يدعم أهدافهم.

أكدت دراسات أخرى أجريناها وزملاؤنا تلك النتيجة؛ إذ شارك طلاب الجامعة في اختبارات تطلب منهم تصنيف وتقييم شخصية أحد القادة الطلابيين، ويُدعى «كريس». ويعتمدون في تقييمهم على بيانات تطلب منهم تحديد إلى أي درجة يعتبرون «كريس» قائدًا، ويوحي لهم بالولاء، ويتمتع برؤية محفزة ودافعة الناس إلى الأمام، ويزيد من تفاؤل الجماعة بالمستقبل، وما شابه ذلك.

قيل للمشاركين في الدراسة إن «كريس» يتمتع بعدة خصال -عقلاني ومثقف وجاد، أو ودود وسهل المعشر...إلخ- إما تكون سمات نموذجية بالنسبة للجسم الطلابي ككل وإما لا، فإما ينجح وإما يخفق في الارتقاء بمكانة اتحاد الطلاب. وكما أثبت «راجنانديني بيلاي» و«جيمس ميندل» في دراساتهما عن آراء الناس بالرؤساء التنفيذيين، بيَّنت نتائج هذه التجارب بدورها أن النجاح يسهم في تعزيز الجاذبية الشخصية؛ مع ذلك، شددت على أهمية النموذج الأولي أيضًا. عندما ازدهر اتحاد الطلاب، وكان الظن السائد بأن «كريس» لا يمثل الطلاب، لم يصنفه المستجوبون بأنه أكثر جاذبية مما كان عليه عندما ضعف الاتحاد، لكنهم اعتبروه شخصية نموذجية أكثر.

إذا لم تتماشَ آراء القائد مع الجماعة، فليس بالضرورة أن يُحكم على المسؤولين بالفشل. ثمة دراسة أجراها «مايكل جاي بلاتو» وزملاؤه عام 2006 أثبتت أن القادة بوسعهم استعادة جاذبيتهم الشخصية بتوظيفهم للغة تُرسِّخ إحساسًا بالهوية المشتركة، إذ يشيرون لأنفسهم بالضميرين «نا» و«نحن» بدلًا من الضمير «أنا». لقد عُدَّ «كريس» أكثر جاذبية حين ساد الظن بأنه شبيه بغيره من الطلاب، ولكن عندما لم يجده هؤلاء بأنه نموذجيًا، زادت جاذبيته الشخصية كون رسالته استندت إلى لغة شاملة للجميع، وأكدت على الهوية الاجتماعية المشتركة.

القوة للنموذج

انتماؤك إلى الجماعة يجعل القيادة بقوةٍ وعزيمة أسهل عليك، ولكن هناك سبل أخرى للإبهار. أعطى «مايكل جاي بلاتو» من جامعة أستراليا الوطنية وزملاؤه المشاركين في الدراسة معلومات تشير إلى أن قائد الطلاب إما كان ممثلًا للهيئة الطلابية وإما لم يكن كذلك. بعد ذلك، قرأ المشاركون رسالة مُوجَّهة إليهم من «كريس»، وبينوا إلى أي حد اعتبروا أنه صاحب جاذبية شخصية (كاريزما) على مقياس من 1 إلى 7. وكما يوضح الشكل البياني التالي، كان يُنظر إلى «كريس» على أنه أكثر جاذبية حين مثَّل نموذجًا للمجموعة الداخلية للطلاب، لكن حين لم يجد فيه المستجوبون نموذجًا، زادت جاذبيته مع اعتماده لغة شاملة للجميع في رسالته، أكدت على الهوية الاجتماعية المشتركة.

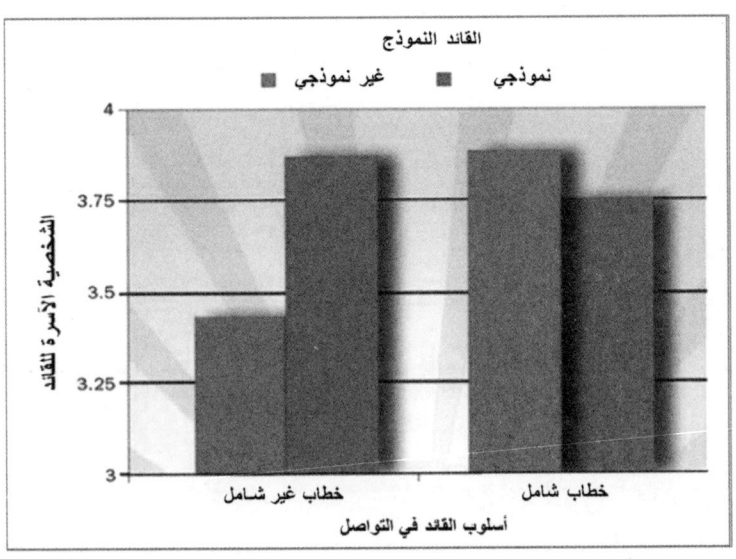

• أخبرنا عن أنفسنا

تكمن النقطة الأهم في هذا السياق، بأن النموذج -وبالتالي الكاريزما- ليس مجموعة سمات نملكها أو نفتقر إليها، وإنما صفات يمكننا بناؤها عن وعي منا. لسنوات عديدة، عكفنا على دراسة كيف يصوغ القادة البارعون رواياتهم عن أنفسهم، وكيف يطرحون مقترحاتهم، ومن هي الفئات التي يستميلونها؟ في كتاب «الذات والأمة» (Self and Nation) الذي نشره أحد أعضاء فريقنا عام 2001 (رايشر) بالتعاون مع «نيك هوبكنز» من جامعة «داندي» في اسكتلندا، استخدمنا عبارة لإيجاز هذه الفكرة: إن القادة وتحديدًا ذوي الجاذبية الشخصية منهم (الكاريزماتيين)، من الضروري أن يكونوا «رواد أعمال الوحدة وترسيخ الهوية». في نهاية المطاف، القائد الذي يتمتع بالكاريزما هو الذي يراه الآخرون ناطقًا بلغة الجماعة «نحن»، ولا يخاطب الناس بما يؤمنون به بمعزل عن شخصه. فضلًا عن ذلك، ينطوي فن الجاذبية الشخصية على طمْس الحرفة الضمنية، بمعنى لو أعلن القائد صراحةً بأن «هذه هي هويتنا»، ستكون ردة الفعل «لا، لسنا كذلك!». والروايات الناجحة عن الهوية تتكشَّف على هيئة إيحاء بدلًا من كونها «فرمان» أو بلاغ رسمي.

تتجسد الوصفات المختلفة للجماعة بأشكال متباينة. لننظر إلى رئيس كاريزماتي آخر في زمننا الحديث، ألا وهو «جون ف. كينيدي» (حَلَّ في المرتبة الرابعة على تصنيف «سيمونتون»). لقد عانى «جون كينيدي»، شأنه شأن «روزفلت»، من حالة صحية موهنة.

ففي شبابه، شُخصت إصابته بمرض «أديسون»، ما أدى إلى تدهور حالة ظهره وكان يعاني من آلام مبرحة مستمرة. وفاقمت الإصابات التي لحقت به أثناء خدمته قائدًا لزورق طوربيد في الحرب العالمية الثانية من حالته الصحية. وبينما أظهر «روزفلت» إعاقته كي يدمج رواية «التغلب» على الإعاقة، لم يكن هذا الخيار متاحًا لـ«كينيدي». لقد تصوَّر كينيدي أمريكا أُمَّةً شابة قوية ونشطة، وتزيح عن نفسها نزعة الرجعية والمحافظة وبشاعة الماضي، وتلك القسوة التي تجسَّدت، بحسب تصريحه، في خصمه ومنافسه «ريتشادر نيكسون». قبل خطاب تنصيبه الشهير ببضعة أيام، تورَّم وجهه بسبب الكورتيزون الذي كان يتناوله لمقاومة مرض «أديسون»، وصاح في سكرتيرته قائلًا: «لو لم أفقد خمسة أرطال من وزني هذا الأسبوع، لربما كنا اضطررنا إلى إلغاء حفل التنصيب». مع ذلك، في ذاك اليوم البارد من شهر يناير/ كانون الثاني في واشنطن، بدا كينيدي نحيلًا ونابضًا بالحياة، وواحدًا من بين القلة القليلة ممن تخلوا عن قبعاتهم، مستعرضًا شعره الغزير. ها هو الرجل الذي استطاع أن يجسِّد بكلماته الرسمية المعلنة: الجيل الجديد.

لقد أدرك «فرانكلين روزفلت» و«جون كينيدي» الحاجة إلى دمج المظاهر بالروايات عن الهوية، غير أن الآخرين لم يكونوا ثاقبي الرؤية مثلهما. يحكي «ديفيد جيرجين» الذي عمل مستشارًا لأربعة رؤساء أمريكيين كيف أن «ريتشارد نيكسون» قام بزيارة رسمية إلى فرنسا، واجتمع بالرئيس «شارل ديغول» في قصر الإليزيه. وأبدى «نيكسون»

انبهاره بالأزياء الرسمية الملكية للحراس الرئاسيين بضفائرهم وكتافيَّاتهم، حتى أنه كلف أحد موظفيه بشراء أزياء مثيلة لموظفي أمن البيت الأبيض. لكن حين لبس الحراس الأزياء الرسمية أول مرة، ضحك المراسلون الذين رأوهم ملء أشداقهم لدرجة أنه تم التبرع بالأزياء إلى إحدى الفِرق الموسيقية الجامعية. لقد أخفق نيكسون في إدراك أن التقاليد الفرنسية والأمريكية مختلفة كل الاختلاف: فما يشير إلى المكانة والرفعة في سياق معين، يثير السخرية والتهكم في سياق آخر.

• كيف تكتسب الكاريزما؟

الطامح إلى القيادة -سواء في سياق سياسي أو مؤسسي أو حتى رياضي- يمكن أن يتبع توجيهات وإرشادات لتعزيز جاذبيته الشخصية. ونشير إلى أن السر يكمن في ما ندعوه «الخصال الثلاثة» للقيادة الفعالة: التفكر والتمثيل والتحقيق. ونرسم ملامح هذه المبادئ هنا. لكن، ثمة أولوية لأبحاث المستقبل تتمثل في التوصل بالضبط إلى كيفية تنفيذها في ممارساتنا اليومية.

يشير «التفكُّر» إلى الحاجة للتعرف على ثقافة الجماعة وتاريخها. وتُدرس المؤلفات التي عبرت عن الهوية في الماضي، كإعلان الاستقلال الأمريكي والقصائد التي يلقيها الجميع في المدارس أو النصوص المقدسة التي تشدد على القيم المشتركة. لقد اهتم الكثير من القادة المشهورين بجاذبيتهم الشخصية اهتمامًا شديدًا بالشعر

والمهارات اللغوية؛ وليس هذا من قبيل المصادفة. بالمثل، نجد أن عددًا كبيرًا من القادة الكبار أنفقوا وقتًا طويلًا في الإصغاء قبل أن يظهروا ويخطبوا بالناس والتحدث بالنيابة عن الجمهور. في أبحاثنا الخاصة، اكتشفنا أن أولئك الذين يؤمنون من البداية بأنهم يتحلون «بالصفات الصائبة» للقيادة، وليس هناك ما يتعلموه من الآخرين نادرًا ما يقع الاختيار عليهم بوصفهم قادة جيدين. بالقدر ذاته، وثّقنا المأساة المشتركة للقيادة: حتى لو أصغوا في بداية الأمر، يستسلم القادة الناجحون بسهولة إلى وجهة النظر التي مفادها أن إنجازاتهم هي صنيعة أيديهم وحدهم، وبمرور الوقت يصبحون أقل استعدادًا للإصغاء للآخرين. ويُنذِر ذلك بسقوطهم، وفي نهاية المطاف يُقابَلون بالنبذ لأنهم ما عادوا يتحدثون بالنيابة عنا.

ويشير «التمثيل» إلى الحاجة لأن يُنظر للقائد بأنه عضو من أعضاء الجماعة ونصير لها. فالقائد لا يحيك رواية عن هويته ومقترحاته والجماعة التي يخاطبها وحسب، وإنما لا بد له أن يجعل جميع الروايات متجانسة ومتماسكة أيضًا. فالمظهر ونبرة الصوت وانتقاء الكلمات كلها تؤدي دورًا. لقد ساعد الافتقار للأناقة الشكلية لخطاب «رونالد ريغان»، وحتى زلّات لسان «جورج دابليو بوش» المحبوب جدًا من الساخرين والمتهكمين، على دعم هؤلاء الرؤساء لا تدميرهم، إذ جرى وضع نقادهم في خانة النخبويين المتعالين على الجميع. وحين سُئل «رونالد ريغان» عما رآه الناخبون فيه، أجاب بدهاء: «أعتقد أنهم يرون أنفسهم بي ربما، ويرون أنني واحد منهم». وأخيرًا، كما في

الكتابات المُحكمة والتمثيل البارع وغير ذلك الكثير، يتعلق «التمثيل» بقيادة الجمهور إلى استخلاص الاستنتاجات التي يرغب كل واحد منهم بها، بدلًا من أن يفصح لهم عن تلك الأفكار. وبالتالي، فإن فن الكاريزما يتعلق بأن يظْهر المرء بمظهر الساذج البسيط.

وأخيرًا، يتعلق «التحقيق» بتحويل الأشياء التي نُقِيم لها قدرًا من حيث المبدأ إلى وقائع. ويُقاس نجاح القائد بمدى براعته في السعي إلى تحقيق أبرز أولويات الجماعة كالنمو الاقتصادي أو المساواة أو المكانة الدولية. والقائد الذي يتألق بألق الجاذبية الشخصية سيساعد على تشكيل تلك المعايير أيضًا، ويحشد الناس إلى جواره. والرئيس الآسر الناجح لا بد أن يتفاوض مع الصحافة ويدير المنظومة السياسية ويسن القوانين والتشريعات. وخلاصة القول، القادة الجذابون هم الذين ينجحون في إضفاء الأهمية علينا نحن.

إن القادة الكاريزماتيين هم محظوظون إلى حد ما أيضًا. لمَّا سُئل رئيس الوزراء البريطاني «هارولد ماكميلان» عن أكثر مخاوفه، اشتهر بمقولته: «الأحداث، يا بني... الأحداث». مع ذلك، إن رائد الأعمال البارع الذي يصب تركيزه على الهوية بوسعه مع ذلك تحقيق أفضل الاحتمالات المستبعدة. أدى الحظ التعِس وحده بروزفلت إلى فقدان قدرته على استخدام ساقيه، وسمحت له سنوات العمل والكد باستعادة قدرته على المشي رغم الابتلاء الذي مُني به. وأتاحت له سنوات الكفاح والتخطيط بتحويل ما اعتبره كثيرون عبئًا يثقل كاهله إلى أكبر رصيد انتخابي له.

• رؤساء يتحلُّون بالكاريزما

يختصر خطابا تنصيب الرئيسين «فرانكلين روزفلت» و«جون كينيدي» فترتيهما الانتخابيتين وجاذبيتهما الشخصية. فكل خطاب يشي بقصة عن الهوية الأمريكية التي يمثل الرئيس نموذجًا أوليًا لها. فرواية «فرانكلين روزفلت» تتناول الكفاح والتغلب على الشلل المرعب، و«جون كينيدي» يقص قصة الشباب والتجدد والتحرر. وفي كلتا الحالتين، كانت هذه الهوية -الجاذبية الشخصية التي انبثقت عنها- بديهية لا تحتاج إلى برهان. واقتضى الأمر أن تتشكل وتُدار بعناية كي تساعد على استقطاب الأتباع وكسْب قلوبهم.

فرانكلين روزفلت

«ستتحمَّل هذه الأمة العظيمة الكثير كما تحمَّلَت أنا، وستنبعث من سباتها وستزدهر. لذا، أولًا وليس آخرًا، دعوني أؤكد إيماني الراسخ بأن الشيء الوحيد الذي علينا أن نخاف منه هو الخوف نفسه، وأعني ذاك الذعر الذي ليس له مسمى ولا داعٍ له ولا مسوغ، ويشل الجهود اللازمة لتحويل الانسحاب إلى تقدُّم. في كل ساعة مظلمة من حياتنا القومية، تلاقت القيادة الصريحة الحماسية مع تفهم الناس أنفسهم ودعمهم، وهو الأمر الذي تتجلى أهميته لتحقيق النصر».

(من الخطاب الرئاسي عام 1933)

جون كينيدي

«لتصل كلمتنا في الآفاق من هذا الزمان وهذا المكان، للأصدقاء والأعداء على حد سواء، بأن الشُعلة انتقلت إلى جيل جديد من الأمريكيين الذين وُلدوا في هذا القرن، جيل شكَّلته الحرب، وهذَّبه السلام باهظ الثمن. جيل يفخر بميراثنا القديم، جيل ليس لديه الاستعداد لأن يشهد أو يسمح بالتداعي البطيء لحقوق الإنسان التي لطالما التزمت بها هذه الأمة، والتي نلتزم بها اليوم في الداخل وفي شتى أنحاء العالم».

(من الخطاب الرئاسي عام 1961)

-نُشرت هذه المقالة للمرة الأولى في مجلة «ساينتفيك أميريكان مايند»، العدد 23 (الطبعة الثالثة) في يوليو/ أغسطس 2012.

علم نفس القيادة الجديد

بقلم: ستيفن رايشر وألكسندر هاسلم ومايكل بلاتو

أعلن الرئيس «جورج دابليو بوش» مخاطبًا الأمة لأول مرة في الحادي عشر من سبتمبر عام 2001 قائلًا: «عشنا اليوم مأساة قومية. فقد اصطدمت طائرتان بمركز التجارة العالمي في هجوم إرهابي واضح على بلدنا»، وتعهَّد بعد ذلك بأن «يلاحق أولئك الذين اقترفوا هذه الجريمة ويعثر عليهم». قد لا تبدو هذه الملاحظات التي أدلى بها من مدرسة «إيما بوكر» الابتدائية في مدينة «ساراسوتا» في ولاية فلوريدا استثنائية، لكنها تُمثِّل التمثيل الأفضل، وبطرق غير محسوسة، براعة بوش القائد. وعند النظر إليه من منظور نظرية القيادة الجديدة الراديكالية، يشتمل خِطَاب بوش الذي ألقاه في 11 سبتمبر على قرائن هامة لكيفية تعزيز الرئيس قوته السياسية في الأشهر والسنوات الأولى له في منصبه.

في الماضي، اعتبر الباحثون في القيادة أن الجاذبية الشخصية والذكاء وغير ذلك من السمات الشخصية مفتاح القيادة الفعالة. وبالتالي، رأى هؤلاء الأكاديميون أن القادة البارعين يستغلون مواهبهم الفطرية كي يسيطروا على أتباعهم، ويملون عليهم ما يفعلون، ليغرسوا

في نفوسهم ما يفتقرون إليه من الحماس وقوة الإرادة، وإما بغية فرض الطاعة والإذعان. وتشير مثل هذه النظريات إلى أن القادة الذين يتحلون بشخصية وإرادة قويتيْن سيكون بوسعهم الانتصار على أي واقع يتصدون له.

لكن خلال السنوات الأخيرة، نشأ تصور جديد للقيادة، تصور يمثل أداء أفضل للقيادة. في هذا المنظور البديل، يتعين على القادة الفعالين السعي إلى فهم قيم أتباعهم وآرائهم –بدل فرض سلطتهم المطلقة- بهدف تفعيل الحوار المثمر معهم بشأن ما يجسده الجمهور وما يمثله، والنحو الذي ينبغي عليه أن يتصرف بموجبه. ونعني بالقيادة القدرة على تشكيل وصياغة ما يود التابعون حقًا إنجازه، لا فرض الإذعان عليهم بالاعتماد على المكافآت والعقوبات.

بالنظر إلى أن القيادة الرشيدة تعوِّل على تعاون عناصرها الأساسية ودعمها، فإن علم نفس القيادة الجديد ينفي فكرة أن القيادة عملية تنازلية تنطلق من القمة إلى القاعدة حصرًا، إنما يشير إلى أن القادة كي يكسبوا المصداقية بين أتباعهم، عليهم أن يسعوا لوضع أنفسهم بين المجموعة (الجمهور) لا أن يكونوا عنصرًا متعاليًا عليها. وفي سياق استخدام «جورج بوش» للغة اليومية -»نطاردهم» و«هؤلاء الناس»- فقد صوَّر نفسه على أنه مواطن أمريكي نموذجي قادر على أن يتكلم باسم أمريكا في ما يتعلق بهجمات 11 سبتمبر.

بحسب النهج الجديد، لا يمكن لمجموعة مُحدَّدة من السمات الشخصية أن تضمن القيادة الرشيدة، لأن أكثر الخصال المحببة تعتمد

على طبيعة المجموعة المنقادة. يستطيع القادة اختيار الخصال التي يريدون إظهارها لأتباعهم أيضًا؛ ليس من قبيل المصادفة أن الأمريكيين بأعداد كبيرة ما رأوا بأن «جورج بوش» رجلاً عاديًا لا سليل الصفوة من خريجي جامعة «ييل» الواقعة على الساحل الشرقي.

وبعيدًا عن تبني هوية الجماعة ببساطة، يعمل الرؤساء المؤثرون أو الرؤساء التنفيذيون الذين يوظفون هذا النهج جاهدين، لتشكيل تلك الهوية خدمة لغاياتهم ومآربهم. لذلك ساعد «بوش» على تبديد حالة الإرباك الجماهيري بخصوص هجمات 11 سبتمبر بطريقة عزَّزت وساعدت على تشكيل هوية قومية جديدة. وتساءل الناس من بين التساؤلات المطروحة: مَن أو ما هو الهدف؟ نيويورك؟ واشنطن؟ الرأسمالية؟ العالم الغربي؟ وكانت إجابة بوش: «أمريكا تحت خط النار»؛ بتأكيده لهذه الحقيقة، استدعى إحساس الأمة الموحدة التي تحتاج لقيادته.

• من الكاريزما إلى الإجماع

منذ قرابة 100 عام، استحدث المُنظِّر السياسي والاجتماعي الألماني «ماكس فيبر» فكرة «القيادة الآسِرة» بوصفها ترياقًا لتكهناته المتشائمة للمجتمع الصناعي. فمن دون هذا النوع من القيادة، تنبأ بأن «ما يلوح في الأفق ليست أزهار الصيف، وإنما ليل قطبي ذو ظلمة باردة وقسوة شديدة». منذ ذلك الحين، صمد مفهوم الكاريزما، ونجح في جذبنا أو صدِّنا، كون الشخصية الكاريزمية تلعب دورًا

مؤثرًا على الأحداث في العالم عمومًا. خلال فترة ما بعد الحرب العالمية الأولى، ظلَّ كثير من العلماء ينظرون إلى القادة الأقوياء بوصفهم منقذين. لكن، في أعقاب الفاشية والنازية والحرب العالمية الثانية، انقلب كثيرون على الفكرة التي مفادها أن الشخصية تُحدِّد كفاءة القادة.

وبدلًا من ذلك، بدأ العلماء يفضلون «نماذج القيادة الظرفية» التي تُركِّز على السياق الذي يعمل فيه القادة. فقد أوحى عالم النفس الاجتماعي البارز «فريد فيدلر» من جامعة واشنطن في أبحاثه التي أجراها في ستينيات وسبعينيات القرن العشرين أن سِر القيادة الرشيدة يكمن في الكشف عن «التطابق المثالي» بين الفرد وبين التحديات التي يتصدى لها القائد. فلكل قائد مستقبلي سياق أمثل للقيادة؛ ولكل تحدٍ قيادي هناك مرشح مثالي. لقد ثبت أن هذه الفكرة تجارة رابحة؛ كونها صارت في صلب العديد من كتب الأعمال الأكثر مبيعًا، ودخلت في تكتيكات الشركات الباحثة عن موظفين، والتي تروِّج لنفسها بصفتها بارعةً في المطابقة بين الموظف وجهة العمل.

وحقيقة الأمر أن هذه النماذج حققت نتائج متباينة، ما أسهم في الانبعاث الجزئي لنماذج القيادة الكاريزمية في العقود الأخيرة. وتحديدًا، أحيت أبحاث «جيمس ماكغريغور بورنس» عن القيادة الثورية في أواخر السبعينيات وجهة النظر القائلة بأن الشخص الذي يتحلى بمجموعة محددة ونادرة من الخصال، يكون قادرًا على إحداث ثورات ضرورية في هيكل المؤسسات والمجتمع.

كيف نتجاوز هذا التذبذب المخيب للآمال بين أولئك الذين يسوقون الحِجج بأن القائد بوسعه التغلب على الظروف المحيطة به، وأولئك الذين يقولون إن الظروف هي التي تحدد القائد؟ في رأينا الشخصي، تنشأ القيادة القوية من العلاقة التكافلية بين القادة وتابعيهم داخل فئة اجتماعية بعينها، وبالتالي تقتضي فهمًا عميقًا لسيكولوجية الجماعة.

في السبعينيات، أجرى عالما النفس «هنري تاجفيل» و«جون تيرنر» وكانا منتسبان آنذاك لجامعة «بريستول» في لندن، دراسات بارزة عن إمكانية الجماعات إعادة تشكيل السيكولوجية الفردية. وصاغ «هنري تاجفيل» مصطلح «الهوية الاجتماعية» للإشارة إلى جزء من إحساس الشخص بذاته وفق ما تُحدِّده الجماعة. وبحسب ما أوضح «جون تيرنر»، تسمح الهوية الاجتماعية للناس أيضًا، بالتماهي مع أعضاء الجماعة والعمل معهم كفريق، مثل الكاثوليكيين أو الأمريكيين أو مشجعي فريق «دودجرز». لذلك تجعل الهويات الاجتماعية السلوك الجماعي مُمكنًا: تُمكِّنا من التوصل إلى توافق في الآراء بخصوص الأمور الذي تهمنا، وإلى تنسيق أفعالنا مع الآخرين والسعي إلى تحقيق الأهداف المشتركة.

لا يشير إطار عمل الهوية الاجتماعية الأصلي لـ«هنري تاجفيل» و«جون تيرنر» إلى القيادة صراحةً، وإنما يساعد على إيضاح السبب في أن القيادة تتطلب «ضميرًا جمعيًّا» مشتركًا لتمثله. فقد أثبت المُنظِّر في مجال القيادة «برنارد باس» من جامعة «بينغامتون» أن القادة يتحلُّون

بالقدر الأكبر من الكفاءة والفاعلية، حين يحثون أتباعهم على أن يروا أنفسهم أعضاء في الجماعة، وأن يروا مصلحة الجماعة بوصفها مصلحتهم الشخصية.

ويساعد صعود نجم الهوية الاجتماعية على تفسير التحوُّل في استراتيجيات الحُكام، المرتبطة بنشأة الدول القومية الحديثة في القرن التاسع عشر. وفقًا للمؤرخ «تيم بلانينغ» من جامعة «كمبردج»، لم يستطع الملوك الأوروبيون قبل ظهور الهويات القومية، إلا أن يحكموا حكمًا مستبدًا بالحديد والنار، وأن يستغلوا سلطتهم (لا القيادة الحقيقية) للسيطرة على الشعوب. لكن ما إن تماهى الناس مع الأمم، أمسى الملوك الفعالون بحاجة إلى أن يحكموا بوصفهم وطنيين قادرين على قيادة الشعوب، لأنهم يجسدون هوية قومية مشتركة. والملوك أمثال «لويس السادس عشر»، ملك فرنسا، الذين إما أساءوا فهْم هذا التحول وإما تجاهلوه، تطايرت رؤوسهم حرفيًا.

وفي فترة أكثر حداثة، أكدنا على أهمية الهويات الاجتماعية للقيادة في تجربة أطلقنا عليها اسم «دراسة سجن هيئة الإذاعة البريطانية»، وهي استقصاء للسلوك الاجتماعي داخل بيئة تُحاكي السجن. قسمنا المتطوعين عشوائيًا إلى مجموعتيْن: مجموعة تضم سجناء وأخرى تضم حراسًا. ومن قبيل المفاجأة اكتشفنا أن القيادة الهادفة والفعالة نشأت بين المساجين، لكنها لم تنشأ بين الحراس، لأن المساجين اكتسبوا إحساسًا قويًا بالهوية الاجتماعية المشتركة بناء على رغبتهم المشتركة في مقاومة سلطة الحراس. في المقابل، افتقر

الحراس إلى الهوية الجماعية، ويرجع ذلك نوعًا ما إلى أن بعضهم لم يشعر بالراحة في أداء دور أصحاب السلطة. وبالتالي، لم يكتسبوا قدرات قيادية فعالة، وتداعوا في نهاية المطاف كجماعة.

• فرد من الجماعة

عندما توجد هوية اجتماعية مشتركة، يكون لمن يمثل تلك الهوية التمثيل الأفضل الأثر الأكبر على أفراد الجماعة، ويكونون أكثر قادتها فاعلية وكفاءة. أي أن أفضل القادة هم الممثلون للجماعة؛ فلا يبدو أنهم ينتمون إليها وحسب، وإنما يمثلون ما يجعلها مُمَيَّزَة عن الجماعات المنافسة ومتفوقة عليها أيضًا. على سبيل المثال، كان الرئيس «جورج بوش» يتواصل مع أمريكا الوسطى -عمدًا أو بلا عمد- عندما حفل خطابه بالهفوات اللفظية، وهو ما ألمح إليه الصحافي «كيفين دروم» في مجلة «واشنطن مانثلي» التي تصدر كل شهريْن، بأنه جاء في صالح بوش في انتخابات عام 2004. وحقيقة الأمر أن أولئك الذين سخروا من هفواته المثيرة للحرج عانوا الأمريْن، لأن نقدهم زجَّ بهم في ضمن جماعة الصفوة المتعالية التي فقدت اتصالها بغالبية الأمريكيين العاديين.

وحتى الطريقة التي يرتدي بها القادة ملابسهم يمكن أن تساعدهم على الظهور بمظهر الممثلين للجماعات التي يقودونها. فالسترات الجلدية التي يرتديها بوش، وملابس رعاة البقر صورته كشخصٍ عادي. وفي السياق ذاته، اعتمر الرئيس الفلسطيني الراحل ياسر

عرفات الكوفية ليتماهى مع شعبه. وارتدى محمد علي جناح مؤسس دولة باكستان ثوبًا مصنوعًا من عناصر من عدة مناطق من الدولة الجديدة، ما أوحى بالهوية القومية الموحَّدة، ورسَّخ أقدامه رئيسًا رمزيًا لباكستان.

وتُنَاقِض هذه الأمثلة فكرة أن القيادة تتطلب مجموعة محددة من الخصال الشخصية، أو أنه ينبغي للقادة أن يتصرفوا على نحو ثابت جامد لا تغيير فيه. ولا بد أن تتماشى أكثر السمات والتصرفات استحسانًا مع ثقافة الجماعة المنقادة، وبالتالي فهي تتفاوت من جماعةٍ إلى أخرى. وحتى بعض سمات القيادة الأكثر شيوعًا كالذكاء، يمكن أن يُلقى بظلال الشك عليها في بعض المواقف. ويعتبر بعض الناس تحلي القائد بصفات مثل التواضع أو أن يكون جديرًا بالثقة أهم من الذكاء. وفي هذه الحالة، قد تقوض نظرة الناس للمرء على أنه بارع جدًا وذكي من مصداقيته كقائد، مثلما توحي تكتيكات «بوش».

وقد ينأى التابعون بأنفسهم عن صفة محببة كالذكاء، إذا كان ذلك سيساعد الجماعة على تمييز نفسها عن منافسيها. في دراسة نشرها «جون تيرنر» عام 2000 ويعمل في جامعة أستراليا الوطنية، وأحد أعضاء فريقنا (هاسلام)، طلبنا من طلاب إدارة الأعمال اختيار الخصائص المثالية لرائد الأعمال. وعندما اصطدم الطلاب بمجموعة منافسة لديها قائد ذكي (كان غير مراع لشعور الآخرين وغير ملتزم)، أرادوا أن يفتقر قائدهم للذكاء (مقابل أن يكون مراعيًا لمشاعر الآخرين

ومخلصًا في عمله). ولكن، عندما افتقر القائد المنافس للذكاء، لم يُرِد أحد فعليًا قائدًا يفتقر للذكاء.

ولو كان الانسجام والتوافق على قدر من الأهمية لكسب النفوذ والسطوة والسيطرة، فأي صفات قد تميز القادة عن الجماعة يمكن أن يهدد فاعليتهم. إن التعالي، أو الإخفاق في معاملة الأتباع باحترام، أو عدم الإصغاء إليهم، سيقوِّض مصداقية القائد وتأثيره. ومن الممكن أن تنشأ مشاكل مثيلة لو فَصَلت بين القائد وأتباعه فجوة كبيرة في الأجور. لاحظ مصرف «جي بي مورغان» ذات مرة أن السمة الوحيدة التي تتقاسمها الشركات الفاشلة التي عمل معها، كانت نزوعها إلى رصد أجور مبالغ فيها لشاغلي المناصب العليا.

وأكدت تجربة أخرى أجريناها عام 2004 رأي «جي بي مورغان». فقد شكلنا فرق عمل كانت فيها أجور القادة إما مكافئة لأجور أتباعهم، وإما تزيد عليها بمقدار الضعف أو ثلاثة أضعاف. ورغم أن تنويع هيكل الأجور لم يؤثِّر على جهود القادة، فإن جهود أعضاء الفريق تراجعت تراجعًا ملحوظًا تحت ظروف انعدام المساواة. وكتب الراحل «بيتر ف. دراكر» وكان أستاذ الإدارة في جامعة «كليرمونت» للدراسات العليا، في كتابه «حدود الإدارة» (The Frontiers of Management) – (داتون، 1986): «الأجور العالية جدًا في المناصب العليا... تُعَطِّل فريق العمل. تجعل... العاملين في الشركة ينظرون إلى موظفي إدارتهم العليا كخصوم لا كزملاء لهم... وذلك كفيل بأن يسحق أي استعداد لديهم لأن يعتبرونهم

من جماعتهم، ويمتنعون عن بذل الجهود إلا بما يخدم مصلحتهم الذاتية المباشرة كأفراد».

• تفضيل الإنصاف

هناك سبب آخر يدعونا إلى ألّا نجزل العطاء لأصحاب المناصب العليا ونخصص لهم رواتب مبالغ فيها، وهو أن التابعين من المرجح أن يعتبروا انعدام المساواة المالي غير منصف. يحترم التابعون عادةً الإنصاف في القادة، ولو أن معنى الإنصاف يمكن أن يعتمد على التابعين أنفسهم. وتتضمن سبل تحري القائد للإنصاف الإحجام عن مساعدة ذاته، وتقديم تضحيات للجماعة. لقد أسر «غاندي» قلوب الناس كونه ارتدى ملابس القروي الهندي التقليدي، فاعتبر رمزًا لرفضه سبل الرفاهية؛ واستقطبت «أون سان سو تشي» أنصارها بالمثل باستعدادها لأن تتحمل الإقامة المنزلية الجبرية لتعزيز المقاومة الجمعية للحكم العسكري في ميانمار (بورما).

يستطيع القادة المؤثرون أيضًا إظهار إنصافهم بالطريقة التي يُسوُّون بها النزاعات بين أعضاء الجماعة. وتعتبر المحاباة والمحسوبية، أو حتى التظاهر بها، هي الطريق المضمون للحرب الأهلية في المؤسسات والأحزاب السياسية والدول على حد سواء. ولكن، في بعض الحالات، ينبغي للقادة أن يتحيزوا لأولئك الذين يدعمون جماعتهم (جماعة الداخل)، ويفضلونهم على أولئك الذين يدعمون جماعة أخرى (جماعة الخارج).

في دراسة أجراها أحدنا (بلاتو) عام 1997 في نيوزيلندا، أيَّد الناس قيادة أحد الرؤساء التنفيذيين لمجلس صحي حدد وقتًا متكافئًا على جهاز غسيل الكلى لمواطنيْن نيوزيلندييْن. لكن، حين اضطر الرئيس التنفيذي أن يقسِّم الوقت بين مواطن نيوزيلاندي وآخر أجنبي، أعجب الناس بالقائد الذي خصص وقتًا أطول لعضو «جماعة الداخل». في دراسة أجريناها عام 2001، سألنا طلاب الجامعة الأستراليين عن دعمهم لقائد الطلاب «كريس» الذي وزع المكافآت بين أعضاء مجلس الطلاب الذين اشتهر عنهم إما دعمهم وإما معارضتهم لمواقف أساسية تمس الطلاب (تتعلق بخفض التمويل الجامعي مثلًا). كان «كريس» أكثر شعبية لدرجة أنه أظهر تأييده لأعضاء المجلس الذين قدّموا دعمهم لموقف «جماعة الداخل». وعندما أظهر «كريس» مثل هذا التحيز، كان الطلاب الجامعيون بأغلبيتهم يقفون إلى جواره، ويبتكرون السبل لإنجاح مشروعاته المُقترحة.

لكن الناس لا يفضلون دائمًا القادة الذين يتحيزون ضد «جماعة الخارج». فالقائد الذي يمثل المجموعة التي تؤمن إيمانًا راسخًا بالمساواة يجب أن يُعامل أفراد جماعة الداخل وجماعة الخارج على قدم المساواة. وبالتالي، عندما أعطى عضو من أعضاء البرلمان البريطاني الأُسر البريطانية الأولوية على المهاجرين في تخصيص الإسكان العام للمحتاجين، احتجَّت الجماعات الخيرية والدينية والاشتراكية كلها بشدة. إن القيادة الرشيدة لا تعني تطبيق قواعد عامة للسلوك، وإنما تعني فهم الجماعة المزمع قيادتها، وألوان الأفعال التي تُقِيم لها وزنًا وتعتبرها مشروعة.

اتبع القائد

يطرح الأتباع أفكارًا ترتقي برؤية القائد -أي أنهم يظهرون «التابعية»- في حال أن القائد نهض بمصالح الجماعة في السابق. ولو كان القائد إما منصفًا وإما داعمًا للجماعات أو المواقف المنافسة، فتكون أفكار التابعين غير مساعدة.

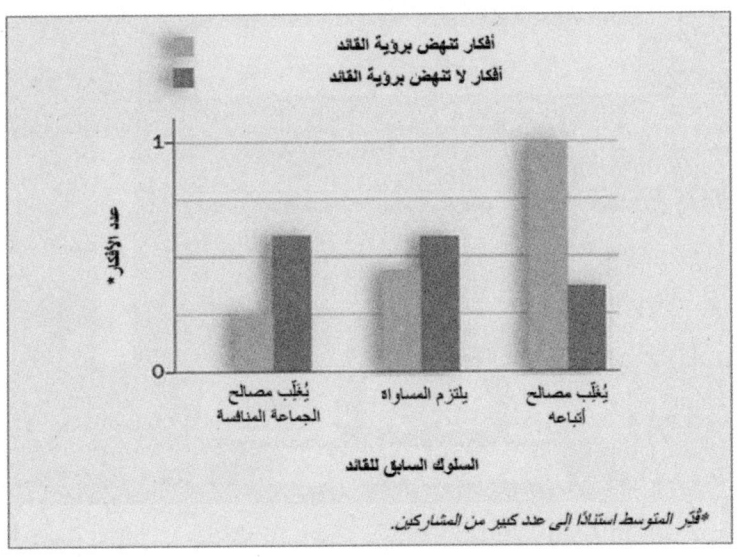

*قُدّر المتوسط استنادًا إلى عدد كبير من المشاركين.

• تطويع الكلمات

لكن القيادة بالطبع ليست ببساطة مسألة امتثال لأعراف الجماعة ومعاييرها. فأي شخص يعمل في ميدان حشد الناس -سواء لتشجيعهم على النزول إلى صناديق الاقتراع أو حشدهم للاضطلاع بالأعمال أو للاحتجاج على مظلمة- عليه أن يعمل على تشكيل تلك الأعراف

والمعايير وتعريفها أيضًا. وكثيرًا ما يصوغ الرؤساء وغيرهم من القادة الهويات الاجتماعية بكلماتهم، بالضبط كما فعل الرئيس «جورج بوش» في خطابه في أعقاب هجمات 11 سبتمبر.

ويحدد أكثر القادة كفاءة الهوية الاجتماعية لجماعتهم بما يتماشى مع السياسات التي يعتزمون الترويج لها، ما يُمكِّنهم من وضع تلك السياسات في قالب تعبيرات يؤمن بها ناخبوهم بالفعل. وفي خطاب «غيتيسبيرغ» الذي استهله «أبراهام لينكولن» قائلًا: «قبل سبعة وثمانين عامًا، جلب أجدادنا لهذه القارة أمة جديدة، وُلِدت من رحم الحرية، وكرست فكرة أن كل البشر خلقوا سواسية»، شدَّد لينكولن بقوة على مبدأ المساواة ليحشد الناس حول أهدافه السياسية المحورية: توحيد الولايات وتحرير العبيد.

وحقيقة الأمر أن الدستور يشتمل على العديد من المبادئ، ولا يعلو أحدها على سواه، بحسب المؤرخ «غاري ويلز» في كتابه الحائز على جائزة «بوليتزر» المعنون «لينكولن في غيتيسبيرغ: الكلمات التي أعادت صياغة أمريكا» (Lincoln at Gettysburg: The Words That Remade America) (سايمون وشوستر، 1992). مع ذلك، أعلى «أبراهام لنكولن» من شأن المساواة إلى مرتبة الأهمية القصوى، وجعلها حجر الزاوية للهوية الأميركية. وبعد خطابه، فسَّر الأمريكيون الدستور بطريقة جديدة. وكتب «غاري ويلز» واصفًا جمهور «غيتيسبيرغ»: «كان كل شخص في هذا الحشود الغفيرة المُقدرة بالآلاف ينتقي أفكارًا ويضعها في محفظته الفكرية.

غادر الحشد وفي جعبته الأيديولوجية شيئًا جديدًا، وأعني ذاك الدستور الجديد».

لقد سمحت إعادة صياغة الهوية الأمريكية عن المساواة للرئيس لنكولن، بتوحيد الأمريكيين وحشدهم حول فكرة تحرير العبيد، وهي القضية التي كانت خلافية في السابق. وعبر مهاراته في الخطابة وصياغة الكلمات، حقق رائد الهوية البارز هذا واحدًا من أعظم الإنجازات في التاريخ الأمريكي.

• الهويات والوقائع

لو كان تعريف «أبراهام لنكولن» للهوية الأمريكية قد حَثَّ الناس على إنشاء مجتمع أكثر مساواة، فقد ساعدت وقائع تحرير العبيد على تعزيز المساواة بوصفها لُب الهوية الأمريكية. هذا يعني أن هناك علاقة متبادلة بين الهوية الاجتماعية والواقع الاجتماعي: الهوية تؤثِّر في نوع المجتمع الذي يخلقه الناس، وهذا المجتمع بدوره يؤثِّر في الهويات التي يتبناها الناس.

في المقابل، إن الهوية غير المتسقة مع الواقع والتي لا أمل في أن تتحقق على أرض الواقع، سرعان ما ستُقابَل بالتجاهل لصالح بدائل أكثر قابلية للتنفيذ. قدمت لنا دراسة سجن هيئة الإذاعة البريطانية تحذيرًا صارخًا بشأن ما يحدث، لو لم تُصاحِب رؤية القائد استراتيجية لتحويل تلك الرؤية إلى واقع. ففي هذه الدراسة، أدى تداعي منظومة الحراس إلى أن أسس العامة وهم السجناء مجتمعًا صغيرًا آمن أعضاؤه

بالمساواة بقوة. غير أن قادة ذاك المجتمع الصغير أخفقوا في إنشاء هياكل، إما عززت المساواة وإما سيطرت على أولئك الذين يتحدُّون النظام. وفي النهاية، تمزق ذاك المجتمع الصغير هو الآخر، وأدت حالة انعدام المساواة الدائمة إلى أن فقد حتى أكثر الملتزمين إيمانهم. فقد شرعوا يؤمنون بعالم طبقي، وتحولوا إلى نموذج القيادة المستبد الذي سيحقق رؤيتهم على أرض الواقع.

إن القائد الحكيم ليس معنيًا بجعل الهويات واقعًا فقط، وإنما يساعد أتباعه على معايشة الهويات على أنها حقيقية. في هذا السياق، توفِّر الطقوس والرموز منظورًا من خلال إعادة إنتاج تمثيل درامي للعالم بصورة مصغرة. كتبت «مونا أوزوف» مديرة أبحاث المركز الوطني الفرنسي للبحث العلمي في كتابها المعنون «الاحتفاليات والثورة الفرنسية» (Festivals and the French Revolution)، (أعادت دار نشر جامعة هارفارد نشره عام 1991) «أن الثوريين خلقوا مجموعة جديدة كليًا من الاحتفالات ترمز إلى فرنسا المبنية على الحرية والمساواة والإخاء». في الماضي، تحرك الناس في المواكب وفقًا لمكانتهم الاجتماعية، أما الآن فالفقراء والأغنياء يشاركون في المواكب معًا، ولا يُنظِّم صفوفهم سوى المرحلة العُمرية. في المقابل، صمم «أدولف هتلر» تجمعات «نورمبرغ» بجعلها صورة للمجتمع الاستبدادي. كان يتحرك من وسط الجمهور، ولكن في لحظة استراتيجية محددة يعتزم صعود المنصة، حيث يستطيع أن يخاطب الجماهير الغفيرة المتراصة بانتظام من علٍ.

لكن مهما كان المرء بارعًا، لا يتحكم القائد أو القائدة بتأثيره وفاعليته. كما رأينا من قبل، فالقادة يعتمدون بقوة على أتباعهم. هل يرى التابعون أن قائدهم واحد منهم؟ هل يجد التابعون رؤى قائدهم للهوية مقنعة؟ هل يتعلّم التابعون الدروس والعبر المقصودة من الطقوس والاحتفاليات؟ يخبرنا تحليلنا النفسي الجديد بأن القيادة كي تعمل بكفاءة، يتحتم على القادة والتابعين أن يلتزموا بهوية مشتركة ومسعى مشترك، والسعي لاستخدام هذه الهوية كمخطط للعمل.

ويمكن أن يتفاوت تقسيم المسؤوليات في هذا المسعى. ففي الحالات الأكثر سلطوية واستبدادًا، يستطيع القادة أن يمنحوا أنفسهم السلطة القضائية الوحيدة على الهوية، ويُنزلوا العقاب بأي شخص ينشق عن الجمع أو يعارضه. وفي الحالات الأكثر ديموقراطية، يستطيع القادة أن يُشرِكوا الجمهور في الحوار المتعلق بهويتهم وأهدافهم المشتركة. في كلتا الحالتيْن، إن تطوير هوية اجتماعية مشتركة هو أساس القيادة النافِذة الإبداعية. وإذا كان بوسعك السيطرة على تعريف الهوية، فسيكون بوسعك تغيير العالم.

مستبدون أم قادة حقيقيون؟

في قلب الفكر المعاصر تكمن ازدواجية عميقة إزاء القادة. فتارةً يُنظر إليهم بوصفهم أمل البشرية، إذ يتمتعون بالقدرة على بث الطاقة والرومانسية في المجتمعات المنهكة. لقد عزَّزت الظلال المديدة التي تركها «أدولف هتلر» مخيمة على العالم نشوء رؤية بديلة للقادة الأقوياء:

بعيدًا عن فكرة إنقاذ البشرية، كان هؤلاء القادة يمثلون أعظم خطر يتهدد الأخلاق والأمن. وبالتالي، بدلًا من الاحتفاء بظهور «الرجال العظماء»، ينبغي علينا أن نتوصل إلى سبل لتحصين أنفسنا ضدهم.

ومع هذا الانقسام، فلا الحُكّام المستنيرون ولا الظلاميون من هذه الفئة المستبدة هم قادة حقيقيون بتعريفنا. فالمستبدون، شأنهم شأن الملوك الأوائل، بوسعهم قولبة سلوك حتى أكثر جماعات البشر تفاوتًا باستخدام القمع أو المكافآت، لضمان الموافقة أو التشجيع على الامتثال. لكن مثل هذه «القيادة» تنجح فقط عندما يخضع التابعون للرقابة، أي على سبيل المثال حين يُرَاقب المدير الموظفين أو يفرض الجيش رغبات قائد ما. وتعمل مثل هذه الاستراتيجية بما يتعارض مع إرادة أفراد الجماعة، وبالتالي فهي ليست بالقيادة الرشيدة، وإنما هي لون من ألوان القهر والإرغام.

عندما نشير إلى القيادة، فإننا نعني القدرة على تحفيز الناس على العمل بتناغم، وهو الشيء الذي يقتضي هوية اجتماعية داخلية متأصلة. هذا النوع من القيادة فعال حتى عندما لا يكون التابعون مُرَاقَبين؛ أي أنهم يطيعون أوامر مديرهم حتى لو كان غائبًا.

-نُشرت المقالة الأصلية في مجلة «ساينتفيك أميركان مياند»، العدد 18 (الطبعة الرابعة) في أغسطس/ سبتمبر 2007.

علم النفس الاجتماعي للنجاح

بقلم: س. ألكسندر هاسلم وجيسيكا سالفاتور وتوماس كيسلر وستيفن د. رايشر

حاولت جاهدًا، لكنك فشلت! لم تجتز الاختبار، أو جاء أداؤك دون المستوى في المقابلة الشخصية، أو أخفقت في تحقيق أحد أهداف المشروع. لماذا؟ أكان السبب أنك لم تكن قديرًا؟ أم أن شيئًا أكثر غموضًا وإثارة للقلق ربما كان له دور في ذلك؟

أثبتت الأبحاث، كما اتضح لنا، أن هذه الإخفاقات في الأداء يستحيل أن تُعزى دائمًا وببساطة إلى قصور متأصل في القدرات أو انعدام كفاءة فطري. ورغم أن بعض الناس يقفزون إلى الاستنتاج المثير للجدل جدًا، ومفاده أن أوجه الاختلاف في التحصيل تعكس أوجه الاختلافات الطبيعية بين الجماعات، فإن جذور العديد من الإعاقات تكمن في القوالب النمطية أو المفاهيم المسبقة التي يتبناها بعضنا حيال الجماعات التي ننتمي إليها. على سبيل المثال، المرأة التي تعْلم أن النساء كجماعة، يُعتقد أن أداءهن أسوأ من الرجال في الرياضيات، ستتجه في حقيقة الأمر نحو أداء أدنى كفاءة في اختبارات الرياضيات نتيجة لذلك.

الأمر نفسه ينطبق على أي عضو من أعضاء جماعة على دراية بأن جماعته أدنى منزلةً من الآخرين في مجال ما من مجالات الأداء، سواء بدا أن ذلك المجال يستغل القدرات الفكرية والأكاديمية، أو كان مُصممًا لغرس براعة رياضية. وكما أن أداء النساء في المهام المكانية والرياضية يتحدد وفق القالب النمطي ويسِمه بالدونية ويجعله سمة ثابتة، فإن الأداء الرياضي أيضًا لفريق من المستضعفين الفاشلين فشلاً مديدًا، سيميل إلى مواكبة توقعاته المتدنية.

سجل البحث النفسي الاجتماعي الذي كشف عن هذه الآثار، تطوُّرًا هامًا للعمل النظري الذي بدأ في سبعينيات القرن الماضي، وركز على قضايا الهوية الاجتماعية، أي الطريقة التي ينظر بها الناس لأنفسهم بوصفهم أعضاء ينتمون إلى جماعة محددة، وما هي الآثار المترتبة على ذلك. والأهم من ذلك أن أبحاث الهوية الاجتماعية لا تدرس فقط الطريقة التي نستوعب بها (نُبطِن)، ونعيش بها (نُعلِن) هوياتنا المشتركة مع أندادنا -الأعضاء الآخرين من جماعة الداخل- وإنما كيف يُمكن أن تتغير هذه الأمور أيضًا. تساعدنا هذه الأبحاث على فهم التبعات المدمرة للعنصرية على أساس الجنس والتمييز العرقي وما شابه ذلك، وكذلك تحديد سبل معالجة المشكلات التي تسببها، حتى لا تُهْمَل المواهب والإمكانيات البشرية أو تُهْدَر.

جزء من القصة هنا لا ينطوي على إدراك أن هذه الأنماط المُقوْلبة يمكن أن تشجع على الفشل فقط، وإنما يمكنها أن ترتقي بأداء الشخص أو الجماعة، وأن تكون أدوات تُعزِّز التقدم الاجتماعي. إن

فهم هذه الآليات -والعمليات التي تستند إليها- يُمَكِّننا من التفكير بشكل بنَّاء أكثر حيال الظروف التي تسمح بالتعبير عن القدرة بدلًا من كبتها، والتي تعزز النجاح بدلًا من الفشل.

• تهديد الصورة النمطية

في العقد الماضي، سلط علماء النفس الاجتماعيون الذين عكفوا على البحث في ظاهرة «تهديد الصورة النمطية» الضوء على مثل تلك القضايا. ولا تدلل مجموعة الأبحاث المبهرة التي جمعوها على أن تدني الأداء هو الذي يحدث فقط، وإنما على الأفكار النمطية الشائعة على وجه الخصوص لدى الأفراد الذين يقارَنون بجماعاتهم، وهم يدركون أنها تُعتبر أدنى منزلةً من الجماعات الأخرى. والدراسات الرائدة التي أجراها «كلود ستيل» و«جوشوا أرونسون» في جامعة «ستانفورد» مُنيرة للعقول في هذا الصدد تحديدًا.

لقد نشأ الدليل الكلاسيكي لـ«كلود ستيل» و«آرونسون» عن تهديد الصورة النمطية في إطار سلسلة من الدراسات التي أجريت في منتصف التسعينيات، وأجاب فيها طلاب أمريكيون متفوقون من أصل إفريقي في جامعة «ستانفورد» على أسئلة من اختبار تقييم الخريجين (GRE) اللفظي، تحت ظروف ظَنُّوا بموجبها إما أن الاختبار كان يقيس الذكاء، وإما أنه لم يكن اختبارًا للقدرات على الإطلاق. من المثير للاهتمام، أن أداء هؤلاء المشاركين كان أسوأ بكثير حين قيل لهم إن الاختبار كان مقياسًا للذكاء. هذا التراجع، بحسب محاجّة الباحثين،

وقع لأنه «في المواقف التي كانت فيها الصورة النمطية قابلة للإثبات، يتعرض المرء لخطر تأكيدها باعتبارها توصيفًا للذات، سواء لذات المرء أو للآخرين الذين لديهم علم بتلك الصورة النمطية».

جرى تكرار هذا النمط من النتائج لدى كثير من الجماعات المختلفة، وعلى العديد من الأبعاد المتباينة لمحتوى الصورة النمطية. على سبيل المثال، صرحت «سيان ل. بيلوك» من جامعة «شيكاغو» وزملاؤها في «مجلة علم النفس التجريبي» عام 2007 بأنه إذا جرى إخبار الطالبات بالصورة النمطية التي مفادها أن قدرات الرجال أفضل من النساء في مجال الرياضيات، فإن أداءهن يميل إلى أن يكون أسوأ فعلًا، لا سيما في حل الواجبات المعقدة، مما لو لم ينتبهن إلى أن هذه الفكرة مبنية على صورة نمطية. وبالمثل، فقد تبيَّنَ أن كبار السن يأتي أداؤهم أسوأ في اختبارات الذاكرة، إذا خضعوا لها بعد درايتهم بالصور النمطية التي تربط بين الشيخوخة وتدهور القدرات المعرفية.

في مجال الأداء الرياضي، أثبتت الدراسات المتعلقة بضرب كرات الغولف أن لاعبي الغولف الخبراء يميلون إلى تسديد ضرباتهم الخفيفة بعيدًا عن الهدف، إذا تعرضوا لصورة نمطية مفادها أن أبناء جنسهم أسوأ في تسديد الضربات الخفيفة من أبناء الجنس الآخر. ويبدو من المستبعد أن «غريغ نورمان» ارتبك في بطولة الأساتذة عام 1996، عندما ضيَّع على نفسه سبقًا مبكرًا، وخسر المباراة في نهاية المطاف، لأنه كان واعيًا لهذه الصورة النمطية، ولكن ربما كانت هناك صور نمطية أخرى وثيقة الصلة اعترضت مسار مباراته في لحظة

مفصلية (الأستراليون مثلًا يحققون أداءً أدنى في بطولة الأساتذة، إذ لم يفُز أي لاعب أسترالي بهذه البطولة من قبل أبدًا). في سياق مثيل، يبدو من المنطقي بالكامل أن الأداء المتدني لإنجلترا في ضربات الجزاء النهائية في مباريات كأس العالم لكرة القدم ارتبطت بانعدام الثقة بالذات، والمرتبط بتاريخ الفريق الذي يشهد على تدني أدائه في مثل هذه المباريات (من بين سبع مباريات تعلقت نتائجها بضربات الجزاء الترجيحية، فاز الفريق في واحدة فقط).

المعتقدات سلاح ذو حدّيْن

عندما نتحدث عن اختبار تقييم الخريجين، يأتي أداء المشاركين من ذوي البشرة السوداء أسوأ بدرجة ملحوظة، إذا سِيقوا إلى الظن بأن الاختبار يكشف عن مستوى ذكاء الفرد. تلك النتائج كانت الدليل على الأثر القوي لـ«تهديد الصورة النمطية»، إذ يمكن (في هذه الحالة بالنسبة للمشاركين سُود البشرة) للإحساس بأن السلوك قد يؤكد الصور النمطية للدونية حيال جماعة ننتمي إليها، أن يعطل الأداء الكفوء. ويقدم نمط النتائج مؤشرًا على «تعزيز الصورة النمطية للأداء»، وفيها يتحسن أداء المشاركين بيض البشرة عندما يؤمنون بأن اختبار تقييم الخريجين يقيِّم الذكاء لأن الصورة النمطية ذات الصلة، بالنسبة لهم، ترتبط بتفوق جماعة الداخل.

(س. ألكسندر هاسلم وجيسيكا سالفاتور
وتوماس كيسلر وستيفن د. رايشر)

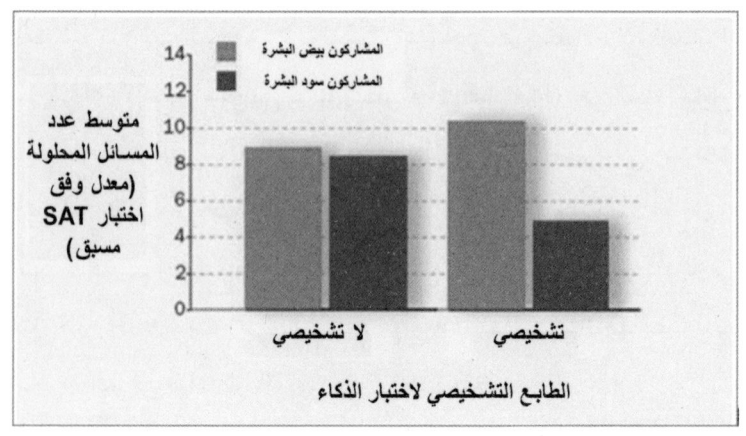

• فهم العملية

ولكن ما هو «الشيء» المسؤول عن تأثير تهديد الصورة النمطية؟ قدم العمل البحثي الأخير الحجج بأن أحد الأسباب الرئيسية هو عبء تعزيز المعرفة والإدراك. على سبيل المثال، أظهرت دراسة أجراها عام 2005 عالما النفس الاجتماعي «مارا كادينو» و«آن ماس» وزملاؤهما في جامعة «بادوفا» الإيطالية أنه عند تأدية النساء لمسائل الرياضيات بعد تعرضهن لصورة نمطية مفادها أنهنَّ أسوأ من الرجال في هذا الميدان العلمي، أفصحن بأن أفكارًا سلبية راودتهنَّ واقتحمت أفكارهن حيال قدراتهن الخاصة. كانت تلك الأفكار على غرار: «هذه التمرينات شاقة عليَّ جدًا» و«لست بارعةً في الرياضيات». وبالمثل، أشار عدد من الدراسات إلى أن تعريض الناس لصورٍ نمطية سلبية عن جماعات ينتمون إليها، يفاقم توترهم وقلقهم عند تأديتهم لمهام تتعلق بتلك الصورة النمطية.

وتشير الدلائل المستمدة من أبحاث «سيان ل. بيلوك» وآخرين إلى أن هذه التوترات يمكن أن تستخدم موارد معالجة المعلومات الضرورية لتنفيذ تلك المهام المطلوبة. على سبيل المثال، حين يؤدي الناس مسائل الرياضيات المعقدة، فإن العبء المعرفي يفرض أعباء ثقيلة على الذاكرة العاملة، وذلك باستغلال مناطق في الدماغ تُخزِّن المعلومات، ويستعين بها لمعالجتها.

لقد حاولت المقالة التي كتبتها «سيان ل.بيلوك» وزملاؤها عام 2007 استكشاف هذه الأفكار، ودَمْجها من خلال الخوض بعمق في الآليات المعرفية لتهديد الصورة النمطية. وكررت سلسلة من التجارب، المعنية بميدان أداء النساء في الرياضيات، عن الأثر القياسي لتهديد الصورة النمطية: وأثبتت أن الأثر أوضح ما يكون في المهام التي تشكل عبئًا على الموارد الصوتية (كتلك التي تتطلب استنتاجات وبراهين لفظية)، ودلّلت على أن وجود تهديد للصورة النمطية يزيد من التصريحات اللفظية بالقلق المرتبط إما بالمهمة أو بالصورة النمطية. وأشارت إلى أن التبِعات المدمرة لتهديد الصورة النمطية يمكن تفاديها إذا تعلم المشاركون أداء المهام بطريقة لا تكون مجهدة ذهنيًا. وتستند الرؤية العميقة الأخيرة على دليل مفاده أن النساء لا يستسلمن لآثار تهديد الصورة النمطية إذا علِمن إجابات المسائل الرياضية بحفظها عن ظهر قلب (كما يفعل المرء عندما يتعلم جداول الضرب) إذ يعتمد إنتاجهنَّ على الذاكرة بعيدة المدى.

واستنادًا إلى تلك الدراسات، أثبت الباحثون أن عملهم يعزز فهمنا

لتهديد الصورة النمطية، بالكشف عمن يتحمل مسؤولية آثارها (على سبيل المثال، تأثير الأعباء المتعلقة بالتوتر على الذاكرة اللفظية قصيرة المدى)، ومن ثم استخدام هذا الفهم للتوضيح كيف يمكن التغلب على هذا الأثر. وفي هذا الصدد، لا شك أن أبحاثهم تساهم بقدر كبير في فهمنا لجوانب معرفيَّة محددة للظاهرة، لا سيما الدور الذي يمكن أن تؤديه عمليات الذاكرة في ديناميات الآثار المعينة المرتبطة بالتهديد. ولكن، رغم الانسجام الداخلي للتحليل المعرفي حصرًا، فهناك أسباب تدعونا للإيمان بأن هذا التحليل محدود نظريًا وعمليًا.

• الصور النمطية المفيدة

هناك إحساس يشير إلى أن التحليل النظري لـ«سيان ل. بيلوك» وزملائها غير المكتمل، مستلهم من بحث آخر ومستوحى من عرض «كلود ستيل» و«جوشوا آرونسون» الأصلي لآثار تهديد الصورة النمطية. فقد اكتشف الباحثون أنَّ التعرُض للصور النمطية يُمكن أن يكون له تبعات محل ترحيب وأخرى ليست كذلك. أي أن التعرض للصور النمطية، في ظروف محددة، متعلقة بجماعة الفرد يمكن أن يؤدي إلى الارتقاء بالأداء بدلًا من الإخلال به.

تقدم الدراسات التي أجرتها «مارغريت شيه» ومساعدوها من المحققين في المسألة في جامعة «هارفارد» عام 1999، أدلة وجيهة وجيدة عن تلك النقطة تحديدًا. كانت المشاركات في هذا البحث من النساء الآسيويات. ووسط ظروف مختلفة من الدراسات، طُلِب منهن

التركيز على حقيقة أنهن إما نساء (أسوأ من ناحية التصور النمطي في الرياضيات من الرجال) وإما على حقيقة أنهن آسيويات (أفضل من ناحية التصور النمطي في الرياضيات من أعضاء الجماعات العرقية الأخرى). وكما في بحث «بيلوك» وزملائها، في الحالة الأولى جاء أداء النساء أسوأ مما كان عليه الحال حين جرى الكشف عن أي عضوية جماعية، وفي الحالة الثانية كان أداؤهنَّ أفضل.

كشفت دراسات أخرى عن آثار مثيلة، إذ وجدت أن النساء يبدين قدرةً أعلى في الاختبارات المكانية إذا جرى تذكيرهن بأنهن ينتسبن إلى كلية يُحقِّق طلابها أداءً رائعًا في مثل هذه المهام، وأن لاعبي الغولف يسددون ضربات خفيفة بدقةٍ أكبر إذا تعرضوا لصورة نمطية مفادها أن أبناء جنسهم أفضل في تسديد هذا النوع من الضربات من أبناء الجنس الآخر. واكتشف «جيف ستون» من جامعة «أريزونا» وزملاؤه من علماء النفس أنه حين قيل للاعبي الغولف بيض البشرة إن أداءهم في اللعبة سيُقارن بأداء لاعبي الغولف سود البشرة، تراجع أداؤهم مع اعتقادهم أن هذه المقارنة ستكون بمثابة الاختبار لـ «القدرة الرياضية الطبيعية» (لأن المقارنة في هذا السياق تمثل تهديدًا)، لكن أداءهم تحسن عند قناعتهم بأن تلك المقارنة هي اختبار لـ «الذكاء الاستراتيجي الرياضي» (لأن هذه المقارنة توحي بتفوق جماعة الداخل).

وأثبت تحليل شمولي لدراسات مماثلة نشرها عام 2003 عالما النفس «غريغوري والتون» و«جيفري كوهين»، وكانا يعملان في جامعة

«بيل» آنذاك، أنه لو تعرَّض البشر لصور نمطية بخصوص دونية جماعة الخارج (لا ينتمون لجماعة الداخل الخاصة بالفرد) في مجال بعينه، فإن أداءهم يرتفع عادةً، وهي الظاهرة التي يشيران إليها باسم «رفع الصورة النمطية». بهذه الطريقة، يمكن للإحساس بدونية جماعة الداخل أن يُعطِّل الأداء، ويمكن لأيديولوجية التفوق أن تعطي أعضاء الجماعات ذات المكانة العالية دفعة أداء قوية.

ولا يمكن تفسير هذا الأداء المرتفع بسهولة لجهة العبء المعرفي، لأنه من الصعب أن نرى كيف يمكن لأهمية الصورة النمطية الإيجابية لجماعة الداخل (فكرة «إننا بارعون») أن ترتقي بموارد الذاكرة المتاحة للمشاركين (مقارنةً بأولئك الخاضعين لظروف محكومة). من الناحية المثالية إذن، ينبغي أن يكون التفسير المُقتضب لتأثيرات الصور النمطية قادرًا على أن يضع في الحسبان التغير الصاعد والهابط. وينبغي أن يكون قادرًا أيضًا على شرح مجموعة من التأثيرات الأخرى أُعلن عنها في مُجمل الأعمال البحثية، بما في ذلك الدلائل على أن تلك التأثيرات واضحة في مجالات لا تكون فيها القدرة المعرفية محورية (الغولف وكرة السلة على سبيل المثال)، وأنها تتراجع إذا تعرَّض الناس لصورٍ نمطية بخصوص جماعات متعددة، ويصيبها الوهن والضعف إذا لم تتعرض جماعة الداخل التي ينتمي إليها المرء لِعَدَاء معمم (على سبيل المثال، لو كان المرء ذكرًا أو أبيض البشرة)، وتتفاوت وفق تشجيع المشاركين على التركيز على تعزيز النتائج الإيجابية أو منع النتائج السلبية.

الأهم من ذلك، أن تفسير الآثار الناجمة عن تهديد الصورة النمطية بحاجة إلى أن يُفسِّر السبب في عدم تعميم هذه التأثيرات بالقدر الذي توحي به القراءة السريعة لأعمال «سيان ل. بيلوك» وزملائها. لأن الواقع لا يفيد بالتأكيد بأن جميع أعضاء مجموعة ما يستسلمون لمخاطر التهديد.

على النقيض تمامًا، تقتصر التأثيرات على الأفراد الذين يُقيمون وزنًا للمجال محل الاستجواب، ويتمتعون بمستويات عالية من القدرات الأساسية (على سبيل المثال، أولئك الذين لديهم نظريًا ما يثير قلقهم بدرجة أقل). كي يقع الاختيار على النساء للمشاركة في الدراسة الأولى لـ«سيان ل. بيلوك» وزملائها المعنيات بالأداء في ميدان الرياضيات مثلًا، اضطررن لأداء تكليفات أساسية، وإنجازها بدقة تزيد نسبتها على 75٪، وكان عليهنَّ الموافقة على مقولتي «أنا بارعة في الرياضيات» و«من المهم بالنسبة لي أن أكون بارعة في الرياضيات». ما أهمية هذه الأمور؟

• الذات والهوية

من الإجابات على السؤال السابق: أنَّ تهديد الصورة النمطية ليس مشكلةً معرفية كبيرة في الأساس، بقدر ما هو مشكلة تتعلق بالذات والهوية. وأثبت عدد من الباحثين العاملين في مجال الصور النمطية هذه النقطة، بمن فيهم «كلود ستيل» و«جوشوا أرونسون». ونسْجًا على هذا المنوال، في مراجعةٍ بارزة حديثة للأبحاث في هذا

المجال، جادلا إلى جانب «ستيفن سبينسر» عالم النفس الاجتماعي في جامعة «ووترلو» في أونتاريو، بأن تهديد الصورة النمطية يمكن فهمه بوصفه ظاهرة ترتكز على هوية الفرد الاجتماعية. أي أن تأثير تهديد (ورفع) الصورة النمطية يحدث لأن الناس يلقون التشجيع من أجل التفكير بأنفسهم بلغة عُضويتهم في مجموعة محددة (آسيويون أو إناث؛ بيض البشرة أو ذكور).

وكما هو محدد في نظرية الهوية الاجتماعية التي خَلُص إليها «هنري تاجفيل» و«جون تيرنر» في جامعة «بريستول» في إنجلترا، عندما يُعَرِّف الناس أنفسهم بوصفهم أعضاء في مجموعة («نحن» بدلًا من «أنا»)، يتشكل السلوك من خلال المعايير النمطية التي تحدِّد عضوية جماعة الداخل في سياق معين. وهنا، يجد الناس الحافز في أنفسهم عمومًا للارتقاء بمصالح جماعتهم وتعزيزها، ورؤيتها بمنظور إيجابي. يميلون، على سبيل المثال، إلى الموافقة على الصور النمطية التي تقترح «أننا بارعون»، أكثر من موافقتهم على تلك التي تشير إلى «أننا فاشلون». ولكن، في ظل الظروف التي يوجد فيها إجماع واسع النطاق بخصوص المكانة المتدنية لجماعة الداخل، وتبدو فيها تلك المكانة مستقرة ومشروعة (أي لا جدال حولها)، غالبًا ما يقبل أعضاء تلك الجماعة دونية جماعتهم ويستوعبون الأبعاد المُحدِّدَة للمكانة («نحن فاشلون في الرياضيات...»)، ويسعون إلى تحقيق هوية إيجابية لجماعة الداخل في مجالات أخرى («...لكننا نبرع بالمهارات الخطابية، ونبرع في كوننا اجتماعيين، ونبرع في الموسيقى... إلخ»).

وبالتالي، حين يتعارض محتوى الهوية الاجتماعية البارزة مع دوافع المرء لإجادة عمل ما في مجال بعينه (يكون بارعًا في الرياضيات مثلًا)، سيعيش صراعًا نفسيًا متعلقًا بالهوية. هذا الصراع يميل إلى التداخل مع الأداء على النحو الذي كشفته دراسات تهديد الصورة النمطية. وكما أثبتت أبحاث «مارا كادينو» وغيرها، يخلق هذا الصراع توترًا ووعيًا بالذات وعدم ثقة بالنفس. خلاصة القول، يميل الناس إلى تحقيق أداء متدنٍ نسبيًا في المواقع التي يخالجهم فيها شعور متضارب حول الذات، وفيه يبدو شعورهم بهويتهم كأفراد (وما يَصْبون إلى أن تكون عليه تلك الهوية) متضاربة مع نظرة الآخرين لهم بوصفهم أعضاء في جماعة واحدة.

من ناحية أخرى، لو كان محتوى الهوية الاجتماعية البارزة متوافقًا مع طموحات المرء (ربما لأنها توحي بقدرةٍ فائقة)، سيؤدي هذا الظرف إلى تحفيز الفرد وتشجيعه، ومن ثم الارتقاء بأدائه على النحو الذي تقترحه دلائل رفع الصورة النمطية. نشعر بانسيابية الذات و«الاسترسال» عندما تُطابِق هويتنا الراهنة والهويات التي نصبو إليها في المستقبل بالكامل مع صورتنا كأعضاء في الجماعة، ومع ما يبدو علينا أننا أفراد منها.

• التغلب على الصور النمطية

أما السؤال الأخير فيتعلق بما إذا كانت ظاهرة تهديد (أو رفع) الصورة النمطية تعني أن الناس مقدر لهم دائمًا إعادة إنتاج القوالب النمطية والبنى الاجتماعية الموجودة. هل محكوم علينا حتمًا أن

نتصرف بطرق تعزز الصور النمطية القائمة عن التفوق والدونية؟ لا، على الإطلاق. حقيقة الأمر أن من بين الدروس التي نتعلمها من التنظير المتعلق بالهوية الاجتماعية هو أنه عندما تعترض طريق الأفراد معوقات تحول بينهم وبين الارتقاء بالذات المرتبط بالدونية الظاهرة لجماعة الداخل الخاصة بهم، يصبح بوسعهم التعامل مع تلك المعوقات بعدة طرق. وتؤثر ردود الفعل الاستراتيجية أكثر أو أقل، وتعيد إنتاج الوضع القائم بشكل أو بآخر.

تتمثل أولى الاستراتيجيات بتبني «الحراك الاجتماعي»، والتي تنطوي على أنشطة على مستوى الفرد تساعده على الحد من أثر المجموعة على الذات. والواقع أن هذا هو نوع الاستراتيجية الذي توصي به «بيلوك» وزملاؤها، إذ يشجعون المشاركين على الكد في العمل كي يتعلموا الحلول للمشكلات عن ظهر قَلْب، فلا يعوقهم تهديد الصورة النمطية. التقييد الذي يعيب هذا الحل هو أنه يحمي الفرد من خلال التحايل على المشكلة، لكنه في تلك الأثناء يترك المشكلة ذاتها بلا حل. وكما ذكر اثنان منا (هاسلم ورايشر) في مقالة نُشرت عام 2006 في مجلة «علم النفس التطبيقي»، فإن مثل هذه الأنشطة تحاول التكيف مع التوتر الناجم عن تهديدات الذات عبر استراتيجية التجنب الشخصي. هذا النهج ربما كان متقدمًا من الناحية المعرفية، لكنه ساذج من الناحية السياسية.

أما الاستراتيجية الثانية فهي استراتيجية «الإبداع الاجتماعي» التي تستحضر صورًا نمطية مختلفة لجماعة الداخل تزيح بدورها أثر

الانتماء إلى جماعة مُهمَّشة. وتاريخيًا، مال الباحثون وعامة الناس على حد سواء للنظر إلى الصور النمطية باعتبارها تمثيلات ثابتة وغير متغيرة للجماعات الاجتماعية العصيَّة على التغيير. ولكن، حقيقة الأمر أن مجمل الأدلة الزاخرة التي راجعتها «بينيلوبي أوكس» ورفاقها من الباحثين في منتصف التسعينيات، في مجال الهوية الاجتماعية في جامعة «أستراليا» الوطنية، تقترح أن الصور النمطية -لذواتنا وللآخرين- مرِنة أصلًا.

على سبيل المثال، اتضح أن الدرجة التي ينظُر بها طلاب علم النفس لأنفسهم باعتبارهم «علميين» أو «فنيين» تتفاوت تفاوتًا شاسعًا، إذا كانوا يقارنون أنفسهم بطلاب مادة الفيزياء. وعند مقارنتهم بطلاب الفيزياء، ينزعون أكثر إلى وضع أنفسهم في قالب نمطي فني، ولكن مقارنةً بالعاملين في ميدان المسرح، نراهم أكثر ميلًا إلى قولبة أنفسهم في قالب علمي. يُفترض أن يستشعر طلاب علم النفس بتهديد الصورة النمطية إذا طُلب إليهم أداء مهمة علمية مقارنةً بعلماء الفيزياء أو مهمة فنية عند مقارنتهم بالفنانين، لكن من المفترض أن يستشعروا برفع الصورة النمطية إذا طُلب إليهم أداء مهمة فنية عند مقارنتهم بالفيزيائيين، أو مهمة علمية عند مقارنتهم بالفنانين.

لذلك يكون القادة وغيرهم من عناصر التغيير قادرين على تعزيز التغييرات الطارئة على الصور النمطية لجماعة الداخل من خلال تعديل أبعاد المقارنة، والإطار المرجعي المُقارن، أو معنى صفات بعينها. لكن، هناك طريقة ما زالت استراتيجيات الإبداع الاجتماعي

هذه تعمل بموجبها في إطار إجماعٍ سائد، بدلًا من أن تُقْدِم على أي عمل من شأنه تغيير سمات العالم الاجتماعي مباشرةً، تلك السمات التي تتسبب في وصم الجماعة والإضرار بها. في هذا الصدد، يمكن النظر إليها رغم ذلك بوصفها استراتيجيات إنكار التهديد لا التخلص من التهديد.

ويتمثل البديل الثالث في تأييد المعارضة الجماعية للوضع الراهن، عبر استراتيجية المنافسة الاجتماعية التي تنطوي على المشاركة في المقاومة النشطة. وهنا يتعاون أفراد الجماعة معًا بغية تحدي شرعية الظروف (والصور النمطية المرتبطة بها) التي تُحدِّدهم على أنهم أقل شأنًا، في محاولةٍ لتغيير العالم الذي يقهرهم ويضطهدهم بدلًا من تغيير ردود فعلهم تجاه العالم الموجود. هم يعملون على التصدي للصور النمطية التي تعتبر أدوات لقمعهم، ولكن من خلال صورٍ نمطية أخرى تُعدُّ أدوات للتحرر لهم. أنجز هذه الاستراتيجية تحديدًا ناشطون من أمثال «ستيف بيكو» و«إميلين بانكيرست» عبر حركتي وعي السود والنسوية على الترتيب. فقد تحديا شرعية المقارنات والصور النمطية التي وصفت جماعاتهما بالدونية، وأحلَّا محلها تعبيرات عن الفخر الجماعي. وكانا (بحسب وصف أحد مؤيدي بانكيرست) «مكرسان لإعادة تشكيل العالم». وكلما استدعى خصومهما صورًا نمطية ضد الجماعتين، تضاعف عملهما بشكل جمعي للتصدي لتلك الصور النمطية ومناقضتها، ومع إصرارهما على الكشف بأن شرعية تلك الصور ليست سوى كذبه.

ولنقتبس من الدليل الذي ساقه «ستيف بيكو» في محاكمته في جنوب إفريقيا عام 1976 عبر مقالته: «المبدأ الأساسي لوعي السود، هو أن على الأسود أن ينبذ كل أنظمة القيم التي تسعى إلى جعله غريبًا في بلده الذي وُلِدَ فيه، والتي تُحقِّر أسس كرامته الإنسانية».

يعتمد استقرار رأي الأفراد على اتباع أي من تلك الاستراتيجيات الثلاث، بحسب نظرية الهوية الاجتماعية، على مجموعة من العوامل الهيكلية والسياسية والمعرفية والنفسية أيضًا. وبصفة خاصة، إن سعي الناس من عدمه إلى تغيير عالم يفتقر إلى المساواة بدلًا من التكيف معه، يعوِّل في جزء منه على ما إذا كانوا معرضين لنُظُم معتقدات التغيير الاجتماعي التي تجذب خيالهم وتعبِّر عن البدائل الإدراكية للعقيدة السائدة. في هذا الصدد، إن أهمية الطرق الراسخة لقياس أوجه الاختلاف بين الجماعات (الأشكال المتعددة للقدرة على سبيل المثال) تُستخلص من قدرتها على الحد من إمكانيات الناس على تصور تلك البدائل، من خلال عرض البيانات بوصفها «حقيقة» موضوعية وغير قابلة للجدل أو النقاش. أي أنها لا تقيس فارقًا «حقيقيًا» بقدر ما تُسهم في جعل أوجه الاختلاف الخاضعة للقياس «حقيقية». وفي هذا الصدد أيضًا، وُجِد أن النجاح الذي حققه قادة الحركات التحررية عادة نابع من قدرتهم على خلق الإحساس بالهوية الاجتماعية المشتركة، التي تستند إلى التحديات في مواجهة الصور النمطية والأشكال المتوارثة للفهم التي تصف جماعتهم بالدونية.

بالطبع، إن المقاومة لا تُكلل دومًا بالنجاح؛ مع ذلك، نادرًا ما تكون عقيمةً بالكامل أيضًا. والواقع أن التاريخ يعلِّمنا أن التغيير جزء من الواقع الاجتماعي بقدر ما يمثل الاستقرار جزءًا منه. وعندما نملك زمام الصور النمطية، يمكن أن تكون تلك الصور أساسية لحشد الجماعة لتحقيق النجاح، بقدر ما يمكن أن تُستغل كقوى للردع والإفشال لو ملك زمامها الآخرون.

تقدم لنا الأعمال البحثية التي تتناول تهديد الصورة النمطية درسيْن مستفاديْن أساسيين. أولهما أن نحذر من المساواة بين الأداء والقدرة، لا سيما عند التعامل مع أوجه الاختلاف بين الجماعات، وأن نفهم القوة التي تمارسها توقعات الآخرين على ما نقوم به من أفعال. وثانيهما أن ندرك أنه ليس من المقدر لنا أن نكون ضحايا الصور النمطية الجائرة، ولكن بوسعنا أن نستخدم الصور النمطية كأدوات لتحرير أنفسنا. وخلاصة القول، إن هويتنا التي نظنها لأنفسنا تُحدِّد كيفية أدائنا، وما يمكن أن نصبح عليه.

التعامل مع التوتر: ثلاث استراتيجيات

من الممكن أن تكون عضوية المرء في مجموعة متدنية المكانة تهديدًا لاحترام المرء لذاته، ومصدرًا لتوتره وقلقه. فكيف يتعامل الناس مع هذا الوضع؟ بحسب نظرية الهوية الاجتماعية، تعتمد الإجابة على التفاعل بين عوامل نفسية اجتماعية وبنيوية اجتماعية. وتحديدًا، إن الاستعداد للانخراط في منافسة اجتماعية

مع مجموعة ذات مكانة عالية ومقاومة التوتر معًا، يعتمد على الوصول إلى بدائل معرفية تشير إلى عدم شرعية الظروف الراهنة وتقلُّبها، وتَصَوُّر الطرق التي يمكن في سياقها تحسين هذه الظروف غير المواتية.

(س. ألكسندر هاسلم وجيسيكا سالفاتور
وتوماس كيسلر وستيفن ديفيد رايشر)

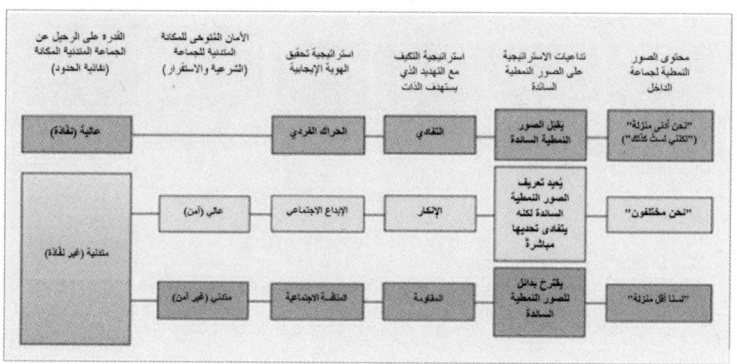

من نظن أنفسنا؟

يصور طلاب علم النفس أنفسهم كمجموعة نمطية اعتمادًا على المجموعة التي يقارنون أنفسهم بها. عندما يقارن طلاب علم النفس أنفسهم بطلاب الفيزياء مثلًا، على الأرجح أن يصفوا أنفسهم بالفنيين أكثر مما لو قارنوا أنفسهم بطلاب الفن المسرحي. لكن، في الحالة الأولى، نرى من المستبعد بقدر أكبر أن يصفوا أنفسهم بالعلماء. وتشير هذه النتائج إلى مرونة الصور النمطية الذاتية، وكذلك إلى

الدوافع العامة التي تَسوق المرء إلى التفكير بمجموعته التي ينتمي إليها بشكل إيجابي.

(س. ألكسندر هاسلم وجيسيكا سالفاتور وتوماس كيسلر وستيفن ديفيد رايشر)

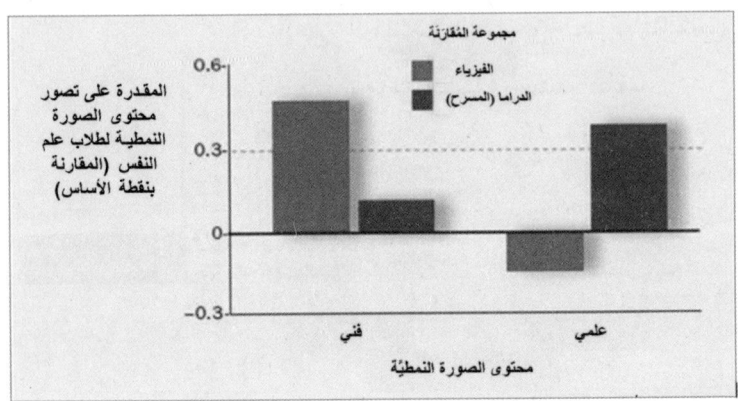

-نُشرت هذه المقالة للمرة الأولى في مجلة «ساينتفيك أميريكان مايند» العدد 19 (الطبعة الثانية) في 31-24 أبريل/ مايو 2008.

علم نجاح الفريق

بقلم: ستيف دابليو. جي. كوسلويسكي ودانيال ر. إلجين

«هيوستن، لدينا مشكلة»... بهذه الكلمات الشهيرة جرى الإعلان عن وقوع أزمة على متن مركبة الفضاء الأمريكية «أبولو 13». في منتصف طريق بعثة «أبولو» إلى القمر، انفجر أحد خزانات الأوكسجين في المركبة، ما عرَّض حياة الطاقم لخطر جسيم. وتشكَّل فريق من المهندسين من وكالة «ناسا» لأبحاث الفضاء على وجه السرعة، وكانت مهمة الفريق ابتكار وسيلة تتيح لطاقم المركبة الصمود، وقيادة مركبتهم التالفة عائدين إلى الأرض. نجحت جهود المهندسين، وحوَّلوا الكارثة المحتملة إلى أسطورة للعمل الجماعي الفعال.

إن التاريخ البشري هو إلى حد كبير قصة أناس تتضافر جهودهم في جماعات غايتها الاستكشاف والإنجاز والانتصار، وفي عالمنا الحديث يزداد دور فِرق العمل نموًا وتطورًا، مدفوعًا بالعولمة وعاملِ تكنولوجيا الاتصالات التمكيني. ولكن فِرق العمل لا تؤدي دور البطل دائمًا. فقد تورطت الفرق في العديد من الكوارث السياسية والعسكرية، بما في ذلك الاستجابة المتلكئة للحكومة الأمريكية حيال إعصار «كاترينا»، والإخفاق في الحيلولة دون حدوث مأساة

هجمات 11 سبتمبر، وانفجار مكوك الفضاء «كولومبيا» التابع لوكالة «ناسا» لأبحاث الفضاء.

وبالنظر إلى مركزيَّة فِرق العمل، فمن المدهش نوعًا ما مدى تركيز منظور مجتمعنا على الفرد. إننا نُعلِّم أطفالنا فُرادى، ونوظِّف الموظفين وندربهم ونُجازيهم كأفراد. ومع ذلك، لدينا إيمان كبير بأن الأفراد الذين يُزَج بهم داخل فريق شُكِّل دون تفكير مدروس في توليفته وتدريبه وتطويره وقيادته، سيكونون فعالين وناجحين. لكن العِلم يشير إلى عكس ذلك تمامًا.

لقد راجعنا أخيرًا جُل الأبحاث التي أنجزت خلال الأعوام الخمسين الماضية وتناولت فِرق العمل، وحدَّدنا العوامل التي تُميِّز أفضل أمثلة التعاون والتآزر. واتضح أن ما يفكر به أعضاء الفريق وما يشعرون به ويفعلونه، يقدم تنبؤات قوية بنجاحهم، وتوحي تلك العوامل بطرق تصميم فرق العمل وتدريبها وقيادتها بغية مساعدتها على العمل بصورة أفضل من ذي قبل.

لسوء الحظ، مع أن المجتمع يُقِيم وزنًا عظيًما للعمل الجماعي، إلا أن الطريقة التي تستغل بها المؤسسات فِرق العمل غالبًا ما تتعارض مع الأدلة المعروفة عما يُجدي نفعًا، وتتضارب مع المنطق السوي أيضًا. على سبيل المثال، يبدو واضحًا أن فِرق العمل بحاجة إلى موارد كافية لتمكين أعضائها من تحقيق أهدافهم؛ ومع ذلك، ففي عصر الاقتطاعات وخفض النفقات الذي نعيشه، على المرء أن يشكك في حكمة كثير من المديرين الذين يؤمنون بأنه في الإمكان دائمًا إنجاز المزيد بأقل الموارد.

لننظر أيضًا إلى أن المؤسسات عادةً ما تُجازي الناس بالرواتب والعلاوات والترقيات بناءً على أداء الفرد لا أداء الفرق. وغالبًا ما تكبح هذه المكافآت استعداد الأفراد ورغبتهم بالعمل معًا ومساعدة بعضهم بعضًا، حتى لو كان نجاح الفريق يعتمد على ذلك. هذا النجاح يتطلب توازنًا دقيقًا بين الوفاء بأهداف الفريق وبأهداف أفراده أيضًا. وتُساهم الأبحاث المعنية بتحديد الأهداف والتعاون والمنافسة والصراع والتفاوض، في فهم أفضل لكيفية بقاء الناس ضمن فِرَق العمل وتعاونهم معًا.

حقيقة الأمر، أن السؤال المحوري الذي ينبغي طرحه قبل أن نُشكِّل فريقًا هو ما إذا كنت بحاجة أصلًا إلى فريق عمل. تدرك بعض الشركات أهمية فِرَق العمل، وتُبادر بسرعة إلى إعادة هيكلة كل مهمة بجعلها مسؤولية الجماعة، حتى لو كانت تلك المهمة مسألة يمكن أن ينجزها فرد واحد مستقل بسهولة ويسر. والنتيجة أن فريق عمل قد يعرقل الأداء بدلًا من أن يحسنه على الأرجح. وهناك سؤال آخر: ما طبيعة البنية المطلوبة للفريق؟ تتمثل مهمة بعض الفرق بأن يعمل الموظفون فيها باستقلالية كأفراد لفترات طويلة من الوقت، ويتشاورون بين الفينة والأخرى في ما بينهم بشأن النتائج وجمعها، كما في حالة فريق مندوبي المبيعات الذي يعمل في مناطق جغرافية متباينة. وتتطلب فرق أخرى، كفِرق الجراحة، درجةً عالية ومستمرة من التنسيق.

إن المهمة التي يُكلَّف بها الفريق تحدد الركيزة الأساسية للأنشطة، ومدى براعة أعضاء الفريق في استكمال واجباتهم ذات

الصلة تحدِّد كفاءة الفريق أيضًا. لذلك التفتت دراسات فرق العمل إلى نهج معروف باسم علم النفس التنظيمي الذي يركز على المهمة باعتبارها محورية وأساسية لفهم ديناميكيات العمل الجماعي وأداء الفريق، (في المقابل، يُركِّز منظور علم النفس الاجتماعي التقليدي بقدرٍ أكبر على التفاعلات بين الأقران، ويأتي العمل في سياق تلك التفاعلات). وكما ذكرنا آنفًا، تحدد المهمة الحد الأدنى من المتطلبات لمجموعة الموارد -مجموعة المعارف والمهارات والقدرات وغير ذلك من المواصفات (الشخصية والقيم)- المتاحة عبر أعضاء الفريق.

• العقل الجماعي

من بين أهم العناصر التي يضيفها الفريق إلى مهمة ما هي أفكار أعضائه، والمعلومات ذات الصلة التي تجول بخاطرهم وتدور في رؤوسهم. من الممكن أن تتضمن هذه المعرفة التمكن من الأدوات التي يستخدمونها، وفهم المهمة التي بين أيديهم وأهدافها، ومتطلبات الأداء ومشكلاته. ويجوز أن تكون بعض المعارف مشتركةً بين جميع العاملين، بينما يمكن أن يتمتع أفراد بعينهم بمهاراتٍ أو معارف تخصصية. إن القدرة على الوصول إلى هذه الخبرة المُوزَّعة واستغلالها بكفاءة واحدة من خواص الفرق الناجحة.

لقد أثبتت تجربة أجراها عام 1995 كل من عالمة النفس «ديان وي ليانغ» وكانت تعمل آنذاك في جامعة «مينيسوتا»، وعالم النفس

«ريتشارد إل. مورلاند» من جامعة «بيتسبرغ» و«ليندا أرغوتي» أستاذة السلوك التنظيمي ونظريته في جامعة «كارنيغي ميلون»، البراعة في كيفية استفادة أعضاء الفريق من معرفتهم الجمعيَّة حين يتعلمون معًا. فقد درب هؤلاء الباحثون طلاب الجامعة على تجميع أجهزة الترانزيستور إما فرادى وإما في مجموعات قوام الواحدة منها ثلاثة أشخاص. وبعد أسبوع واحد، خضع المشاركون في التجربة للاختبار إما بصحبة مجموعتهم الأصلية، أو في مجموعات مُشكّلة حديثًا من الذين تلقوا تدريبًا منفردًا. استرجع أعضاء المجموعات الذين تدربوا معًا تفاصيل أكثر، وبنوا أجهزة ترانزيستور أعلى جودةً، وأبدوا ثقةً أكبر في خبرة زملائهم من أعضاء الفريق. وظهر لدى الذين التحقوا بمجموعة مُكوَّنَة حديثًا احتمالًا أقل بأن يتمتعوا بمزيج المهارات الذي يكفل لهم استكمال المهمة بكفاءة، وكانوا يعرفون معلومات أقل عن نقاط القوة لدى بعضهم بعضًا.

درست «ليندا أرغوتي» مع مجموعة مختلفة من المتعاونين، أثر تناوب الأفراد على أداء مهمة أخرى، ألا وهي تشكيل الطيور بواسطة فن طي الورق (الأوريغامي). مرة أخرى، تدربت مجموعات قوام الواحدة منها ثلاثة أشخاص معًا، ومُنحوا سِت فترات زمنية لصنع أكبر عدد ممكن من المنتجات الورقية. أنتجت المجموعات التي يتعاقب عليها الأفراد عدد أقل بكثير من إبداعات طي الورق من المجموعات التي ظلَّ أفرادها ثابتين بلا تغيير، ما يوحي بأن جوانب من المعرفة الجماعية فُقِدت عندما حلَّ أفراد محل آخرين.

وفي تحول مثير، اكتشف خبير السلوك التنظيمي «كايل لويس» من كلية «ماكومبس» لإدارة الأعمال في جامعة «تكساس» في أوستن، أن تطور قدرة الفريق على الوصول إلى المعرفة الموَزَّعة تطلب تفاعلًا مباشرًا وجهًا لوجه. وفي ما خص الجماعات التي تواصلت حصرًا عن طريق الهاتف أو البريد الإلكتروني، لم تتجلَ هذه المهارة، وهي ملاحظة ذات أهمية متزايدة، إذا نظرنا إلى صعود نجم الفِرق التي تعمل عن بُعد وتنسق أعمالها أحيانًا عبر التفاعلات الحاسوبية فقط. وينبغي أن يحث هذا الكشف على بذل جهود متضافرة لفهم أسباب مثل تلك المعوقات، واستكشاف ما إذا كانت كاميرات الويب أو الاجتماعات المرئية أو غير ذلك من التقنيات التي تسمح للناس بالتواصل، ستساعد على حل هذه المشكلة. في الوقت الراهن، ربما كان الحل الأمثل ضمان بعض الوقت للتفاعل وجهًا لوجه لأعضاء الفريق طوال فترة مشروعهم.

وبعيدًا عن استيعاب التفاصيل العملية لأي مشروع بعينه، هناك تأثير معرفي آخر على فعالية الفريق يتمثل في نشأة هدف شامل أو مهمة استراتيجية للجماعة، ويدعوه علماء النفس «مناخ العمل الجماعي». إذ إن الأثر القوي لمناخ العمل الجماعي على العمل الواقعي للفِرق مُثبت وراسخ. على سبيل المثال، أثبتت إحدى مجموعاتنا (مجموعة «كوزلوفسكي») أن الشركات العاملة في مجال التقنية المتقدمة التي اتفق مهندسوها على الغاية المتمثلة بمواكبة الأحداث على الصعيد التقني أظهرت أداءً أفضل، وكان العدد الأكبر من الموظفين في المجموعة يسعون إلى تحصيل التعليم المستمر، وأبدوا سلوكيات عمل إيجابية.

وأثبتت دراسات كثيرة طاولت العديد من مجالات العمل أن الفريق عندما يستوعب بيانات المهمة المكلف بها والتي تُقِيم وزنًا لخدمة العملاء، فإن هذه السمة تتنبأ برضا العملاء. وبالمثل، حين يتفق الفريق على أن الهدف هو الأمان، تكون النتيجة بإبداء سلوكيات أكثر وعيًا بعنصر الأمان من جانب أعضاء الفريق، مع تراجع معدل الحوادث.

• روابط مُحكمة

تنكشف الأجواء في الجماعات ذات الأواصر القوية بين أعضائها. على سبيل المثال، يميل أعضاء الفريق الذين يتمتعون بعلاقة طيبة مع قائدهم إلى مشاركة تصوراتهم مع رئيسهم وزملاء عملهم. والفِرَق التي تنخرط في تفاعلات اجتماعية متواترة غير رسمية تبدي أيضًا إجماعًا أكبر حول أجواء العمل، مما تُبديه الفِرق التي لا تنخرط في تلك التفاعلات.

إن جزءًا من الروابط المحكمة التي تنشأ بين الأفراد ورؤسائهم أو بين بعضهم بعضًا مصدرها عاطفي. ورغم أن فهمنا لكيفية تأثير الحالة العاطفية على أداء الفريق يكون على درجة أقل من استيعابنا للمؤثرات المعرفية، لكن من الواضح أن مشاعر الفِرَق يمكن أن تسبب التراجع في الأداء إلى أدنى مستوياته أو تعززه أو تُعقِّده. على سبيل المثال، يمكن أن يحد السلوك الإيجابي المشترك من عدد حالات الغياب في فرق العمل، ويقلص احتمال مغادرة الأشخاص للمجموعة.

وهناك مؤشرات على أن الحالة المزاجية الجيدة لا تفضي دومًا إلى نتائج طيبة. على سبيل المثال، طلب عالم النفس الاجتماعي «جوزيف بول فورغاس» من جامعة «نيوساوث ويلز» في أستراليا من فِرَق العمل إجراء مناقشات بعد أن شاهدوا مقاطع فيديو مُبهجة وأخرى تعسة، واكتشف أن الانقسامات كان عددها أكبر في الفِرَق التي مُنحت حافزًا مسبقًا «يبعث على شعور بالسعادة».

يبدو أن أعضاء الفِرَق يميلون إلى تغيير أمزجتهم بتناغم أيضًا. فقد حثَّ عالم النفس الاجتماعي «بيتر توترديل» من جامعة «شيفيلد» في إنجلترا وزملاؤه الممرضات على تدوين الملاحظات عن حالاتهن المزاجية في العمل يوميًا، وعلى مدار فترة زمنية استمرت ثلاثة أسابيع. واكتشفوا أن مزاج أعضاء المجموعات المختلفة كان تغيره متماثلًا بمرور الوقت. وقاس «توترديل» تقاربًا مماثلًا في أمزجة فِرَق المحاسبين ولاعبي «الكريكيت».

إن حقيقة أن المشاعر تتحرك بهذه الطريقة المتزامنة أدَّت إلى مفهوم عدوى المشاعر، وهي فكرة أن المشاعر داخل فِرَق العمل تُنقل من الفرد إلى الآخرين المقربين منه. وفي دراسة مختبرية مضبوطة بإحكام، فحصت أستاذة علم الإدارة «سيغال بارساد» من كلية «وارتون» في جامعة «بنسلفانيا» أثر عدوى المشاعر على منهج الفريق وأدائه. وانطوى بحثها على توظيف طالب من طلاب المسرح ودربته «بارساد» على المشاركة في بحثها عبر الادعاء بأن مزاجه سعيد ومتفائل حينًا، أو متشائم وغير مبهج حينًا آخر. واكتشفت أن سلوك

ذاك الشخص أدَّى بالفعل إلى تغيير المشاعر على مستوى المجموعة، سواء كان تأثيره إيجابيًا أم سلبيًا. ومع أن الدراسة العلمية لكيفية تأثير المزاج على أداء الفرد والفريق ككل ما زالت في مهدها، يَعِد هذا الجانب من الأبحاث بأن يتمخض عن رؤى ثاقبة بالغة الأهمية.

• يُجدي مع الآخرين تمامًا

أخيرًا، مهما كانت طبيعة المهمة المطلوبة، فإن الطريقة التي يؤدي بها الناس عملهم أو ينجزونه كفريق عمل متكامل تُحْدِث أثرًا عميقًا. ويبدو أن العناصر الهامة هنا هي المهارات الجماعية العامة، غير المميزة لمهمة بعينها. ترتكز بعض الأبحاث في هذا الجانب على السلوكيات السيئة التي تُقوِّض أداء الفريق وروحه، من خلال تعاطيها مع «المنتفعين بالمجان»، مثل الذين يعولون على أعضاء الفريق الآخرين لينجزوا عملهم نيابةً عنهم، ويسهمون بأقل من نصيبهم العادل. هذا اللون من السلوك المُزعزع يمكن الحد منه من خلال المطالبة بأن تكون الإسهامات واضحة، وأن يكون أفراد الفريق عُرضة للمساءلة.

وهناك طرق إيجابية أخرى تتبعها أفضل الفِرَق فتكسبها ميزةً: يكون الأفراد على دراية بأداء بعضهم بعضًا، ويقدمون تغطية احتياطية لأعضاء الفريق، ويحددون الأهداف، ويُنسِّقون أفعالهم، ويتواصلون بكفاءة وفاعلية، ويصنعون القرارات، ويُسوون النزاعات، ويتكيفون مع الظروف ومع الأفكار الجديدة. وثمة نقطة محورية مفادها أن

عملية التعلم هذه يمكن أن تكون عملية دينامية تساعد على تشكيل الفريق والارتقاء به بمرور الوقت، ويستطيع قادة الفِرَق أن يؤدوا دورًا محوريًا. على سبيل المثال، يستطيع القائد أن يساعد في تحديد أهداف تعلم الفريق بما يتفق مع قدراته الراهنة. وأثناء العمل، يراقب القائد أداء الفريق (ويتدخل عند الحاجة). وعند انسحاب الفريق من الفعل، يُشخِّص القائد أوجه قصور الأداء، ويوجِّه ملاحظاته العملية. تتكرر هذه العملية، ويزداد تعقيد أهداف التعلم بصورة تراكمية، في الوقت الذي تتراكم خلاله مهارات الفريق وتتطور. هذا اللون من متوالية تقييم الأداء أثبت أنه يرتقي بشكل موثوق بتفكير الفريق وأدائه.

وكشفت الأبحاث المُستقاة من مجموعة «كوزلوفسكي» عن مقايضة في نوع التقييمات المُقدَّمة والأداء الناتج. فالتعقيبات المُوجَّهة إلى الأفراد تتمخض عن أداء فردي أعلى على حساب أداء الفريق؛ وتقييم أداء الفريق يتمخض عن أداء جماعي أفضل على حساب أداء الفرد. وإذا توفر النوعان من تقييمات الأداء، سيستحيل تعظيم النوعين معًا. وتشير هذه النتائج إلى أن مصممي الفرق عليهم أن ينتبهوا تحديدًا لما يريدون إبرازه لأعضاء الفريق، وينبغي لهم تصميم نُظم الأهداف ونظم تقييم الأداء الداعمة وفقًا لذلك. قد تقتضي الحاجة أن تكون تلك النظم قابلة للتكيف، فيصار إلى ضبط التوازن وفقًا للاحتياجات الراهنة.

أما السبب وراء إعطاء الأهمية البالغة لتحقيق المستوى السليم من تقييم الأداء، فيعود إلى أن الفِرَق تتعلم بصورة أفضل أثناء العمل. في بعض الحالات، ولا سيما في الجيش وفي سلاح الطيران، يمكن

استكمال التدريب أثناء الخدمة بعمليات محاكاة مُعقَّدَة وواقعية لمهام قتالية أو لعمليات إقلاع وهبوط. وبدأ نهج التدريب الافتراضي هذا يفرض تطبيقاته في مجالات أخرى مثل الطب، مع أن المكان الأمثل لتطوير مهارات الفريق في أغلب الحالات هو الوظيفة نفسها. بناء على ذلك، اتضح أن كفاءة الفريق العامة تتطور من خلال التدريب النظري الذي يُحْدِث فارقًا كبيرًا، ربما لأن تلك المهارات عامة ولا ترتبط بوظيفة محددة. مع ذلك جرى تطوير برامج على مستوى الكُليَّات طوال فترة الفصل الدراسي تحسن بشدة معرفة الطلاب بالكفاءات العامة المتعلقة بالعمل الجماعي. وأثبتت أبحاث مُشجعة لأحد أعضاء فريقنا (يُدعى «إلجين») أن المعرفة بكفاءات الفريق يمكن أن تتحسن إلى حد كبير بالتدريب الفردي لمدة 30 دقيقة فقط لا غير.

• فرص ضائعة

مع أنه بالإمكان تدريس هذه المهارات، فمن النادر ما يتم تدريسها، ولا يُتاح إلا القليل من التجارب الرسمية التي تنقل الخبرات العملية الجماعية للفريق والقيادة. ولو قُدِّمت مثل هذه المناهج بالمطلق، ستميل إلى أن تأتي متأخرة جدًا في العملية التعليمية -في المناهج الجامعية أو في البرامج المهنية كما في كليات الأعمال على سبيل المثال- وعادةً ما تكون تلك المناهج مُوَجَّهَة نحو نقل المعرفة الواقعية بدلًا من بناء المهارات. لقد جمعنا عينةً من برامج ماجستير إدارة الأعمال ذائعة الصيت، واكتشفنا أن أقل من نصفها أدْرج منهجًا مخصصًا في المقام الأول للقيادة أو للفِرَق.

علاوة على ذلك، رغم أنه من الشائع أن يُضمِّن المعلمون من المدارس الابتدائية حتى الجامعة مناهجهم مهام منظمة تتعلق بفكرة المشروعات الجماعية، والتي يعرض خلالها الطلاب سلوكيات العمل الجماعي والقيادة، لكن عادةً ما يكون التركيز على ناتج الجماعة -تقرير جماعي مثلًا- دونما اهتمام، أو في ظل اهتمام محدود بتوجيه طبيعة عمل الفريق وفاعليته.

لو دُرِّس العمل الجماعي إلى جانب القراءة والكتابة والرياضيات، ولو كانت هذه المهارات موجودة في كل مكان، لكانت هناك منافع عظيمة تعود على الطلاب والمجتمع على حد سواء. لكن، في الوقت الراهن، لا تسلَّط الأضواء على أهمية العمل الجماعي غالبًا، إلا بعد نصرٍ عظيم أو مأساة كبرى. من المفارقة أن تلك المناسبات تُركِّز إلى حد كبير على تمييز أفراد محددين لمُجازاتهم أو لإلقاء اللائمة عليهم، بحسب مقتضى الحال. ومع وجود آلاف الدراسات حرفيًّا، والتي تثبت أنه يمكن إنجاز الكثير لتصميم الفرق على نحو لائق، وضمان إنجازها لمهامها بكفاءة، وكفالة تحسنها بمرور الوقت، لكن نادرًا ما يتحول السؤال إلى كيفية استنساخ الإنجازات والنجاحات أو تفادي المشكلات في المرات التالية. نعتقد أن الأمر يتعلق بمسألة تطبيق العلم لا أكثر.

-نُشرت المقالة الأصلية في مجلة «ساينتفيك أميركان مايند»، العدد 18 (الطبعة الثالثة)، يونيو/ يوليو 2007.

القسم الخامس

التوازن بين العمل والحياة

التواصل المتسلل: العمل والحياة في عالم فائق الترابط

بقلم: كريستيل ديكوستا

إنها العاشرة والنصف من مساء ليل الأحد. كنتُ قد فرغت من طي ملابسنا، وبدأت بتشغيل غسالة الأطباق. وكما في غالبية أيام الآحاد، أنهينا أنا و«س» للتو مشاهدة مسلسل «الموتى الأحياء». ورغم أن تركيزه كان منصبًا تمامًا على أزمة الشخصيات، فقد قمت بما أفعله عادةً: أصغيت بدون تركيز بالغ، وتفقدت رسائل بريدي الإلكتروني في الوقت نفسه، وراجعت جدول اجتماعاتي ليوم الاثنين.

بدأت فكرة يوم العمل الموحد تترسخ خلال الثورة الصناعية الأمريكية، عندما ابتعد المزيد من الناس عن أعمال الزراعة، وتطلعوا إلى المصانع بحثًا عن وظائف فيها. ومع أننا نشكو من «طول» يوم عملنا في عصرنا الحالي، إلا أن دوام عُمال المصانع الأوائل كان يمتد ما بين 10 إلى 16 ساعة يوميًا لستة أيام في الأسبوع. ورسخت هذه الممارسة في أوائل القرن العشرين، وسط تباين طول أيام العمل من صناعةٍ إلى أخرى، وكان رب العمل هو الذي يحدد عدد ساعات الدوام، إلى أن فازت الجماعات النقابية المختلفة بمفاوضاتها مع أرباب العمل، وتحدد

العمل بثماني ساعات في اليوم. ساعدت الأوضاع المؤسفة للدولة خلال فترة الكساد العظيم جهود العمال والنقابات: في عام 1933، في سياق الجهود لدفع عجلة الاقتصاد، سعى «فرانكلين روزفلت» إلى تنظيم الصناعة، وسَنّ قانون الانتعاش الصناعي الوطني. ولمَّا آمن بأن المنافسة غير المقيدة ساعدت على خلق الظروف التي أفضت إلى الكساد العظيم، سعى روزفلت إلى تخفيف الضوابط واللوائح، وإلى دعم المجموعات التجارية وحقوق العُمال (ساعات عمل أقل وظروف عمل أفضل وحد أدنى للأجور... إلخ). لقد آمن أن هذه البنود ستساعد على إنقاذ الدولة من السقوط في الهاوية، الذي هدد باستمرار انزلاق الاقتصاد إلى أجل غير مسمى، إذا تركت الأمور دون ضوابط.

صارت ساعات العمل الأربعين الموزعة على خمسة أيام -بتوقيت محدد لبدء العمل وانتهائه- هي المعيار المعمول به، ونظَّمنا حياتنا وفقًا له. لسنوات عديدة، استيقظ ملايين الأمريكيين كل صباح، وانطلقوا إلى أماكن عملهم لمدة ثمانٍ أو تسع ساعات، ثم عادوا أدراجهم إلى بيوتهم. وشغلت أنشطة العمل مجالًا منفصلًا كما هو واضح عن الأنشطة المنزلية والترفيهية. ولكن، في السنوات الأخيرة، تباينت القوة العاملة واحتياجاتها:

- زاد عدد النساء في القوة العاملة.
- زاد عدد الآباء العزاب والأمهات العزباوات وأصحاب الدخل المزدوج في القوة العاملة.
- زاد عدد الأمريكيين الذين يتعهدون برعاية الأكبر سنًا.

ومع بدء التداخل بين العمل والمنزل، تزايدت الحاجة لاعتماد شيء من المرونة، ما بدَّل معيار يوم العمل الممتد إلى ثماني ساعات. فلم يعد الناس بحاجة إلى الذهاب إلى مكاتبهم، وصار بوسعهم العمل من المنزل، أو أثناء الإجازة أو في الفترات الفاصلة بين اجتماعات الآباء والمعلمين، أو خلال الفترات الفاصلة بين المسرحيات المدرسية. وعُدَّت التكنولوجيا بالطبع وسيلة لتلبية هذه الحاجة. ومع إمكانية الوصول إلى البريد الإلكتروني أثناء التنقل، وتيسير وسيلة تلقي المكالمات المرئية ومشاركة المستندات، أتاحت رفاهية «العمل من المنزل» للعاملين بإدارة أوقاتهم على نحو أفضل، وفق شروطهم الخاصة إلى درجة معينة.

هذه الحرية كانت بالغة الأهمية بالنسبة لأبناء جيل الألفية، الذين يعيشون ذروة التحول الثقافي في ما يتعلق بالإبداع. فلم تُتح لهم فرص أكثر من قبل قط، كتلك التي نراها الآن، للسعي وراء أهداف إبداعية والتعاون مع طيف متنوع من الناس. وبين أدوات البحث الإلكترونية والبرمجيات ومنصات شبكات التواصل الاجتماعي، أضحت المساعي الإبداعية دعامة أساسية لهوياتنا وليست مجرد اهتمام ثانوي. وتُشجِّع اتفاقيات العمل المَرِنة ممارسة تلك الأنشطة، إذ تتيح للأفراد السبيل للعمل من أي مكان، ما يسمح لهم نظريًا بالتوفيق بصورة أفضل بين المتابعات والاحتياجات الشخصية، أثناء أداء المهام المرتبطة بأعمالهم.

لقد كان التحول إلى هذا النموذج تدريجيًا، ولم يَخْلُ من المتحدِّين والمعارضين له. وكثيرًا ما يستشهد نقاد هذا النموذج

المرن بتدني التواصل وجهًا لوجه، معتبرين أنه يعوق التواصل الصريح والتعاون المفتوح؛ ويلقون بظلال الشك على الحقيقة التي ترتكز إليها مزاعم الإنتاجية المتزايدة. ولكن، بينما نتكيف ونؤدي مهامنا بمرونة وراحة بمساعدة التكنولوجيا التي تسمح لنا بالتواصل المتبادل -سواء عن طريق البريد الإلكتروني أو البرمجيات- فإن المعيار الجديد يكسر على نحو متزايد حدود يوم العمل بساعاته الثماني.

ومع حرية العمل من أي مكان، يلازمنا القلق المتعلق بالحاجة إلى أن نظهر بأننا نعمل بالفعل. وبالتالي، نقفز متعجلين ما أن ترنَّ هواتفنا وتشير إلى ورود رسالة بريد إلكتروني، أو «نسجل دخولنا» خلال أيام العطل بحجة أننا لا نريد أن نتخلف عن أداء عملنا، في حين لا يهمنا سوى ألا نذهب إلى مقر العمل. والأثر الناتج هنا هو أننا ننجذب بشكل متزايد للعمل، ونقضي وقتًا أقل فعليًا في التفاعل مع الآخرين؛ وربما أنفقنا فترة أقل من وقتنا مع بعضنا بعضًا في تبادل أطراف الحديث. يتعدى العمل على المساحات التي كانت في السابق خاصة وشخصية. ولا أظن أنني الوحيدة التي تركت حاسوبها المحمول مفتوحًا بينما جلست على الأريكة، وهي المساحة التي تتيح قدرًا أكبر من التفاعل الصريح. قد يحمل بعض الناس عملهم إلى طاولة العشاء أو حتى إلى غرفة النوم. لقد بدأ العمل على مهل ولكن بثبات يتبعنا أينما ذهبنا. ولو تركناه بلا ضابط، فمن الممكن أن يؤثرَ سلبًا على علاقاتنا؛ وهنا مجددًا علينا أن نلتفت إلى التكنولوجيا لتساعدنا في أن تعمل عمل الوسيط. فبينما نجد أنفسنا محاصرين دومًا

في وضع «العمل» و«قيد التشغيل»، فإننا ننغمس في منصات التواصل الاجتماعي وقنوات التراسل الفوري التي تسمح لنا بالتواصل مع أحبائنا و«تسجيل الدخول» في الاتجاه المعاكس: خلال يوم عملنا (وأحيانًا من غرفٍ مختلفة في بيتنا).

يبدو أن التوازن بين العمل والحياة الاجتماعية صار فكرة عتيقة بصورة متزايدة، وصرنا نشهد دمجًا سلسًا بين العمل والحياة الاجتماعية. هل تجد يوم العمل الممتد من التاسعة صباحًا وحتى الخامسة مساءً يتجاوز حدود الثماني ساعات؟ وكيف تلمس التوازن حين يبدو أن الوضع الطبيعي الجديد بالنسبة لك هو التكامل بين الاثنين؟

- نُشرت هذه المقالة للمرة الأولى في مجلة «ساينتفيك أميريكان» الإلكترونية بتاريخ 25 مارس 2014.

لماذا نحتاج إلى اجتماعات كثيرة؟

بقلم: كريستيل ديكوستا

باتت مفكرتي مصدر توتر لي في هذه الأيام. روتيني الصباحي يقضي يوميًا بمراجعة مواعيدي حتى أثناء تنقلاتي، ما يجعلني أهاب يوم العمل التالي. أبحث بصورة محمومة عن فترات زمنية مدتها 15 دقيقة أتمكن خلالها من تفقُّد بريدي الإلكتروني أو الرد على المكالمات الهاتفية إذا دعت الحاجة. ليس غريبًا أن أكتشف أنني سجلت المواعيد نفسها ثلاث وأربع مرات. هذه المسألة تثير التساؤل لدي: كيف يمكن للمرء أن يحسن عمله إذا كان انتباهه مشتتًا بين عدد كبير جدًا من الطلبات المتزاحمة والمتنافسة؟

تضرب أبسط الإجابات بجذورها في الكفاءة، أو انعدام الكفاءة. أعلم أنني لست الوحيدة التي تعيش هذه التجربة؛ فأي بحث سريع عن كلمة «اجتماعات» على شبكة الإنترنت سيتمخض عنه قائمة نصائح موسعة عن إدارة الاجتماعات، ومقترحات مناوئة لثقافة الاجتماعات، وشكاوى عامة عن الاجتماعات. في نهاية المطاف كل ما يرد في نتائج البحث سيان؛ إذ تعدد جميعها الشكاوى ذاتها (عدد مبالغ فيه من الاجتماعات، وقصور التنظيم، والنقاشات الخارجة عن لب

الموضوع... إلخ)، وتطرح الحلول ذاتها بصورة عامة (التكليف بقراءة المواد المتعلقة بالاجتماع قبل انعقاده، وتعيين قائد للاجتماع، وجدولة اجتماعات أقصر...إلخ)، غير أنها نادرًا ما تبحث في العلة الأساسية وهي أن الاجتماعات صارت سمة أساسية من سمات عالم الأعمال.

نحن مشغولون؛ هذه العبارة تُوجز إلى حد كبير حياة كل مَن أعرفه تقريبًا. إنها تفسير وعذر في آن واحد، يعللان عدم اتصالك هاتفيًا أو تفويتك لفعالية ما. كنت تعمل حتى وقت متأخر. كان لديك تقرير عليك استكماله. كان عليك الرد على رسالة في بريديك إلكتروني. وقطعًا الأمر لا يتحمل الانتظار. إن أسلوب حياتنا المحموم دائمًا يعني أنه لا مجال للتأخير في الاستجابة والرد. إننا مشغولون إذن. نؤمن بأن «انشغالنا» يعني أننا منتجون، لكن هذا، كما يمكنك عزيزي القارئ أن تتخيل، ليس صحيحًا بالكامل.

إن تعريف «الانشغال» هو في واقع الأمر مشاركة، الأمر الذي يلبي حاجة بشرية أساسية لدينا كي توفر لنا الانتماء. في مجتمعاتنا الأوسع، لدينا أدوار نؤديها، منها الأمور التي تنجزها ما بين التاسعة والخامسة، والواجبات التي عليك الاضطلاع بها في حياتك الشخصية، فلكل دور مسؤولياته وحقوقه الخاصة. إن اجتماع تلك الأدوار والمسؤوليات يحددنا ويعرِّف عنا، هذا هو أساس فردانية الشخص: تلك المواقف تتضافر معًا لخلق هوية، وإذ نلبي المسؤوليات المرتبطة بهذه الأدوار، فإننا نعطي لأنفسنا مكانًا في المجتمع. تلك التلبية تتطلب الظهور، وعلى الناس أن يقروا بمساهمتنا كي تكون على قدر من الأهمية

وتحسب لنا، ولذلك نتعلم منذ مرحلة مبكرة كيف نشارك. هل تذْكُر حين قيل لك في المدرسة إن المشاركة تدخل في حساب درجاتك؟ أو هل نلت ملاحظات غير مُرضيّة حيال مشاركتك المحدودة؟ إن مشاركتنا أو دعوتنا للمشاركة تُعيد تأكيد مكانتنا في الجماعة. تعزز المشاركة دورنا، وتنقل قيمتنا إلى أفراد الجماعة الآخرين. من بين أسباب اعتبار الخجل سمةً شخصية سلبية، هو أنه يمنع المرء من المشاركة، والمشاركة نوع من أنواع العملة في عالم التواصل الاجتماعي: كلما لمس الناس مشاركتنا، صرنا أكثر أهمية.

إن الاجتماعات لا تُعقد في قاعة الاجتماعات وحسب؛ في حياتنا غير المهنية، نلتقي لتناول العشاء، ونجتمع حول نار المخيم، ونلتقي لاحتساء القهوة. كل تلك المناسبات يمكن أن تكون لحظات نلتمس فيها نصح الآخرين أو مشورتهم، أو نتدارك ما فاتنا من أحداث ونتفاعل أو ننظم فعالية مشتركة. لكن، في ميدان الأعمال، صارت الاجتماعات أمرًا شبيهًا بأفعى «الهيدرا» الأسطورية. حين يتنافس أعضاء الفريق على الحضور للحفاظ على مكانتهم داخل المؤسسة، فإن منافستهم هذه تخلق نقاشات عقيمة ينتج عنها تأخير في اتخاذ القرارات، ويُهدر فيها الوقت، بينما يتبادل الناس أدوارهم في الكلام لأغراض الاستعراض. ويظهر الوحش متعدد الرؤوس، وكل رأس منها له غاياته وأهدافه الخاصة، ويقاوم تعزيز الموارد أو المعلومات لأن ذلك ينتقص من المكانة الفردية. إن الاجتماعات لا تتقدم بنا إلى الأمام، بل تفتقر إلى الخاتمة المناسبة والمطلوبة.

تعقد الاجتماعات في كل مكان؛ لعلها تُعقد أينما كان الآن بينما تطالع عزيزي القارئ هذه المقالة. في وقت سابق من العام الحالي، طلبتُ من زملائي، لغرض إجراء تقييم مؤسسي غير رسمي، أن يشاركوني مفكرات عملهم لثلاثة أسابيع عمل مختلفة على مدار العام. تلقيت تجاوبًا من 25 شخصًا، أي نحو 30٪ من الموظفين العاملين في جميع أقسام شركتنا الصغيرة. حجم العينة هذا صغير نسبيًا، لكن العينة متنوعة بما يكفي لأن تضم الجميع، بدايةً من مديريْ المشروعات والحسابات الذين ينفقان وقتًا أطول في الاجتماعات، وهو أمر مفهوم، والمدراء الفنيين الذين يختبرون ضمان الجودة ولا يمضون فترة طويلة عادةً في الاجتماعات. لقد كانت نسبة الثلاثين بالمائة من المستجيبين عينة منصفة في هذه الحالة. جرى تقييم المهام التي رصدها المستجيبون في مفكراتهم نوعيًا، وتصنيفها في خمس فئات: إدارة الأقسام (اجتماعات الموظفين الثنائية واجتماعات إدارة القسم على سبيل المثال)، والمهام المتعلقة بالمشروعات (اجتماع متعلق بالإحاطة بالمشروع أو منجزات المشروع أو مراجعة المشروع على سبيل المثال)، والوقت المخصص لمنجزات المشروع (الوقت المخصص لوضع تقرير ما على سبيل المثال)، والاجتماعات البعيدة عن موقع العمل (اجتماعات مع العملاء بعيدًا عن موقع العمل، بما في ذلك الأسفار على سبيل المثال)، والالتزامات الشخصية (مواعيد الطبيب والإجازات على سبيل المثال). كانت النتائج مدهشة بعض الشيء إجمالًا. فقد تبيَّن أن 15 شخصًا من أصل 25 وهم أفراد العينة،

رغم مهام وظائفهم المختلفة داخل الشركة، ينفقون نصف أوقات عملهم الأسبوعي في المتوسط في الاجتماعات. وظهر أن إجمالي أفراد العينة أنفقوا أكثر من 400 ساعة في اجتماعات متعلقة بالمشروعات.

قد تُحدث نفسك قائلًا: حسنًا، إنهم يحضرون اجتماعات متعلقة بالمشروعات، فما الضير في ذلك؟ إننا نعلم يقينًا على الأقل أنهم يعملون، أليس كذلك؟ ليس بالضرورة! هذه الاجتماعات تميل إلى أن تكون موجهة نحو المشروع، إلا أن حضورها لا يعني بالضرورة أن كل مشارك فيها يساهم في الإنتاجية الكلية للمشروع. تشدد إدارة العمل اليوم على التآزر، ولكن تحت ستار التآزر سرعان ما تتحول الاجتماعات إلى رياضة تستهوي المشاهدين. والمشاهدون أناس يحضرونها كي يكونوا ضمن الحلقة، مع الاحتمال الضعيف بأن تؤثر أي معلومة محدودة جدًا قد يشاركها أحدهم في العمل، فيلتقطونها ويستفيدون منها لصالح العميل أو الشركة مستقبلًا. يحضرون لتأكيد مكانتهم ضمن الفريق، أو تمثيل خبرة تخصصية بموضوع بعينه، أو للظهور أمام كبار الشركاء في الحسابات/ المشروعات موضع التقدير. يختلف هؤلاء عن المشاركين الذين يرتبطون برابطٍ مباشرٍ بأهداف الاجتماع، ويتحملون مسؤولية تقديم مُنجز بعينه. وعبء المشاهدين خطير، فأعضاء الفريق النشطين يفقدون أثرهم بسبب المشاهدين الذين يؤكدون وجودهم، ما يجعلهم بمثابة مشاركين وهميين. وبما إن المشاهدين ليسوا على دراية بالمشروع أو لم يستثمروا فيه في النتيجة، فغالبًا ما يُخْرِجون الاجتماع عن مساره السليم.

ما الذي يمكننا أن نفعله إذن؟ إن الاجتماعات ليست سيئة، والحقيقة أن الناس في البيئة الخالية من الاجتماعات، سيجدون وسيلة رغم ذلك للتلاقي. سنراهم يمرون على مكاتب بعضهم بعضًا، أو يجتمعون في المطبخ أو يلتئم شملهم حول مبرد المياه. إن ما يقتضي الأمر تغييره هو القيمة التي نعطيها للمشاركة. في الوقت الراهن، تكتسب جودة مشاركتنا أهمية أقل من كميتها. لقد عزز هذا المقياس صعود نجم وسائل التواصل الاجتماعي، إذ غالبًا ما تعني المشاركة مشاطرة الآخرين أكبر قدر ممكن عن أي شيء وكل شيء، وترقُّب إعجاب الناس أو تعليقهم على المحتوى بشوقٍ. لقد تسلل هذا السلوك إلى غرف اجتماعاتنا: الجميع يحضرون والجميع يشاركون والجميع يتوقعون أن تُعطى أفكارهم نفس الثِقَل والاهتمام. لا يمكن القبول بذلك إذا أردنا أن نعطي قيمة أعلى للكفاءات، ما يعني الحد من عدد الأشخاص المتاحين وكذلك الوقت المتاح لهم.

كيف نحقق ذلك؟ الخطوة الأولى تتطلب مساءلة الناس عن عملهم. تبدو هذه الخطوة بديهية، أليس كذلك؟ لكن، في خضم ثقافة التآزر، قد يخالج الناس شعورًا بأنهم عاجزون عن التقدم دون تلقي المراجعة أو الملاحظات من الآخرين، وبالتالي فإن هذا العمل الذي يجب إنجازه بشكل غير رسمي بين المشرفين ومرؤوسيهم، يُنجز أثناء الاجتماعات، حيث يجلس الفريق برمته ويراجع المعلومات الأساسية المتعلقة بالمنجزات. ويعني ذلك أن الناس يحضرون الاجتماعات دون قراءة الموجزات أو مراجعة المعلومات الواردة

في دعوة الحضور، لأنهم يعلمون ويتوقعون أن يقدم أحدهم موجزًا خلال الاجتماع.

إننا بحاجة أيضًا إلى ضمان أن يُعطى قائد الاجتماع صلاحية اتخاذ القرارات في الاجتماع. مع صعود نجم الخبراء المختصين، غالبًا ما يُحجب صوت الأشخاص الذين يعرفون العميل أو المشروع بفعل صيحات «الممارسات المثلى». لا ينبغي لنا إغفال تلك المعلومة، ولا ينبغي لنا التقليل من قيمة أصحاب الخبرات في غرفة الاجتماعات، غير أن الوجهة النهائية للمشروع ينبغي أن تأتي من العارفين بالمشروع/ العميل أفضل من غيرهم، ومن المسؤولين في نهاية المطاف عن المُنتج الذي خرج إلى النور، والمسؤولين عن الميزانية والجدول الزمني. ولو لم يكن أحد هؤلاء حاضرًا، ينبغي إذن التصريح بوضوح ومسبقًا بهوية صانع القرار كي لا يضطر الخبراء المختصون والمشاهدون الآخرون ممن تسللوا إلى الغرفة ربما، للدخول في دوامة مظلمة أثناء محاولة توجيه المشروع في الاتجاه السليم.

فور أن نضع هذه الخطوط الإرشادية، يصبح بالإمكان تقديم بعض التوصيات الأساسية:

- **الحرص على أن تشمل كافة دعوات حضور الاجتماع معلومات أساسية**، كالغاية من الاجتماع، ومعلومات الاتصال بقاعة الاجتماع تحسبًا لاحتياج أحد الحاضرين لاتصال غير المتوقع وضروري، وقائمة المنجزات القابلة للتسليم، ورابط الملاحظات المتعلقة بالاجتماعات السابقة،

وأي معلومات موجزة لأغراض الإحاطة. مع إتاحة هذه المعلومات، تضمن حصول الناس على الأدوات التي يحتاجون إليها كي يحضروا الاجتماع. وإن لم يكن الناس متأهبين، فاطلب منهم مغادرة الاجتماع أو ألغ الاجتماع من أساسه.

- **دعوة المشاركين لا المشاهدين**، ولا تخف من مطالبة الناس بالرحيل إذا لم يكونوا من ضمن المدعوين.

- **توفير مساحات موائمة لانعقاد الاجتماعات**، ويشمل ذلك طاولات الوقوف وساعات حجز غرف الاجتماعات. لا تحتاج جميع الاجتماعات طاولة عملاقة: فمنح المجموعات الأقل عددًا مرونة التجمع يمكن أن يساعد في تحريك المشاريع.

- **جدولة اجتماعات أقصر**، فإذا كان في الإمكان عقد اجتماع لتفقد الأوضاع خلال 15 دقيقة، فاعلم أنك لست بحاجة حقًا إلى 30 دقيقة كي يتبادل الناس أطراف الحديث عن مسلسل «الموتى الأحياء». لن ينتهي التفاعل الاجتماعي نتيجة هذا النوع من الإجراءات، غير أن الاجتماعات ينبغي أن تبدأ بالتركيز على المُنجزات لا على التحول الجنوني في حبكة مسلسلات يوم الأحد الماضي. ويعتبر التأخير من مصادر استياء كثير من الحاضرين، غير أن الناس بحاجة أيضًا للذهاب

إلى الحمام أو إعادة تعبئة زجاجات المياه. من الصعب إنجاز ذلك لو كنت مرتبطًا باجتماعات متعاقبة لا فاصل بينها؛ في هذه الحالات، يميل الناس إلى التأخر؛ لذلك، احرص على تخصيص فواصل زمنية عند جدولة الاجتماعات، بواقع 15 دقيقة و25 دقيقة و50 دقيقة كلما أمكن.

- **الإعلان عن إنهاء الاجتماع عندما ينتهي الاجتماع**، وهذا على النقيض مما نعتقد، نحن لا نبرع مطلقًا في الاضطلاع بمهام متعددة في آن واحد. حين يستوفي الاجتماع غاياته، فهذا يعني أنه انتهى. اصرف المشاركين في الاجتماع، ولا تحاول «زيادة» الوقت إلى أقصى حد ممكن بمناقشة أمر آخر. الناس غير مستعدين لتلك النقاشات، لأنها تصرف انتباههم عن تركيزهم الحالي. ينبغي تطبيق هذه القاعدة أيضًا إذا جاء الناس إلى الاجتماع بلا تحضير. أي إذا لم يفِ الاجتماع بغاياته، اسمح للناس بالانصراف كي يعملوا على منجزاتهم، على أن يدركوا أنهم مسؤولون عن الحفاظ على منجزاتهم في مسارها السليم، بما يضمن إبقاء المشروع في مساره الصحيح.

قد نشكو من جراء دعوتنا إلى الاجتماعات، ولكننا نعشقها في حقيقة الأمر عند مستوى ما. فدعوتك إلى الاجتماع تعني أنك ذو قيمة وقدر، وأن مشاركتك مهمة، حتى لو لم تكن مُنتجًا. غير أن هذا يؤلمنا كأفراد. بعيدًا عن الغايات المهنية، إن ارتباطنا بعدد مبالغ

فيه من الاجتماعات تؤثر سلبًا على المستوى الشخصي. وعلى المستوى التنظيمي، يمكننا اتخاذ خطوات لتقليل عدد المشاهدين في الاجتماعات، وتمكين المشاركين من استكمال المنجزات المكلفين بها، بضمان أن لديهم مسارات واضحة لاتخاذ القرار. الاجتماعات لن تتلاشى، ولكن لا ينبغي أن تكون مؤلمة.

كيف تبدو ثقافة الاجتماعات في شركتك؟ وهل حاولت شركتك إحداث تغيير؟ وما الذي نجح، وما الذي لم يكن مُجديًا؟

- نشرت هذه المقالة للمرة الأولى في مجلة «ساينتيفيك أميريكان» الإلكترونية بتاريخ 17 نوفمبر 2014.

التغلب على الإرهاق

بقلم: مايكل بي. ليتر وكريستينا ماسلاش

ترقد في فراشك صباحًا، وتتردد في إخراج ساقيك من تحت بطانيتك الدافئة. بعد عدة دقائق ضبابية، تدفع نفسك خارج السرير أخيرًا، وترتدي ملابسك وتنطلق إلى المكتب. بعد أن تصل إلى مكتبك، تحدق بلا اهتمام بينما يجري تحميل البريد الإلكتروني على شاشتك. حين بدأت عملك للمرة الأولى في هذه الوظيفة، خالجك شعور بالرضا في تعاملك مع تحديات اليوم بكفاءة وبراعة. مع ذلك، تكتشف أن التفاؤل الذي طالما ساندك قد تلاشى منذ فترة طويلة. ولم يعد يبث في أوصالك شحنة الطاقة التي كنت تشعر بها طوال اليوم سوى قهوة الصباح.

تختلف التفاصيل بحسب طبيعة الوظيفة، غير أن هذه الحالة هي جوهر الإرهاق؛ الإرهاق يضعف قدرة المرء على متابعة حياة مهنية سعيدة وصحية ومثمرة. وبالنظر إلى أن كثيرًا من الناس يمضون ساعات يقظتهم في الانكباب على العمل، من الممكن أن يمثل الإنهاك خطرًا حقيقيًا يتهدد رفاهيتهم عمومًا.

غالبًا ما تبدأ هذه الحالة بإرهاق التام، وحين تصاب بالإرهاق، فإنك تستثمر وقتًا أقل في عملك؛ نتيجة لذلك، تنجز أعمالاً أقل،

ويخالجك شعور بأنك أقل إنتاجية وفاعلية مما كُنت عليه من قبل. ولأن العمل لم يَعُد يكفل لك المردود النفسي ذاته، يبدأ شعور التشكيك بدورك والتقليل من شأنه يتسلل إليك. وتغذي توليفة المشاعر هذه -الإرهاق والشعور بانعدام الكفاءة والشك- بعضها بعضًا، فتخلق حلقة مفرغة من الإنهاك العميق.

هل تستقيل من وظيفتك إذن؟ إن الاستقالة ليست الحل على الأرجح، مع أنك قد ترغب في البحث عن وظيفة مختلفة. وكي تستعيد استمتاعك بحياتك المهنية، من المفيد أن تفهم أسس الإرهاق من المنظور النفسي. لقد كشفت عقود من الأبحاث عن العديد من الحقائق الجوهرية الخاصة بهذه المتلازمة. أولًا، انبذ فكرة أن الإرهاق ينجم عن الفشل الشخصي؛ الأشخاص الذين يعانون من الإرهاق لا يفتقرون إلى سمة جوهرية ما، كأخلاقيات العمل أو المرونة أو الثقة بالنفس. عندما تسير الأمور كلها على خير ما يُرام، نميل بطبيعة الحال إلى الإخلاص والفخر بعملنا. ويمثل الإنهاك تداعيًا لهاتيْن الخصلتيْن النبيلتيْن. لقد أشارت الأبحاث دائمًا إلى الممارسات الإدارية وتصاميم الوظائف العقيمة بوصفها الأسباب الأساسية. فالطرق التي يقود بها المشرفون، وهيكل أيام عمل الموظفين، تخفق في إبراز أفضل ما لدى الناس.

إذا كنت تعاني من الإرهاق، فاعلم أن علاقتك بعملك تدهورت. ومثلما يصيبك الشجار مع شريك أو صديق مقرب بالإرهاق ويستنفد طاقتك، ويجعلك تنأى عنه، كذلك يمكن أن تستنفد علاقتك المتداعية

والمتوترة مع وظيفتك حماسك، وتُشعرك بالغربة عنها. العلاقات صلات معقدة، وبالتالي لا يوجد حل وحيد ولا وصفة سحرية ولا نهج «واحد مناسب للجميع». مع ذلك، يمكِّن الصبر والتفاؤل أي إنسان من إيجاد طريقة تعود به للمشاركة والانغماس في العمل.

• الإرهاق المتصاعد

بدأ مصطلح «الإرهاق» يكتسب شعبية وشهرة في سبعينيات القرن العشرين، لا سيما بين العاملين في مجال الخدمات الإنسانية. إذ كتب عالم النفس «هربرت فرودينبرغر»، في إحدى هيئات الصحة العقلية البديلة، وأحد أعضاء فريقنا (ماسلاش) مقالات أولى تصِف الشباب المثاليين العاملين في مجالي الرعاية الصحية والعمل الاجتماعي الذين يرهقون أنفسهم أكثر من اللازم، ونالت منهم مشاعر الإحباط وخيبة الأمل، لعدم توفر الموارد الكافية لهم كي ينجزوا عملهم بكفاءة. وبدلًا من مساهمتهم في بناء عالم أفضل، شعروا بأنهم يهدرون الوقت في منظومة مختلة وعقيمة.

منذ ذلك الحين، توسَّع فهم علماء النفس للإرهاق، ليشمل أي وظيفة، وساقوا نطاقًا عريضًا من الأسباب. والسبب الأكثر شيوعًا للإرهاق هو الناجم عن الكد في العمل أكثر من اللازم بلا فترات راحة كافية. مع ذلك، فهذه الحالة وحدها لا تسبب الإصابة بالإنهاك، كما أنها ليست السبيل الوحيد. قد يجد الوافدون الجدد إلى ميادين العمل أن آمالهم تنسحق تحت وطأة الاضطلاع بأعمال لا تتوافق مع

القيم التي تعلموها. ومن الممكن أن يشعر الموظفون في منتصف العمر، والذين بلغوا منتصف مشوارهم المهني، بخيبة الأمل لعدم إحرازهم التقدم كما كانوا يأملون. أما العاملون في وظائف الخدمات، فيكونون عرضة لخطر الإرهاق بسبب الملل الشديد الذي يطغى على يومياتهم في العمل وافتقارها للمرونة. وأي بيئة يشيع فيها الصراع أو الفظاظة يمكن أن تسبب الإرهاق أيضًا.

وتدعم عشرات الدراسات فكرة أن الإنهاك أو الإرهاق يتكون من ثلاثة عناصر أساسية: الاستنزاف واللاجدوى والشك بالكفاءة. وتعتبر معايشة أي عنصر من هذه العناصر منفردة من عوامل الخطر، غير أن سِمات مقر العمل يمكن أن تتضافر كي تخلق العنصرين الآخرين، فتدفع المرء نحو الإنهاك الحقيقي. تبدو المكونات الثلاثة للإرهاق متصلة في ما بينها؛ على سبيل المثال، لن تستمر حالة الاستنزاف وحدها لديك من دون أن تترافق مع العنصرين الآخرين على المدى البعيد؛ فإما أن يبدأ شعورك بالإرهاق وانعدام الفاعلية يغمرك، وإما أن يحصل أمر ما يضع حدًا لهذا الاتجاه السائد، فتجد طريقك لمعاودة الانخراط في عملك.

في نهاية المطاف، الجاني الحقيقي هو انعدام التوافق بين المرء ووظيفته. قد لا تتوفر لديك الموارد التي تحتاج إليها، أو ربما يتوقع رؤسائك منك أن تستكمل مهمة ما بطريقة تتضارب مع مبادئك. على سبيل المثال، غالبًا ما يستشهد مقدمو خدمات الرعاية الصحية في دراساتنا بالتعارض بين مُثُلهم المهنية -أن يكونوا داعمين وجدانيًا

لمرضاهم- والقيود التي تقوِّض ذاك الهدف، ومنها قلة عدد الموظفين وزيادة أعباء العمل. إن كمية العمل تؤثر تأثيرًا هامًا، غير أن المشكلة الحقيقية تنبع من تصور الموظف لأدائه أو أدائها.

ثمة نوع آخر من أنواع التنافر ينبع من انعدام السيطرة. يعتبر السماح للناس باتخاذ قراراتهم بشأن كيفية قضاء أيامهم أمر حيوي لترتيب بيئة عمل صحية، غير أن الإحساس بالسيطرة على الأمور يمكن أن يتداعى بسهولة. يساهم المدراء الذين يضعون في اعتبارهم توقعات غير واقعية بخصوص موظف ما في فقدان السيطرة، وكذلك الزملاء الذين لا يتواصلون على النحو السليم. إننا نعتمد جميعنا على الآخرين أثناء مزاولتنا لمهام عملنا، ويؤثر انعدام التواصل سلبًا على وظائفنا، ويمكن أن يجعل أيام عملنا أصعب وأكثر مشقة وأدنى من توقعاتنا. ومع شعور الناس بأنهم يفتقرون للسيطرة على عملهم، يقعون تحديدًا ضحية الشعور بالريبة وانعدام الفاعلية والكفاءة.

إن إخفاق المدراء في التعبير عن تقديرهم لموظفيهم يساهم في شعور الموظفين بانعدام الكفاءة أيضًا. وحقيقة الأمر أننا وجدنا في بحثنا أن التفاعلات السلبية مع المشرف تدفع المرء نحو الإرهاق؛ مع ذلك لا يكون الثناء بكل أشكاله سواء. فقد عملنا مع إحدى المؤسسات التي استاء فيها الموظفون من جائزة «الموظف المثالي». واعتبر عموم الموظفين أن المكافأة مؤشر على حظوة الشخص الفائز لدى المسؤولين في الشركة، ولدى من هم أدنى منزلة منهم أيضًا. يمكن للترقيات والمكافآت الجائرة أن تضر بالمشاركة؛ ففي

دراسة أجراها عام 2014 أحدنا (لايتر) وتتعلق بالشعور بالإرهاق لدى الناس، كتب أحد المشاركين في الدراسة: «من الصعب مراقبة العشوائية في ترقية بعض الموظفين وتجاهل بعضهم الآخر. فهذا من شأنه أن يستنزف الروح». وربط هذا المشارك الخاضع للمقابلة الشخصية مباشرةً بين شعوره بعدم التقدير واستنزاف طاقته، ما يُعد مؤشرًا قويًا على الإرهاق.

• علامات الإنذار المبكر

إن المحنة الانفعالية الناجمة عن متلازمة الإرهاق يمكن أن تستمر لسنوات. ونظرًا لإمكانية أن يصير الإرهاق مزمنًا، زاد اهتمامنا بالكشف عن احتمالات التنبؤ بحصول الإرهاق، وبالتالي التصدي له. في دراسة نُشرت عام 2008، أجرينا استبيانًا شمل 446 موظفًا في قسم إداري في واحدة من الجامعات الكبرى، وفي بداية تحقيقنا وفي العام التالي، استقصينا العديد من جوانب حياتهم العملية لنُقيِّم مستوى الإرهاق لديهم. كنا نشعر بالفضول لمعرفة نتائج تقييم من حصل منهم على درجة عالية في واحد من العناصر الثلاثة فقط -استخفاف شديد أو استنزاف شديد على سبيل المثال- بعد عام واحد. وكان مُرادنا أن نعرف نقطة التحول التي زجت بهم في ذاك الاتجاه، وصاروا أكثر إنهاكًا.

وكما تبيَّن، فقد عثرنا على ذاك المؤشر: الإنصاف في مكان العمل. إن الذين لمسوا المحسوبية أو الغش أو غيرها من أشكال

الظلم في العمل، كانوا أكثر عرضة للإرهاق بحلول نهاية دراستنا. على النقيض، نزع الموظفون الذين اعتبروا أن بيئة العمل مُنصفة إلى المشاركة. أدى حدث عارِض خلال العام الذي أجرينا فيه دراستنا إلى استحضار قضية الإنصاف بشكل صارخ. فقد كشف المحققون اللثام عن أعضاء من العاملين بالقسم يلجأون للسرقة. وجاء استبياننا الأخير بعد اعتقال عدد قليل من الموظفين وتسريحهم من العمل، وبالتالي استطعنا تقييم مدى زعزعة هذا الحدث للأجواء. لقد قوضت عمليات السرقة الثقة بين الزملاء، وضعضعت شعور الموظفين بالأمان الوظيفي، وبالتالي عمَّقت إرهاقهم.

في دراسة لأغراض المتابعة أُجريت على أكثر من 4000 عامل من عمال الغابات، ونُشرت عام 2013، اكتشف أحد أعضاء فريقنا (لايتر) وزملاؤه في «المعهد الفنلندي للصحة المهنية» أن ثمة عوامل أخرى يمكن أن تتسبب بالإرهاق أيضًا. في تلك الحالة، كان الموظفون الذين يعانون من الاستنزاف في العمل (غير أنهم احتفظوا بمستويات عالية من النشاط والكفاءة) أكثر ميلًا للانخراط والمشاركة عند شعورهم بأن مؤسساتهم تتواصل معهم جيدًا، وتُبْقِيهم على اطلاع بالمستجدات الهامة. أما أولئك الذين لم يتبنوا هذه الفكرة سقطوا في هوة الإرهاق، وتعزز الإرهاق المبدئي لديهم. شعر العاملون ممن ظهرت لديهم علامات الإنذار المبكر للإرهاق بعدم جدواهم، وتمثل العاملان الأساسيان بمدى قدرتهم على ممارسة مهام متنوعة، وما إذا كانت المهام المطلوبة منهم متوقعة. وبينت لنا تلك النتائج أنه لا توجد

وصفة وحيدة تفضي إلى الإنهاك، فالأحوال السائدة في مكان العمل والبيئة والثقافة المسيطرة فيه لها الدور الجوهري في هذا المجال.

وتَشي البيانات أيضًا بأنه ينبغي لنا التعامل مع أعراض الإرهاق بجديَّة. في جزء من الدراسة الفنلندية، جمعنا بيانات تتعلق بشراء المشاركين لعقاقير نفسية التأثير، وتحديدًا مضادات الاكتئاب بين عامي 2000 و2008. كان الموظفون الذين عانوا من الإرهاق المتزايد أكثر عرضة لتناول تلك العقاقير مقارنةً بسواهم خلال العقد التالي. لذلك إذا لاحظت أنك تشعر بالاستنزاف المزمن والشك بكفاءتك واللاجدوى في العمل، ألقِ نظرة فاحصة على سِمات وظيفتك. ربما يكون الوقت قد حان لأن تتخذ بعض الإجراءات الوقائية.

• **الحل الاجتماعي**

نظرًا لأن الإرهاق يعتمد اعتمادًا كبيرًا على طبيعة العلاقة بين الشخص ووظيفته، من الصعب استخلاص إرشادات عامة للتعافي منه. مع ذلك، نؤمن الآن تمام الإيمان بأن الارتقاء بجودة العلاقات في مكان العمل ربما كان طريقة عامة للتدخل. إن التفاعلات الاجتماعية بين الزملاء تؤدي دورًا في العديد من أوجه الإنهاك.

أولاً، يملك زملاؤك في العمل المهارات والمعلومات والمواد والتأثير الضروري لإنجاز العمل، ولك أن تتوقع بأن الناس يتشاركون بسعة صدر أكبر مع الأشخاص الذين يُعْجبون بهم ويثقون بهم أيضًا.

على النقيض من ذلك، إن بيئات العمل التي يشيع فيها العداء

تستنفد قدرة المرء على التركيز على عمله. لننظر مثلًا إلى هذه القصة المستخلصة من دراسة «لايتر» عام 2014، ويشير فيها أحدهم إلى مقدار العبء والطاقة المُهدرة من جراء التفاعلات السلبية قائلًا: «أنا أعشق عملي، وأنا متعلم دؤوب وإنسان إيجابي جدًا. لكنني أعمل في بيئة عمل سامَّة، وهي بيئة سياسية إلى حد بعيد، تُشجِّع التنافس بين الزملاء والطَعْن بالظهر والنميمة وإخفاء المعلومات. أجد الذهاب إلى العمل شاقًا جدًا، وأرجع إلى البيت منهكًا». وأشار مشاركون آخرون في دراساتنا بالمثل إلى الخسائر المعنوية التي يتكبدونها من جراء التفاعلات البغيضة في العمل. ووصفوا شعورهم بالاستياء لأيام متتابعة إثر سماعهم بضع كلمات وقحة من زميل لهم، وعدم قدرتهم على النوم لهم بسبب تلك الواقعة، وكلاهما عاملان يُصَعِّبان المشاركة في مهام يُفترض أن تكون ممتعة.

لاحت فرصة لمحاولة التخفيف من وطأة الإنهاك، في اجتماع مع مدراء إحدى المستشفيات عام 2008. فقد اتخذ المدراء التنفيذيون إجراءً معقولًا لتعزيز الحس المجتمعي لدى مجموعات العمل المُتعثِّرة، بما في ذلك تغيير قادة الفرق وتغيير مهام مثيري الشغب أو تسريحهم. واستدعى المديرون مُتحدِّثين مُلهِمين، وأجروا تمارين لبناء الفِرق الأقل نجاحًا.

لمعالجة هذه المشكلة، استغل «لايتر» وفريقه البحثي نهجًا واعدًا جرى تطبيقه بالفعل في الإدارة الصحية للمحاربين القدامى. استجابةً لمشكلات مثيلة في شتى المستشفيات التابعة للتلك الإدارة، ابتكر فريق

بقيادة «سو ديرينفورث» التي كانت تشغل منصب مديرة المركز الوطني لتطوير المؤسسات التابع للوكالة، أسلوبًا للتدخل يُدعى «CREW»، وهو اختصار للتحضر والاحترام والمشاركة في مكان العمل. ولمّا أيْقنا أن الإنهاك له جانب اجتماعي، قررنا تعميم نسخة من أسلوب التدخل هذا على العديد من أقسام المستشفى. وكان لبعض تلك الأقسام تاريخ طويل من المشاكل، وبعضها الآخر يعاني من عدم التواصل، وبعض الأخير كان يعمل بسلاسة لكنه يطمح إلى التعاون بقدر أكبر.

انقسم العاملون إلى مجموعات تراوح عدد الموظفين فيها بين 10 إلى 15 شخصًا وكل مجموعة من القسم نفسه، ووافق شخص واحد من المجموعة على أن يكون المنسق الرئيسي. ولأن كل فريق كانت له مصادر التوتر الخاصة له، قدمنا مجموعة من الأنشطة للمجموعات لتختار منها بدلًا من توجيهها لاتباع سيناريو وحيد. وقبل أن نبدأ، أجرينا استبيانًا لجميع المشاركين بخصوص تصوراتهم عن أدب التعامل والكياسة في قسمهم، وكذلك سلوكهم الشخصي، كي نتمكن من المقارنة بين انطباعاتهم في بداية البرنامج ونهايته.

على مدار ستة أشهر، التقت الفِرق مرةً واحدة في الأسبوع. واستهل المُنسِّق الجلسات بطرح سؤال مثل: «كيف يمكننا تبادل الاحترام هنا (أو الاستهزاء)؟» ثم أجرى الحاضرون تمرينًا للمساعدة في تسوية نزاع بين شخصين. لقد منحت الاجتماعات الموظفين فرصةً للتعامل مع العلاقات المضطربة، وممارسة طرق أجدى لنزع فتيل المشاعر السلبية. وخلال الفترة الباقية، جرى تشجيع المشاركين على

ممارسة سلوكيات حضارية محددة، وتسجيل أي أعمال وسلوكيات لطيفة يشهدونها.

في عام 2011، نشرنا نتائجنا المُستخلصة من تطبيق أسلوب التحضر والاحترام والمشاركة في مكان العمل على مجموعة من المستشفيات الكندية. وأكَّدنا أن الارتقاء بمستوى التحضر في مكان العمل يُقلِّص الإنهاك. وما شَجَّعنا أكثر أننا اكتشفنا منذ ذلك الحين أن هذه المكاسب بقيت حين تابعنا التجربة في العام التالي. توحي النتائج بأن أسلوب التحضر والاحترام والمشاركة في محل العمل رسخ أنماطًا جديدة قائمة بذاتها للتفاعل الاجتماعي.

لكن المراجعات لم تكن كلها مبشِّرة، فقد وجدت المستشفيات أن تكلفة تنفيذ أسلوب التحضر والاحترام والمشاركة في مقر العمل ستمثل عبئًا على عاتق الموظفين. فقد اضطر المشاركون إلى بذل جهود استثنائية لإقحام الجلسات في أيام عملهم. وتطلب تطبيق الدروس المستفادة في حياتهم العملية اليومية جهودًا مستدامة. وبالنظر إلى الطبيعة المزعجة للبرنامج أحيانًا، من المبهر جدًا في حقيقة الأمر أن يكون أسلوب التدخل «CREW» فعالًا.

• العثور على المشاركة

بالنظر إلى أن الشركات لن تشرع جميعها في تنفيذ أسلوب التحضر والاحترام والمشاركة في مقار العمل، فما الذي يُناط بالعامل المنفرد فعله؟ ربما ترى شركات كثيرة أن ممارسة الضغوط

على الموظفين لاستخراج أقصى ما لديهم من الأمور التي تصب في مصلحتها؛ فالمؤسسات عمومًا لا تتوقع أن تحتفظ بموظفيها إلى الأبد، وبالتالي من المستبعد أن تخدِم المصالح بعيدة الأجل لموظفيها. وعلى الموظفين تحمل مسؤولية الحفاظ على بيئة عمل مُستدامة.

يُشجِّع منظور «شركة الشخص الواحد» الأفراد على النظر إلى أنفسهم بوصفهم متعاقدين مستقلين، حتى لو كانوا يرتدون حلة الموظف. إن الركيزة الأساسية للموظفين ينبغي أن تظل على إعداد أنفسهم للفرصة الوظيفية التالية التي ربما تلوح في الأفق. ويقتضي الحرص على ذلك بناء عادات عمل تنحرف عن رؤية صاحب العمل. خلاصة القول، إن الازدهار في عالم الأعمال المعاصر -خفض تكاليف الهدف الأساسي، والاستغلال الروتيني للموظفين إلى أقصى الحدود- يقتضي إدارة ذاتية جادة. ستحتاج إلى الالتزام بروتين محدد، حتى عندما تتعرض لضغوط تفرض عليك التصرف بما يخالف ذاك الروتين.

نظرًا لأن الإرهاق يمثل قضية خاصة بالعلاقات، يتمتع الفرد ببعض السيطرة على الظروف المحيطة به، ولكن ليس بالكامل. بعد ذلك، يتطلب الأمر القليل من الاستراتيجيات الأساسية للارتقاء بمساهمتك في العلاقة. والخبر السار أن العديد من المقترحات مفيد للحياة عمومًا، وبالتالي ستستفيد من اكتساب هذه العادات.

وأول تلك العادات اللياقة؛ أسلوب الحياة الصحي يزيد من مرونتك، ويقلص مزيج التمارين الكافية والتغذية والنوم من فرص

تعرضك للإرهاق. ورغم أن الوظيفة لن تتغير، فالتمارين ستزيد من صلابتك وجلدك، وربما تتعلم كيف تنجح وتتطور.

وترتبط اللياقة البدنية ارتباطًا وثيقًا بدمج دورات التعافي في حياتك. فالعمل المُجهد يستنزف مواردك البدنية والوجدانية والإدراكية، وبحسب المقولة المأثورة، «لذلك يسمى "العمل"». من المفترض أن تتيح لك حياتك الشخصية فرصًا للاستمتاع بالعلاقات، والحصول على قسطٍ وافر من النوم، وتخصيص وقت للتأمل والتدبر. ولتعطيل الاتجاه الذي يسوقك نحو الإنهاك، تتمثل الخطوة الأولى في إقامة هيكل متين لأنشطة التعافي. بدون هيكل ثابت ومحدد، لن تجد الوقت الكافي للتعافي في ظل حياتك الحافلة والمزدحمة.

يمكنك دمج فترات محدودة من التمارين وأنشطة التعافي في يوم عملك أيضًا. إن الاستراتيجية المتبعة هنا بسيطة: تحرك وانبذ التكاسل. اضبط المنبه ليدق كل 30 دقيقة كإشارة لك للنهوض والمشي. يمكنك ابتكار بعض الأنشطة التي من شأنها إقناع المراقب لك بأنها جزء ضروري من عملك.

والآن دعونا ندمج الجانب الاجتماعي. كما أثبتنا بان أسلوب التدخل «CREW» المتعلق بالتحضر والاحترام والمشاركة في مكان العمل، فإن تحسين جودة التفاعلات اليومية بين الزملاء يُقلِّص الإنهاك. أنت لست بحاجة إلى كامل الفريق في هذه الرحلة، ولكن لو استطعت استقطاب صديق أو اثنين للمشاركة في مشروع الحد

من الإنهاك (ربما مسيرة قصيرة في منتصف النهار)، فمن الممكن أن يكون الدعم المتبادل قويًا.

يعتبر تلقي إيماءات إيجابية من الآخرين تجربة مُشجعة، ولكن التعبير بمثلها للآخرين ضروري أيضًا. احرص على إحصاء أعمال الخير التي تسديها لزملائك؛ لمَن أعربت عن تقديرك اليوم؟ سيساعدك التعاون مع رفيق لك مجددًا على تحقيق أقصى استفادة من هذا المشروع، واستغلاله الاستغلال الأمثل.

أخيرًا، ابحث فكرة تخصيص الوظيفة. من المرجح جدًا أنك تتمتع بقدر أكبر من الحرية في عملك مما تظن. وتخصيص الوظيفة هو نهج تحليلي ينطوي على تحديد الواجبات التي تجدها مرهقةً، والجوانب التي تراها مُشبعة. ينبغي أن تضع خطة لإنفاق فترة أطول من يومك في الاضطلاع بهذه الجوانب الإيجابية. تلك الزيادات تتراكم بمرور الوقت. احرص على أن يحقق الوقت الإضافي الذي تنفقه في أداء المهام المُشبعة إسهامًا هادفًا، واشرِك زملاءك والمشرف أيضًا.

قد تبدو هذه الأفكار استثمارًا كبيرًا، لكن في الحقيقة قد يكون من الصعب التخلص من الإنهاك. فما أن تضرب المتلازمة بجذورها، عليك الالتزام بممارسات مدروسة كي تجد طريقَ عودتك إلى علاقة صحيَّة ومُشبِعَة مع العمل. مع ذلك، هي قابلة للتنفيذ؛ فلنبدأ.

-نُشرت هذه المقالة للمرة الأولى في مجلة «ساينتفيك أميريكان مايند»، العدد 26 (الطبعة الأولى) في يناير/ فبراير 2015.

تلاشي الإجازة: العودة للعمل بأنفاس مكتومة

بقلم: هيلدا باستيان

يمكن أن يصيبنا العمل بالتوتر. ويُفترض أن تخفف الإجازات من توترنا. ولكن ما مقدار الفائدة التي يمكن أن تعود علينا حقًا من إجازاتنا؟ وما مدى تلاشي أي فائدة منها؟ وكيف يمكننا استغلال أوقاتنا التي نمضيها بعيدًا عن العمل الاستغلال الأمثل؟ يا لها من أسئلة بالغة الأهمية! لنتعمق في بعض الحقائق العلمية المتعلقة بالإجازات ونعرف إجاباتها.

لو لم نحصل على راحة كافية من أعباء العمل، قد يصبح العبء الذي تحمله أجهزتنا (أبداننا) مزمنًا. والأشخاص الذين لا يحصلون على القسط الكافي من الراحة يوميًا، قد ينتهي بهم الحال إلى المعاناة من مشاكل صحية جسيمة. يرجع ذلك وبصورة مباشرة إلى آثار التعرض للتوتر على الدوام، وجزئيًا إلى عادات غير صحية يمكن أن تصاحب التوتر، مثل مشاكل النوم والإفراط في شرب الكحول. يمكنك عزيزي القارئ أن تستزيد من القراءة حول نظريات التعافي من المجهود والإنهاك الناجم عن التوتر المزمن.

اقترحت «سلويتر» وزملاؤها أربعة أنواع مختلفة من التعافي نحتاج إليها:

- التعافي المتناهي الصغر (أول بضع دقائق بعد إنجاز أمر ما).
- التعافي المتوسط (من 10 دقائق إلى ساعة بعد إنجاز أمر ما).
- التعافي البَعْدي (يستغرق ما بين ساعة ويومين).
- التعافي الكبير (يزيد عن يومين).

يُعتقد أن التعافي يحصل بطريقتين: إما سلبيًا بأن نفصل أنفسنا عن التفكير في العمل، أو إيجابيًا حين ننغمس في أشياء نستمتع بإنجازها.

فما مردود التعافي الكبير إذن (الذي يُعرف أيضًا بـ «الإجازة»)؟ لقد كشف استعراض منهجي أجْرَته «جيسيكا دي بلوم» وزملاؤها عام 2009 عن وجود نقاط ضعْف منهجية في الأبحاث المعنية بدراسة الإجازات. واكتشفوا دراستين أعدتا مع مجموعات مقارنة، والمزيد من الدراسات الأخرى التي تحوي فحوصات قبْليَّة وبعْديَّة. ولكن، هذا ليس بالمجال الذي تتاح لنا فيه الاستفادة من ميزة التجارب العشوائية، لتساعدنا على استخلاص استنتاجات حاسمة. كان التناقص يُمثل مشكلة كبيرة في بعض الدراسات، ولم تخرج بنتائج واضحة عن أثر الإجازة، وكذلك الأمر بالنسبة لما بعد الإجازة مطلقًا.

وفي ضوء المحاذير، إليكم ما وصلت إليه «جيسيكا دي بلوم» في استعراضها. من الواضح أن للإجازات أثر إيجابي كبير على الإرهاق والشكاوى الصحية، حتى لو أن الأثر الكلي للإجازة كان

محدودًا نوعًا ما. هذا الأثر الطفيف يتلاشى بسرعة جدًا، ولا يبقَ منه إلا القليل أو لا يبقَ منه شيئًا بحلول الفحص البَعْدي الثاني ما بين 12 يومًا وشهر من بعد الإجازة تقريبًا. وليس من الواضح بالضبط متى تلاشى هذا الأثر تمامًا، لأنه لم تكن هناك قياسات كافية. وتراوحت الإجازات غالبًا بين 10 و14 يومًا خلال فترة الصيف.

لا يبدو أن هناك استعراض منهجي آخر: انتقينا الأجزاء المتفرقة التالية من دراسات منفردة نُشرت منذ ذلك الحين.

أشارت دراسة أخرى -تناولت الإجازات لممارسة الرياضات الشتوية- أجرتها «دي بلوم» وزملاؤها إلى أن البُعد الجسدي عن العمل يبدو أنه بالغ الأهمية. ويمكن أن يفسر ذلك كيف أن الرحلات المتعلقة بالعمل ربما تقلص خطر الإصابة بالإنهاك، وكيف أن إنجاز بعض العمل أثناء الإجازة لا يطمس بالضرورة مزايا كون المرء في إجازة (شرط أن يكون طوعيًا ولا يبالغ المرء فيه).

وقد يؤدي وجود مكون مادي على الأقل للإجازة إلى المزيد من المنفعة. ويضيف التلذذ بالذكريات الممتعة وإعادة معايشتها من الفوائد أيضًا. ولكن عَيْش فترة عصيبة، وكذلك الكد في العمل إلى حد مبالغ فيه، يمكن أن يمحو المزايا بسرعة مفرطة فور عودتك من إجازتك.

وأوضحت دراسة أُجريت على المدرسين عام 2011 أن هناك أثر آخر للإجازات يمكن أن يتمثل في المشاركة المتزايدة في العمل وتراجع الإرهاق. إذ إن الترفيه بعد العودة من الإجازة ربما يطيل الفترة قبل تلاشي أثرها. اعتبرت الدراسة أن إطالة التفكير في مشاكل العمل

خلال الإجازة، من أحد الأسباب التي تَحُول دون استفادة الناس من المنافع الجمَّة للإجازة في المقام الأول. ويتمثل السبب الآخر في التوتر المتعلق بالإجازة نفسها، باعتبار أن فترة الراحة لا تبعث دومًا على الاسترخاء أو المتعة.

في عام 2013، نشرت «دي بلوم» وزملاؤها دراسةً أخرى في مجلة تظهر البهجة من عنوانها، هي مجلة «دراسات السعادة». حلَّ فصل الصيف، لكن الإجازة مديدة هذه المرة: 23 يومًا. ورصد الباحثون ظاهرة النوم أيضًا، واكتشفوا أن الإجازة تعود على النوم بالمنافع. وحصلوا في هذه الدراسة على بيانات أثناء الإجازة. لقد استغرق الأمر أسبوعًا لانفكاك الناس عن العمل، ولم يبدُ أن الإجازة الأطول تُسْفِر عن استمرار آثارها لمدة أطول.

كان الأكاديميون الإنجليز موضوعًا لدراسة تناولت إجازة يوم الفصح القصيرة، ونُشرت عام 2012. وكانت أحوال الناس الباحثين عن المثالية والمنتقدين لأنفسهم أسوأ خلال الأسبوع التالي للإجازة، وساورهم القلق بشأن العمل، وكانوا يفكرون به أكثر أثناء إجازاتهم. هل فشل التعافي الكبير؟

إن هذه الدراسات لا تتعاطى مع أثر العمل التراكمي الممتد مدى الحياة مع وجود الإجازات أو بدونها. ورغم أن قدرة البشر على الاستفادة من الإجازات ستتباين -كذلك حاجتهم للراحة من العمل- من الواضح أن الإجازات جوهرية لممارسة الأنشطة التي نستمتع بها، وتمضية وقتٍ مع الأشخاص المهمين في حياتنا.

يعتبر تخصيص الوقت لأنفسنا أثناء يوم العمل، وأيام العمل الهادئة بلا توتر، وعطلات نهاية أسبوع (أو ما يعادلها بالتناوب)، وكذلك الإجازات، هي حقوق نِلنَاها بشق الأنفس. نحن ندين بالكثير للذين كافحوا وجاهدوا وضحوا كي يضمنوا أن عددًا كبيرًا منا ينعم بهذه الحقوق، ولا ينعم كثيرون على مستوى العالم بتلك الحقوق حتى اليوم. وصورة عُمال صناعة الملابس وهم يتكاتفون أثناء إضراب عمال مصانع القمصان الذي عُرف باسم «ثورة العشرين ألفًا» في مدينة نيويورك هي تذكير بما تطلبه الأمر لتحصيل مثل تلك الحقوق.

لكن ما زالت مدة الإجازة التي نحصل عليها تتباين تباينًا كبيرًا إلى الآن، حتى في بلدان منظمة التعاون الاقتصادي والتنمية. ففي الولايات المتحدة وكندا واليابان، لا يُسمح إلا بتخصيص عدد ضئيل من الإجازات. وبحسب تحليل يُعرف باسم «إعادة النظر في أمة بلا إجازات»، ظهر أن العمال الأمريكيين يحصلون على فترات راحة أقل من نظرائهم في جميع بلدان منظمة التعاون الاقتصادي والتنمية، باستثناء اليابان. وتحديدًا، تبين أنهم يحصلون على نصف عدد الإجازات المتاحة في بقية تلك الدول أو أقل من النصف. مع ذلك، لا يأخذ كثيرون في الولايات المتحدة جميع أيام إجازاتهم.

لذلك تفقَّدنا تبعات الإجازات على الصحة والرفاهة. وماذا عن السعادة بالحياة؟ لقد وضعت البيانات المُستقاة من استطلاع الآراء المنزلي البريطاني (BHPS) الإجازات في منظورها السليم إلى جانب أمور أخرى تجعل الناس سعداء (أو تُعساء). وشمل هذا الاستطلاع

10 آلاف شخص ممَّن صَنَّفوا الإجازة باعتبارها مصدرًا للسعادة، وتحل بمرتبة أعلى من الحيوانات الأليفة.

مع ذلك، كان وقت الفراغ طوال السنة مصدرًا أكبر للسعادة من قضاء إجازةٍ لمرةٍ واحدة؛ هذه نقطة بالغة الأهمية. قَدِّر وقت فراغك الذي نِلته بشق الأنفس حق قدره، حتى لو كنت تستمتع بعملك أيَّما استمتاع؛ انجز الأشياء الأخرى التي تضفي عليك شعورًا بالسعادة أيضًا، ولكن ليس أثناء إجازتك فقط.

-نُشرت هذه المقالة للمرة الأولى في مجلة «ساينتفيك أميريكان» الإلكترونية يوم 7 أغسطس 2013.

النجاح المهني للأزواج يتأثر بشخصية الشريك

بقلم: سيندي ماي

ما الذي يقتضيه الأمر للترقي في العمل؟ من المعروف أن الشخصية تؤثر على البراعة المهنية، إذ يميل أصحاب المداخيل المرتفعة للانفتاح على الآخرين، مدفوعين بالطموح ويقظة الضمير والثقة بالذات. وسواء كُنت تقيس النجاح بالراتب أو بالرضا الشخصي، يميل النجوم البارعون في مكان العمل إلى الاتسام بالنشاط وأن يكونوا استباقيين، وتغمرهم الحاجة الماسَّة لتحقيق الإنجازات.

تشير دراسة مفاجئة إلى أن السمات الشخصية تؤدي دورًا أكبر في نتائج بيئة العمل، وبطريقة غير متوقعة على الإطلاق، وأكثر مما شاع في السابق. فقد اكتشفت «بريتاني سولومون» و«جوشوا جاكسون» من جامعة «واشنطن» أنه بينما تؤثر شخصياتنا على أداء وظائفنا، فإن شخصيات أزواجنا ترتبط بنجاحنا المهني أيضًا.

يبحث كثيرون عن شركاء حياة رومانسيين يتمتعون بالجاذبية الجنسية أو يتحلون بشخصية مُحبَّة، غير أن البيانات المستخلصة من الدراسة أوحت بأن علينا البحث عن عنصر إضافي في رفقائنا، عنصر ربما امتد أثره معنا في أيام عملنا، وكانت له آثار طويلة الأجل على أدائنا الوظيفي.

ما نوع الزوج الذي يساعدك على الارتقاء بدخلك؟ هل ينبغي لك البحث عن حبيب لديه القدرة على المنافسة أم نشط أم محب للاستطلاع؟ شخص عطوف واجتماعي ومتعاون؟ بحسب «سولومون» و«جاكسون»، فإن جائزة الشخصية المثلى ينالها صاحب/صاحبة الضمير الحي.

في دراستهما الطولية، اقتفى الباحثان «سولومون» و«جاكسون» ردود الفعل المُستخلصة من 4544 زوجًا وزوجة، عاش نحو 75٪ منهم تقريبًا ضمن أُسر مصادر دخلها مزدوجة. واستكمل المشاركون في البداية تقييمًا شخصيًا قَاسَ خمس سمات للشخصية: الانفتاح الاجتماعي والوفاق ويقظة الضمير والعصبية والصراحة.

وعلى مدار خمس سنوات، أعرب المشاركون عن نجاحهم المهني الذي قيس بالرضا الوظيفي والأجور مع مرور الزمن والترقيات. وأخيرًا، قدم المشاركون بيانات عن تقسيم المهام المنزلية والقرارات المتعلقة بأسلوب المعيشة والرضا عن الحياة الزوجية.

واكتشف الباحثان «سولومون» و«جاكسون» أن الذين يعيشون مع زوج صاحب ضمير وأكثر يقظةً، يميلون إلى التحلي بإشباع وظيفي أعلى، ونالوا الترقيات بوتيرة أسرع، وصرحوا بحصولهم على أجور أعلى على مدار فترة زمنية امتدت أربع سنوات. لماذا؟ لأن أصحاب الضمير اليقظ يمكن الاعتماد عليهم ومنظّمون ويقدمون للآخرين دعمًا موثوقًا به، ويتحلون ببراعة التخطيط وإدارة حياتهم. وهكذا

افترض الباحثان أن الذين يعيشون مع زوج يقظ الضمير ربما كلَّفوا شركاءهم بعدد أكبر من الأعمال المنزلية الروتينية أو المأموريات القصيرة، ما سمح لهم بتخصيص المزيد من الوقت والجهد للعمل. فمن الممكن أن تُترجم المهام الأقل لغسل الملابس والتكليفات خارج المنزل والمسؤولية الأدنى في البيت، بأجور أفضل وبتقدم مهني أكبر وبزيادة الرضا الوظيفي.

لقد كانت ميزة الزوج يقظ الضمير واضحةً وجليةً في الأسر ذات الدخل الواحد والدخلين على حد سواء، مع العلم أن الأثر كان أعظم في البيوت ذات مصدر الدخل الوحيد. بالتالي، يبدو أن الرفاق يقظي الضمير يقدمون دعمًا كبيرًا سواء عَمِلوا داخل البيت أو خارجه، مع أن أولئك الذين يعملون في البيت كانوا قادرين على إدارة المزيد من مهام رعاية الأطفال والمهام المنزلية.

كانت البيانات متشابهة بالنسبة للرجال والنساء أيضًا، ما يشير إلى أنه بغض النظر عن النوع الاجتماعي، فإن الدعم المستمر في الأعمال المنزلية يرقى بحياتك العملية.

إن أصحاب الضمير الحي لا يخلقون الظروف المناسبة التي تعزز النجاح وحسب، وإنما نراهم قدوة مثالية أيضًا. ومع أننا من المرجح أن نحاكي بعض سلوكيات أزواجنا، فإن وجود شريك يقظ الضمير يوفر القدر الأكبر من المصداقية والإنتاجية في مكان العمل، ما يعزز الأداء الوظيفي.

وأخيرًا، يميل الذين يعاشرون أزواجًا يقظي الضمير إلى الإعراب

عن قدرٍ أكبر من الرضا عن العلاقة، وهذا الرضا الزوجي يقلل التوتر ويسهِّل توجيه الطاقات نحو الجهود المهنية.

إن فكرة أن حياتنا المنزلية يمكن أن تؤثر على أدائنا المهني ليست جديدة. وأثبتت دراسات كثيرة أن التجارب التي يعيشها المرء في البيت يمكن أن يمتد تأثيرها إلى تجاربنا في محل العمل (العكس صحيح)، إذ من الممكن نقل التوتر بين البيت والعمل عبر الشركاء، ويمكن أن يرتبط مزاجك في العمل بمزاج شريكك في البيت. ورغم أن الأبحاث السابقة فحصت الآثار العابرة والزائلة نسبيًا (قد يُفْسِد يوم العمل السيء أمسيتك في البيت على سبيل المثال)، إلا أن النتائج التي توصل إليها «سولومون» و«جاكسون» تدلل على أن شخصية الشريك يمكن أن يكون لها أثر أبقى وأطول أمدًا على النجاح المهني.

ويشير بحثهما أيضًا إلى أن الأحداث التي تقع في البيت لا يجب أن تكون عنيفة أو جسيمة (نقاش حاد أو طفل مريض على سبيل المثال) كي تؤثر على الأداء الوظيفي، بل ربما كان تراكم التجارب والتفاعلات اليومية غير الملحوظة وإنما البارزة والمهمة (تَلَقي دعم متوقع في المهام المنزلية، واتخاذ قرارات مشتركة بشأن قضايا بالغة الأهمية) هي التي تفضي إلى الرضا والنجاح في العمل بمرور الوقت.

قد يكون العثور على شريك الحياة مسألة شاقة، غير أن البيانات المستخلصة من أبحاث «سولومون» و«جاكسون» ربما ساعدت أصحاب الطموحات المهنية الكبيرة على تضييق نطاق بحثهم. ولضمان الازدهار على المستويين الشخصي والمهني، ابحث عن

شخص داعم ويُعتمد عليه ومُنظم ويتحلى بضبط النفس. على أي حال، مَن ذا الذي لن يكون أسعد حالًا مع زوج يحرص بانتظام على تغيير لفافات ورق المرحاض؟

-نُشرت هذه المقالة للمرة الأولى في مجلة «ساينتفيك أميريكان» الإلكترونية في 20 يناير 2015.

القسم السادس

التنوع

كيف يعمل التنوع؟

بقلم: كاثرين و. فيليبس

أول أمر نُقِرُّ به بخصوص التنوع أنه شاق على الأرجح. في الولايات المتحدة، مع أن حوار الإدماج والاستيعاب يُعدُّ متقدمًا نسبيًا، إلا أن ذكر كلمة «التنوع» قد يفضي إلى التوتر والصراع. يختلف قضاة المحكمة العليا بشأن فضائل التنوع وسُبُل تحقيقه، وتنفق المؤسسات مليارات الدولارات لاجتذاب التنوع وإدارته داخليًا وخارجيًا، ومع ذلك تواجه دعاوى قضائية تتعلق بالتمييز، وما تزال الرتب القيادية في عالم الأعمال يسودها البيض والذكور.

من المعقول أن نستفسر عن فائدة التنوع بالنسبة لنا. إن التنوع في الخبرات يضفي مزايا واضحة -لن يخطر على بالك تصنيع سيارة جديدة دون مهندسين ومصممين وخبراء مراقبة الجودة- لكن ماذا عن التنوع الاجتماعي؟ وما النفع المترتب على التنوع في الجنس والعِرق والنوع الاجتماعي والميول الجنسية؟ أثبتت الأبحاث أن التنوع الاجتماعي داخل مجموعة ما يمكن أن يتسبب في حدوث مشقة وتفاعلات أكثر قسوة، وافتقار للثقة، وزيادة الصراعات الشخصية، وتراجع منسوب التواصل، وقلة التجانس، والمزيد من

القلق بشأن عدم الاحترام، وغير ذلك من المشاكل. فما الجانب الإيجابي إذن؟

الحقيقة أنك إن أردت أن تبني فرقَ عمل ومؤسسات قادرة على الابتكار، فأنت بحاجة إلى التنوع. فالتنوع يرقى بالإبداع، ويشجع على الوصول إلى المعلومات ووجهات النظر المبتكرة، ما يؤدي إلى اتخاذ قرارات أفضل وقدرة على حل المشكلات. ويمكن للتنوع أن يُحسِّن الدخل الصافي للشركات، ويؤدي إلى اكتشافات وابتكارات ثورية لا تحدها حدود. إن وجودك في بيئة متنوعة يمكن أن يُغيِّر طريقة تفكيرك. هذا ليس مجرد أفكار وأماني، وإنما استنتاج استخلصتهُ من عقود من الأبحاث المُستقاة من علماء البيئة المؤسسية وعلماء النفس والاجتماع والاقتصاد والسكان.

• المعلومات والابتكار

إن المفتاح لفهم الأثر الإيجابي للتنوع هو مفهوم التنوع المعلوماتي. إذ حين يجتمع الناس لحل المشكلات ضمن مجموعات، فإنهم يجلبون معلومات وآراء ووجهات نظر مختلفة. هذا يتسق مع المنطق عندما نتحدث عن تنوع الخلفيَّات التخصصية. فَكِّر عزيزي القارئ بفريق متعدد التخصصات ينوي صنع سيارة. المنطق ذاته يسري على التنوع الاجتماعي، فالمختلفون عن بعضهم بعضًا من حيث العِرق والنوع الاجتماعي وغير ذلك من الأبعاد يجلبون معلومات وتجارب فريدة للمهمة الجاري إنجازها. قد تختلف رؤية

المهندس عن المهندسة بقدر ما تتباين وجهة نظر المهندس عن عالم الفيزياء، وهذا أمر محمود.

أثبتت الأبحاث التي أجريت على مؤسسات كبرى ومُبتكرة مرارًا وتكرارًا صحة ذلك. على سبيل المثال، درس الأستاذان في إدارة الأعمال «كريستيان ديزو» من جامعة «ميريلاند» و«ديفيد روس» من جامعة «كولومبيا»، أثر تنوع النوع الاجتماعي على أبرز الشركات على قائمة مؤشر «ستاندر آند بورز» الذي يحوي 1500 شركة، وهي مجموعة مُصممة لتعكس حركة وأحوال سوق الأسهم الأمريكية إجمالًا. أولًا، قاما بفحص حجم فرق الإدارة العليا للشركات، وتركيبة النوع الاجتماعي فيها منذ عام 1992 حتى عام 2006. بعد ذلك، درسا الأداء المالي للشركات. وبحسب قولهما، اكتشفا أن «تمثيل الإناث في الإدارة العليا يفضي إلى زيادة قدرها 42 مليون دولار في قيمة الشركة» في المتوسط. وقاسا أيضًا «كثافة ابتكار» الشركات من خلال نسبة نفقاتها على الأبحاث والتطوير في الأصول. واكتشفا أن الشركات التي جعلت الابتكار أولوية قصوى لديها شهِدت مكاسب مالية أكبر متى كانت النساء جزءًا من صفوف القيادة العليا.

من الممكن أن يحقق التنوع العرقي المزايا نفسها. ففي دراسة أجراها عام 2003، «أورلاندو ريتشارد»، أستاذ الإدارة في جامعة «تكساس» في دالاس وزملاؤه، استقصوا مسؤولين تنفيذيين في 177 مصرفًا وطنيًا في الولايات المتحدة، ثم أنشأوا قاعدة بيانات لمقارنة الأداء المالي والتنوع العرقي وتشديد رؤساء البنوك على الابتكار.

بالنسبة للبنوك ذات الركيزة الابتكارية، ارتبطت زيادة التنوع العرقي فيها، بالأداء المالي المُحسَّن.

ويُمكن العثور على الأدلة المتعلقة بمزايا التنوع خارج الولايات المتحدة. ففي أغسطس/آب 2012، أصدر فريق من الباحثين في معهد أبحاث «كريدي سويس» تقريرًا فحصوا فيه 2360 شركة على مستوى العالم خلال الفترة من عام 2005 إلى عام 2011، بحثًا عن الصلة بين التنوع بين الجنسين ضمن مجالس إدارة الشركات والأداء المالي. وبالتأكيد عثر الباحثون على أن الشركات التي تضم ضمن مجالس إدارتها امرأة أو أكثر حققت متوسط إيرادات على الأسهم أعلى ونسبة استدانة أقل (أي صافي نسبة الدين إلى حقوق الملكية) ومتوسط نمو أفضل.

• كيف يحث التنوع التفكير

الدراسات الخاصة بمجموعات البيانات الضخمة لها قيود واضحة: إذ إنها تثبت أن التنوع يرتبط بالأداء الأفضل فقط، وليس بأنه يفضي إلى الأداء الأفضل. غير أن الأبحاث المعنية بالتنوع العرقي في الجماعات الصغيرة تُيسِّر استخلاص بعض الاستنتاجات السببية. ومرة أخرى جاءت النتائج واضحة وجلية: بالنسبة للجماعات التي تُقِيم وزنًا للابتكار والإبداع والأفكار الجديدة، يمثل التنوع عونًا عظيمًا لها.

في عام 2006، شرعنا أنا و«مارغريت نيل» من جامعة «ستانفورد» و«غريغوري نورثكرافت» من جامعة «إلينوي» في «إربانا-شامبين» في

فحص أثر التنوع العرقي على جماعات صناعة القرار الصغيرة، في تجربة كانت مشاركة المعلومات فيها شرطًا للنجاح. كان المشاركون في تجربتنا طلابًا جامعيين يحضرون دورات في مجال الأعمال في جامعة «إلينوي». شكَّلنا فِرَقًا قوام الواحدة ثلاثة أشخاص -بعضها تألف من أعضاء بيض البشرة، وبعضها الآخر من شخصين من أصحاب البشرة البيضاء وثالث من أصحاب البشرة الملونة- وطلبنا إليهم حل لغز جريمة قتل. حرصنا كل الحرص على مشاركة جميع أعضاء الفريق بمجموعة من المعلومات، لكننا أعطينا كل عضو أيضًا قرائن بالغة الأهمية لا يعلمها أحد غيره. وكي يكتشف أعضاء المجموعة الجاني، سيتعين عليهم تبادل جميع المعلومات التي يملكونها خلال نقاشهم. تفوقت المجموعات المتنوعة عرقيًا على المجموعات الخالية من التنوع العرقي إلى حد كبير. إن مصاحبتنا لأشخاص من نفس عرقنا تؤدي بنا إلى الظن بأننا جميعًا نملك المعلومات ذاتها ونتشارك المنظور نفسه. هذا المنظور منع المجموعات من بيض البشرة من معالجة المعلومات بكفاءة، ما عرقل الإبداع والابتكار.

اكتشف باحثون آخرون نتائج مثيلة، ففي عام 2004، تآزر الأستاذ «أنثوني ليسينغ أنطونيو» من قسم الدراسات العليا لكلية «ستانفورد» للتعليم مع خمسة من زملائه من جامعة «كاليفورنيا» في لوس أنجليس، ومؤسسات أخرى، بغية فحص أثر التركيبة العرقية على تكوين الآراء في نقاشات المجموعة الصغيرة. وشارك أكثر من 350 طالبًا من ثلاث جامعات في الدراسة. طُلب إلى أعضاء المجموعة

مناقشة قضية اجتماعية مُهيمِنة (عمالة الأطفال أو عقوبة الإعدام) لمدة 15 دقيقة. دوَّن الباحثون الآراء المخالِفة، وطلبوا من أعضاء سود وبيض البشرة على حد سواء نقلها إلى مجموعاتهم. وعندما عرض شخص أسود البشرة رأيًا مخالفًا على مجموعة من البيض، تلقته المجموعة بوصفه أكثر ابتكارًا، وأفضى ذلك إلى تفكير أوسع نطاقًا، والأخذ بالاعتبار للبدائل المطروحة، مقارنة بعرض شخص أبيض البشرة المنظور المخالف ذاته.

الدرس المستفاد: عندما نسمع معارضة من شخص مختلف عنَّا، فإن ذلك يستنفر العقل ويثير التفكير أكثر مما لو نقل لنا ذاك الرأي المخالف شخص يشبهنا.

هذا التأثير لا يقتصر على العِرق. على سبيل المثال، سألت أنا وأساتذة الإدارة «دينيس ليوين لويد» من جامعة «إلينوي» و«سينثيا وانغ» من جامعة ولاية «أوكلاهوما» و«روبرت بي لونت جونيور» من جامعة «أوهايو»، 186 شخصًا عما إذا كانوا ينتمون إلى الديموقراطيين أو الجمهوريين، ثم طلبنا إليهم قراءة لغز جريمة قتل وتحديد الجاني برأيهم. بعد ذلك، طلبنا من المشاركين التجهيز لاجتماع مع عضو آخر من أعضاء المجموعة بكتابة مقالة يعرضون فيها آراءهم. الأهم من ذلك، في جميع الحالات، قلنا للمشاركين إن شريكهم خالفهم الرأي، وإنهم بحاجة للتوصل إلى توافق معه، وطُلب إلى الجميع الإعداد لإقناع شريكهم في الاجتماع بالتحيز إلى جانبهم. غير أن نصف المشاركين طُلِب منهم التجهيز لعرض حجتهم على عضو

من أعضاء الحزب السياسي المعارض، وطُلِب من النصف الآخر عرض حجتهم على عضو من أعضاء حزبهم.

كانت النتيجة أن الديموقراطيين الذين قيل لهم إن أحد رفاقهم في الحزب عارضهم الرأي تأهبوا بمستوى أقل للنقاش مما فعل الديموقراطيون الذين قيل لهم إن جمهوريًا خالفهم الرأي. وأبدى الجمهوريون النمط ذاته. عندما ينبع الخلاف من شخص مختلف اجتماعيًا، فإننا نتحفز للعمل بكدٍ أكثر. فالتنوع يستنفر عقولنا ويحثنا على العمل المعرفي بطرق لا يفعلها التماثل والتجانس ببساطة.

لهذا السبب، يبدو أن التنوع يفضي إلى أبحاث علمية أعلى جودة. في عام 2014، درس «ريتشارد فريدمان» أستاذ الاقتصاد في جامعة «هارفرد» ورئيس مشروع فريق العمل العلمي والهندسي في المكتب الوطني لأبحاث الاقتصاد، فضلًا عن «واي هوانغ» وكان مرشحًا للحصول على درجة الدكتوراه من جامعة «هارفارد»، الهوية العرقية لمؤلفي 1.5 مليون بحث علمي بين عامي 1985 و2008، باستخدام شبكة العلوم التابعة لوكالة أنباء «تومسون رويترز»، وهي عبارة عن قاعدة بيانات شمولية للأبحاث المنشورة. اكتشفا أن الأبحاث التي وضعتها مجموعة عرقية متنوعة تَلقَّت استشهادات أكثر وتمتعت بعوامل تأثير أعلى من نظيراتها التي وضعها أشخاص من المجموعة العرقية ذاتها. فضلًا عن ذلك، اكتشفا أن الأبحاث الأقوى كانت تلك التي ارتبطت بعددٍ أكبر من المؤلفين، وبالتنوع الجغرافي، والعدد الأكبر من المراجع، إذ عكست تنوعًا فكريًا أوسع.

• **قوة التوقع**

إن التنوع لا يتعلق في جوهره بطرح وجهات نظر مختلفة على طاولة البحث فقط، وإضافة التنوع الاجتماعي لمجموعة ما يجعل الناس ببساطة يظنون أن الاختلافات في الآراء ربما تكون موجودة بينهم، وهذا الظن يجعل الناس يغيرون سلوكهم.

إن أعضاء المجموعة المتجانسة يطمئنون نوعًا ما إلى أنهم سيتفقون في ما بينهم، وأنهم سيفهمون منظورات وآراء بعضهم بعضًا، وسيكون من السهل عليهم الوصول إلى إجماع. لكن حين يلاحظ أعضاء المجموعة أنهم مختلفون اجتماعيًا، فإنهم يغيرون توقعاتهم، ويتوقعون حدوث اختلافات في الآراء والمنظورات، ويفترضون أنهم سيحتاجون للعمل بكدٍ أكثر للوصول إلى إجماع. هذا المنطق يساعد على تفسير الجانبين الإيجابي والسلبي للتنوع الاجتماعي: الناس يعملون بكدٍ أكثر في بيئات متنوعة إدراكيًا واجتماعيًا. قد لا يروق لهم ذلك، غير أن الكد في العمل يمكن أن يفضي إلى نتائج أفضل.

في دراسة أجريت عام 2006 عن النحو الذي تتخذ به هيئة المحلفين قراراتها، اكتشف عالم النفس الاجتماعي «صاموئيل سومرز» من جامعة «تافتس» أن الجماعات المتنوعة عرقيًّا تبادلت نطاقًا أكبر من المعلومات خلال التداول بشأن قضية اعتداء جنسي مقارنةً بنطاق المعلومات الذي تبادلته الجماعات المؤلفة من البيض دون غيرهم. وبالتعاون مع القضاة ومنظمي هيئات المحلفين في قاعة محكمة في «ميشيغان»، أجرى «سومرز» محاكمات زائفة أمام هيئة

محلفين بحضور مجموعة من المحلفين الحقيقيين المُختارين. ورغم أن المشاركين كانوا يعلمون أن المحاكمة الزائفة عبارة عن تجربة برعاية المحكمة، إلا أنهم لم يعرفوا أن الغرض الحقيقي من البحث كان دراسة أثر التنوع العرقي على صناعة هيئة المحلفين لقراراتها.

وشكّل «سومرز» هيئات المحلفين من ستة أشخاص، إما من محلفين بيض كليًا، وإما من أربعة من البيض واثنيْن من السود. وكما يمكن أن تتوقع عزيزي القارئ، كانت هيئات المحلفين المتنوعة أفضل في دراسة حقائق القضية، واقترفت أخطاءً أقل بما يخص استعادة المعلومات وثيقة الصلة بالقضية، وأبدت انفتاحًا أكبر على مناقشة دور العِرق في القضية. ولم تَحْدُث هذه التطورات بالضرورة لأن المحلفين السود جلبوا معلومات جديدة إلى الجماعة، وإنما لأن المحلفين بيض البشرة غيروا سلوكهم بحضور المحلفين السود، ومع وجود التنوع، كانوا أكثر اجتهادًا وانفتاحًا على الأمور.

• تمرين جماعي

لنبْحث السيناريو التالي: أنت مُنْكَب على كتابة جزء من بحث استعدادًا لعرضه في مؤتمر مقبل. تتوقع شيئًا من المعارضة وصعوبة محتملة في التواصل لأن معاونك أمريكي وأنت صيني. بسبب هذا التمايز الاجتماعي بينكما، يُحتمل أن ينصب تركيزك على أوجه اختلاف أخرى بينك وبين ذاك الشخص، كثقافته وتنشئته وخبراته، وأعني أوجه اختلاف لا تتوقعها من مُتَعَاوِن صيني آخر. فكيف تعد

العدة للاجتماع؟ على الأرجح، ستكد في العمل بقدر أكبر لتفسير مبرراتك المنطقية والبدائل المتوقعة أكثر مما تفعل في المعتاد.

هذه هي الآلية التي يعمل التنوع بموجبها: تعزيز الكد في العمل والإبداع والتشجيع على دراسة البدائل حتى قبل حدوث التفاعل الشخصي. إن الألم المرتبط بالتنوع يمكن أن يُعدَّ نظيرًا لذاك المرتبط بالتمارين الرياضية. عليك أن تحُث نفسك على شد عضلاتك. ومن طلب العلا، كما في المقولة المأثورة، سهر الليالي. وعلى النحو ذاته، إننا بحاجة إلى التنوع -في فِرق العمل والمؤسسات والمجتمع ككل- لو كان لنا أن نتغير وننمو ونبتكر.

-نُشرت هذه المقالة للمرة الأولى في مجلة «ساينتفيك أميريكان»، العدد 311 (الطبعة الرابعة) في أكتوبر 2014.

العُمر في مكان العمل

بقلم: مايكل فالض نشتاين وساشا سومر

إنهم يتحركون ببطءٍ شديد، وينسون الأشياء، ولا يتسمون بالمرونة، ولا يزاولون العمل الجماعي، وليس بوسعهم التكيف مع التقنيات الجديدة. كثير من الناس يصفون الموظفين الأكبر سنًا بتلك الصفات، وغالبًا ما تكون تلك التوصيفات من الأسباب التي تدعو مدراء شؤون الموظفين إلى توظيف الموظفين الأصغر سنًا.

لكن هل هذه الرؤى مستدامة؟ وهل يتسم أداء الموظفين الأكبر عُمرًا بالضعف؟ إن صح ذلك، ففي أي المهام يتدنى أداؤهم؟ إن علماء الأعصاب والنفس النشطين في مجال «الشيخوخة الإدراكية» يتحققون بشأن هذه الأسئلة، وما عثروا عليه إلى الآن مفاجئ: رغم أن الأشخاص الأكبر سنًا قد يكونون أبطأ في أداء بعض المهام، إلا أنهم أسرع في حقيقة الأمر في أداء مهام أخرى، وفي أغلب الحالات، وُجِد أنهم أقل عرضةً لارتكاب الأخطاء. وكشفت الأبحاث أيضًا أن وظائف عقلية بعينها تتأثر بأوجه قصور محتملة مرتبطة بالعُمر، وأن التغيرات الطفيفة في مكان العمل يمكنها تعويض أوجه القصور تلك.

• الأسرع قد لا يكون أفضل

هناك تركيز كبير في بيئة العمل في وقتنا الراهن على السرعة والمرونة؛ حتى أن سائقي توصيل الطلبيات الذين سلكوا الدروب عينها لسنوات يجدون الآن أن مساراتهم ربما تتغير يوميًا. ويتطلب التعامل مع بيئة متغيرة «ذكاءً مرنًا»؛ أعني القدرة على التبديل بسهولة بين المهام المختلفة، وإعادة توجيه الانتباه، وحجب المعلومات غير ذات الصلة أو المشتتة للانتباه.

يميل كبار السن إلى صعوبة التنسيق بين المهام المتنافسة، وفق ما أثبتته عالمة النفس «يوتا كراي» من جامعة «سارلاند» في ألمانيا. فقد عرضت على مجموعة من الأشخاص بأعمار مختلفة صورًا على شاشة الحاسوب، وطرحت عليهم أسئلة أجبرتهم على الانتقال بسرعة بين تمييز أشكالٍ وألوانٍ محددة على شاشات متغيرة. ولم يُبلِ المشاركون الأكبر من 50 عامًا بلاءً أفضل في المتوسط مقارنة بأقرانهم. بالنسبة لهم، كان المجهود الذهني المطلوب للانتقال بين المهام أكبر.

لكن أنباء سارة ظهرت، ووضعت صورة «العجوز المفتقر للمرونة» في منظورها السليم. فقد أدى المشاركون الأكبر عُمرًا أداءً أفضل بصورة ملحوظة بعد أن تدربوا على سبل تحسين ردود فعلهم. وأشار نجاحهم إلى أن أوجه قصور الأداء المرتبطة بالعُمر يمكن التغلب عليها إذا بنيت المواقف المرتبطة بالعمل على النحو السليم.

مع تطور الأبحاث، تتلاشى أمثلة كثيرة عن أوجه القصور المفترضة والمرتبطة بالعُمر. لقد تعاونًا أخيرًا مع «جوليانا يوردانوفا»

و«فاسيل كوليف» من الأكاديمية البلغارية للعلوم في العاصمة البلغارية صوفيا، بخصوص تجارب رسمت صورة أدق للوظائف العقلية.

في أحد الاختبارات، عرضنا على المتطوعين من شتى المراحل العمرية أربعة أحرف: A و E و I و O. إما شاهدوا جميعهم الأحرف وهي تظهر عشوائيًا على الشاشة الواحد تلو الآخر، وإما سمعوها تُنطق عبر سماعات الرأس. وطلبنا من المشاركين الاستجابة لكل حرف بأسرع ما يمكن بالضغط على زر، لكن كان عليهم استخدام إصبع مختلف لكل حرف. لذلك أرغمتهم مهمة «رد فعل الاختيار» على أن يقرروا في كل مرة كيف يستجيبون. وقيل لمشاركين آخرين، عملوا عمل المجموعة الضابطة، أن عليهم الاستجابة باستخدام الإصبع ذاته في كل مرة.

استخدمنا الرسوم الكهربائية للدماغ لقياس الاحتمالات المتعلقة بالحدث؛ الموجات الدماغية التي نشأت أثناء الإدراك الحسي والمعالجة الإدراكية. وبفحص مكونات هذه الموجات، استطعنا تتبع العمليات العصبونية الفردية. بالنسبة لمهمة الاستجابة الخاصة بنا، مثَّل الجزء الأول من الإشارة معالجة المحفزات البصرية أو السمعية، والثاني تعلق بالتفكير وصناعة القرار، والثالث شكَّل الإشارة الدماغية التي تُجهِّز الإصبع للحركة.

وكما هو متوقع، استغرق المشاركون الأكبر فترةً أطول نوعًا ما، ومع ذلك ارتكبوا أخطاءً أقل (باستخدام الإصبع الخاطئ)، وكان السبب مثيرًا. فقد أثبت التحليل التفصيلي أن كبار السن عالجوا

المحفزات البصرية والسمعيَّة بنفس السرعة التي عالجها الشباب، وبيَّن أن أدمغتهم فكرت واتخذت قرارات بنفس البراعة أيضًا. التأخر الوحيد حدث في مرحلة الاختبار الأخيرة؛ ألا وهي الإشارة الدماغية التي تُجهِّز الإصبع للتحرك. أظهر كبار السن أن بدء الاستجابة الحركية أعلى. وبدا أن أدمغة الأكبر سنًا تعمل بحسب شعار: «من الأفضل أن تكون بطيئًا ولكن على حق». وتوصلت العديد من الدراسات الأخرى المرتبطة بالاحتمالات المتعلقة بالحدث إلى النتيجة عينها.

لهذه الرؤية الثاقبة انعكاسات بالغة الأهمية على محل العمل. هناك وظائف بعينها تتطلب اختيارات وتصنيفات متكررة، ومثال على ذلك وظيفة مراقبة الجودة في إحدى شركات التصنيع. إذ أثبتت الدراسات أن العمليات المرتبطة بتلك الوظيفة لا تتأثر بشدة لدى العُمال من كبار السن، ولا يوجد ما يدعو إلى حرمانهم من مثل هذه الوظائف. ورغم أن الاستجابة الحركيَّة الفعلية كانت أبطأ نوعًا ما، فمن الممكن أن تكون هذه ميزة: معدل الخطأ الأقل هو ما يُقيم له أرباب الأعمال وزنًا في وظائف مراقبة الجودة.

• التشتت!

كشفت تجارب أخرى أجريناها أن كبار السن يرتكبون أخطاءً أقل إلى حد كبير، لأنه من الأصعب أن يتشتتوا. هذا الكشف كان مفاجئًا، لأن الرأي الشائع يفيد بأن الأشخاص الأكبر سنًا أكثر تعرضًا لتشتت الانتباه.

وأثبتت اختبارات التشتت البصري، أجرتها مجموعتنا على شاشة حاسوب بمساعدة «برونو كوب»، وهو مختص بعلم النفس العصبي في جامعة «براونشفايغ» في ألمانيا، قيمة الاستجابة المتأخرة أيضًا. في الأساس، حين ظهرت أضواء مُشتتة على الشاشة، استهل المشاركون الأصغر استجاباتهم بالضغط (بشكل خاطئ) على الزر قبل أن يستوعبوا بالكامل أن استجاباتهم كانت خاطئة. وبدأ كبار السن إشارة تفعيل «الضغط على الزر» لاحقًا، مما حال بينهم وبين ارتكاب أخطاء. إن المشاركين الذين كانوا أبطأ تمتعوا بميزة أداء كبيرة. هذه القدرة يمكن أن تكون مفيدة جدًا في العديد من الوظائف، ناهيك عن المواقف الحياتية اليومية كتوجيه سيارة عبر تقاطع مزدحم وحافل بأسباب التشتت.

لقد أظهرت أبحاثنا أن كبار السن لا يؤدون أداء جيدًا تحت ضغط الوقت الشديد، لا سيما لو تحتَّم عليهم البحث بصريًا عن هدف. في مثل هذا الظرف، تمتع المشاركون الأكبر سنًا بفترات استجابة أطول ومعدلات خطأ أعلى، ووجدوا الاختبار أكثر إنهاكًا أيضًا. لكن هنا تحديدًا يمكن التخفيف من وطأة مثل هذه المشكلات في محل العمل. لقد كان في الإمكان مثلًا إعطاء سائقي الشاحنات من كبار السن نظم ملاحة داخل الشاحنات بوسعها إمدادهم بتعليمات منطوقة، بدلًا من الخارطة المعروضة على شاشة صغيرة. وحقيقة الأمر أن مجموعتنا تعكف على دراسة النحو الذي ينبغي تصميم مثل هذا النظام.

- **إعادة هيكلة المكاتب والعقول**

نظرًا لأن كبار السن يحققون أداءً أفضل من الشباب في العديد من المهام، فمن الخطأ تصنيفهم على أنهم أقل قدرةً عمومًا. وأوجه القصور المتواضعة يمكن التغلب عليها عن طريق تعديل بيئة العمل. ففي ظل الاختبارات الفسيولوجية العصبية، يستطيع الباحثون تحديد أسباب الأداء المتواضع، وإعادة تصميم بيئات العمل بشكل ملائم.

وينبغي أن نلاحظ أيضًا أنه في عالم الأعمال الحقيقي ليست السرعة والدقة عامليْ النجاح الوحيديْن. إذ عادة ما يكون الموظفون الأكبر سنًا قد اكتسبوا معرفةً وخبرة لا يملكها الموظفون الأصغر. علاوة على ذلك، غالبًا ما يتميز الأشخاص الأكبر بكفاءة أعلى على المستوى الاجتماعي، ما يجعلهم أكثر جاذبية عند التواصل مع العملاء وتأدية مهام إسداء المشورة.

فضلًا عن ذلك، حتى عندما يثبت أن موظفًا أكبر سنًا أبطأ في أداء وظيفة ذهنية بعينها في البداية، يكون بوسع الشبكات العصبية أن تعيد هيكلة نفسها بمرور الوقت. على سبيل المثال، أثبت أستاذ علم الأعصاب الإدراكي «روبرتو كابيزا» من جامعة «ديوك» أن كبار السن الذين جاء أداؤهم متدنيًا في اختبار الذاكرة نشَّطوا مناطق الدماغ نفسها التي نشطت لدى المشاركين الشباب، ومع ذلك فالكبار الذين جاء أداؤهم رائعًا كان لديهم نمط تنشيط مختلف. هذه النتائج توضِّح أن إعادة الهيكلة العصبية بوسعها تعويض أوجه القصور، ولو أنه ليس بمقدور كل دماغ أكبر عُمرًا تنفيذ ذلك.

ستكون إعادة هيكلة كل من بيئات العمل وشبكات الدماغ ضرورية في سوق العمل في المستقبل؛ فسن التقاعد آخذ في الارتفاع، ومعدلات المواليد المنخفضة تعني أن عددًا أقل من الناس سينضمون إلى القوة العاملة. قد تتجاهل مكاتب شؤون العاملين التي تساوي بين «فوق 45 عامًا» و«أكبر من اللازم»، مصدرًا رئيسًا للموظفين لا يزال سوق العمل بحاجة إليهم.

-نُشرت هذه المقالة للمرة الأولى في مجلة «ساينتفيك أميريكان مايند»، العدد 17 (الطبعة الثالثة) في يونيو/ يوليو 2006.

تحديات ومسؤوليات حتى الإنهاك!

بقلم: فرانشيسكا جينو وأليسون وود بروكس

نعلم جميعنا حقيقة أن النساء مُمثَّلات تمثيلًا منقوصًا في مناصب السلطة؛ إذ يشكلن أقل من 5٪ من الرؤساء التنفيذيين ضمن قائمة «فورتشن 500»، وأقل من 15٪ من المسؤولين التنفيذيين، وأقل من 20٪ من إجمالي الأساتذة المتفرغين في العلوم الطبيعية، و6٪ فقط من الشركاء في شركات رؤوس الأموال الاستثمارية. ولم تتقلد امرأة واحدة قط منصب رئيسة الولايات المتحدة.

اختلال توازن النوع الاجتماعي هذا في المناصب العليا لفت انتباه العلماء عبر التخصصات المختلفة لسنوات. وحتى تاريخ كتابة هذه المقالة، حدَّدت الأبحاث سببين رئيسيين لأوجه الاختلاف المتعلقة بالنوع الاجتماعي في المناصب العليا. أولًا أن النساء يتعرضن للتمييز غالبًا، بناءً على النوع الاجتماعي في مكان العمل. وتواجه النساء تحديات أكبر لأفكارهنَّ والتشكيك بقدراتهن في العمل، ويرجع ذلك جزئيًا إلى أن الناس ينظرون للنساء بوصفهن أدنى كفاءة من الرجال، ومن المستبعد بقدر أكبر أن يتسلمن مناصب القيادة العليا. ومع محاولة النساء الانخراط في سلوكيات حازمة،

غالبًا ما يتعرضن للنقد وردود الفعل العنيفة. على سبيل المثال، قُوبل القرار الأخير لـ«ماريسا ماير» الرئيسة التنفيذية لشركة «ياهو» بأخذ الحد الأدنى من إجازة الأمومة فور ولادة توأميها بالنقد والاستياء، بل وحتى بالغضب الشديد. ثانيًا، قد تؤثر أوجه الاختلاف في آراء وقرارات وسلوكيات الرجال والنساء على تقدمهم المهني؛ وأعني أوجه الاختلاف المدفوعة غالبًا بالمعايير الثقافية المكتسبة أو الخوف من ردود الفعل العنيفة. على سبيل المثال، يميل الرجال للانخراط بقدر أكبر من النساء، في سلوكيات مهيمنة أو عدوانية، وأن يستهلوا المفاوضات ويختاروا بأنفسهم البيئات التنافسية، وهي السلوكيات قد تُسهِّل التقدم المهني على الأرجح.

هذه النتائج على قدر من الأهمية كما هو واضح، وتُذكِّرنا بالشكل الذي بدت عليه القوة العاملة منذ بضعة عقود؛ وجوه ذكورية كثيرة ووجوه أنثوية نادرة. مع ذلك، أجرينا أبحاثًا توحي بأن هناك شِق هام آخر للقصة: الرجال والنساء لديهم تفضيلات متباينة جوهريًا للوصول إلى مناصب عليا في بيئة العمل.

جمعنا بيانات من تسع دراسات لما يربو على 4000 شخص من شرائح سكانية متباينة، من بينهم مسؤولين تنفيذيين يتقلدون مناصب عليا، وراشدين عاملين شاركوا في استطلاعات رأي عبر شبكة الإنترنت، وأبرز خريجي برنامج ماجستير إدارة الأعمال وطلاب جامعيين. أثبتت نتائجنا أن لدى النساء، في جميع مراحل الحياة، أهداف حياتية أكثر، والنسبة الأقل من تلك الأهداف ترتبط بالوصول

إلى مركز القوة في مكان العمل. وتنظر النساء إلى المناصب العليا، شأنهن شأن الرجال، بأن بلوغها أمر ممكن، غير أنها أقل إغراء بالنسبة لهن. ورغم أنهن يربطن التقدم المهني بنفس النتائج الإيجابية مثل الرجال (الاحترام والوجاهة والمال)، تربط النساء بين التقدم ونتائج أكثر سلبية (التوتر وقيود الوقت والمفاضلات). بالطبع، لسنا مُخَوَّلين كي نجزم إذا كانت هذه التفضيلات خاطئة أم صحيحة. كل ما في الأمر أنها موجودة.

لننظر إلى المثال التالي: بعد تفكير متروٍ، قررت مديرة من الإدارة الوسطى نعرفها تمام المعرفة أن ترفض ترقية رفيعة المستوى عُرِضت عليها. وانطوى ذاك المنصب على ميزات منها قيادة فريق قوامه 30 شخصًا موهوبًا، والمشاركة في صناعة القرارات الاستراتيجية للشركة. كانت الترقية ستضمن لها نفوذًا أكبر وأموالًا أكثر وسلطةً أعظم، وتكسبها احترام زملائها. لم يكن لديها أدنى شك أنها ستبرع في العمل الذي ستُكلف به. أي أنها لم ترفض الترقية لانعدام ثقتها بنفسها، وإنما، رغم إغراء المنصب، تنبأت بالعديد من الجوانب السلبية: المزيد من القلق والتوتر، مفاضلات صعبة في تخصيص وقتها لأنشطة العمل وخارجه. كان من المرجح أن يخلق المنصب الأعلى صراعات مع أهداف حياتها الأخرى، كتأسيس عائلة والحفاظ على صداقاتها وحُب زوجها والحفاظ على لياقتها البدنية. رفضت الترقية ليس لأنها لا تستطيع القيام بمهام المنصب الجديد، ولا لأنها لم تكن ترغب بها، وإنما لأنها أرادت أشياءً أخرى أيضًا.

في محاضرات الماجستير لإدارة الأعمال والفصول التنفيذية، وأثناء زياراتنا الميدانية لشركات في مجموعة واسعة من الصناعات، التقينا عددًا كبيرًا من النساء أمثالها؛ نساء قررن ألا يتقدمن في مهنهن، حتى عندما سنحت لهن الفرص لذلك، وكانت لديهن ثقة لا تتزعزع بقدراتهن. كانت تفضيلاتهن لبلوغ مناصب عليا في محل العمل مختلفةً عن تفضيلات أقرانهن الذكور.

توحي أبحاثنا الحديثة بأن هذا التباين في التفضيلات بين الرجال والنساء شائع جدًا. ففي واحدة من دراساتنا مثلًا، عرضنا على نحو 630 متخرجًا حديثًا من برنامج ماجستير إدارة الأعمال المرموق سُلمًا درجاته من 1 إلى 10. طلبنا منهم أن يتخيلوا أنه يمثل شكلًا هرميًا للتقدم المهني في صناعتهم الراهنة، ثم طلبنا منهم بيان ثلاثة مناصب على السلم:

1. منصبهم الحالي في مجال عملهم.
2. المنصب المثالي بالنسبة لهم.
3. أعلى منصب يستطيعون تقلده.

لم نجد أي فروق بين الرجال والنساء في المنصب الحالي الذي صرحوا به. وصرح الرجال والنساء بمستويات عالية بالمثل بالنسبة لأعلى منصب يمكن أن يتقلدوه. غير أن المنصب المثالي للنساء كان أدنى من الرجال.

اكتشفنا النمط ذاته لنتائج دراسات استعانت بشرائح سكانية أخرى، كالراشدين الذين يعملون في نطاق واسع من الصناعات،

وكذلك طلاب الجامعات. على سبيل المثال، طلبنا في واحدة من الدراسات من 500 شخص أن يتخيلوا حصولهم على ترقية لمنصب أعلى في مؤسستهم الحالية. قلنا لهم إن ذاك المنصب سيزيد إلى حد كبير من مستوى سلطتهم على الآخرين. تنبأ المشاركون بمدى تمتعهم بنتائج إيجابية وسلبية إذا استقر رأيهم على قبول الترقية، وتمثلت النتائج الإيجابية بالرضا أو السعادة والفرص العظيمة والمال والمكانة أو النفوذ. أما النتائج السلبية فكانت التوتر أو الإرهاق والمفاضلات الشاقة أو التضحيات وقيود الوقت وعبء المسؤولية والتعارض مع الأهداف الحياتية الأخرى. وأشار المشاركون أيضًا إلى مدى ميلهم إلى الترقية واحتمال سعيهم للحصول عليها.

اكتشفنا أن الإناث المشاركات توقعن أن تجلب لهن الترقية في طياتها نتائج سلبية مقارنة بالمشاركين الذكور، غير أنهن توقعن المستوى ذاته من النتائج الإيجابية. الأدهى من ذلك أن الإناث المشاركات نظرْن إلى الترقية المحتملة باعتبارها أقل جاذبية مقارنةً بالرجال، وقلن إنه من المستبعد أن يسعين لنيلها مقارنةً بالرجال.

يتعلق التفسير بالأهداف الحياتية الأساسية للناس، إذ حين طلبنا من الرجال والنساء سرد أهدافهم، ذكرت النساء أهدافًا أكثر، وارتبطت نسبة أقل من أهدافهن بتحقيق السلطة في مكان العمل. بطبيعة الحال، إذا كانت أهدافك أكثر، فلن يكون بوسعك تخصيص نفس الوقت والاهتمام لكل منها (في المتوسط)، بما في ذلك التقدم المهني.

قد تتساءل: من أين تأتي هذه التفضيلات؟ ربما تكون نتاج اختلافات جنسية بيولوجية، أو تفضيلات مُكتسبة تطورت استجابةً لأعراف ثقافية وتمييز بحسب النوع الاجتماعي، أو كلاهما. على أي حال، يتعلم الناس كيف يفكرون ويتصرفون وفقًا لتجاربهم وملاحظاتهم وتفاعلاتهم في العالم. على سبيل المثال، اكتشفت الأبحاث أن النساء يعلنَّ عن آرائهن على الملأ أقل من الرجال، نظرًا لوعيهنَّ بردة الفعل العنيفة التي كثيرًا ما يتعرضن لها بسبب إعرابهنَّ عن آرائهن.

بالمثل، قد تكون لدى المرأة رغبة جامحة في السلطة، لكنها ترى ربما كيف تتصرف النساء اللائي يشغلن مناصب عليا وكيف يُعامَلن، ويستقر رأيها على أن السلطة هدف غير مرغوب فيه بالنسبة لها.

وتُقدِّم النتائج التي توصلنا إليها لمحةً سريعة عن ثقافتنا الآن. لو أجرينا تلك الدراسات عينها منذ خمسين عامًا (أو بعد خمسين عامًا من الآن)، لكانت إجابات الناس (وستكون) مختلفة. الآن، من المرجح أن النساء لديهنَّ أهداف أكثر في الحياة، لأن السعي وراء أهداف مهنية وأسرية في آن واحد مفهوم حديث نسبيًا بالنسبة لهن. هذه المساعي الثنائية كانت أقل شيوعًا بكثير حتى منذ خمسين عامًا. ورغم أن النساء ما زلن مهتمات بإقامة علاقات متينة وبالزواج وبناء الأسرة، نجد أنهن يسعين أيضًا وبشكل متزايد إلى شغل وظائف مُشبِعة. هذا هو حال المجتمع الآن. إننا متحمسون لنرى كيف ستتحول الأمور في المستقبل. لا يمكننا الجزم بما إذا كانت نصيحة

«ساندبرغ» بـ «قبول المزيد من التحديات والمسؤوليات في العمل» صحيحة، أم كان قرار «ماريسا ماير» بأخذ إجازة أمومة مُختصرة مثاليًا بالنسبة لها أم لشركة «ياهو» أم لثقافتنا، غير أن أبحاثنا أضافت قطعة جديدة إلى اللغز. حتى في المجتمعات التي تُقِيم وزنًا للمساواة بين الجنسين في عصرنا الحالي، نجد أن انعدام المساواة بينهما في المناصب العليا ما زال قائمًا جزئيًا، لأن النساء يُردن أمورًا مختلفة وأشياء أكثر من الرجال.

-نُشرت هذه المقالة للمرة الأولى في مجلة «ساينتفيك أميريكان» الإلكترونية بتاريخ 3 نوفمبر 2015.

دعوة للجميع

بقلم: فيكتوريا بلوت

كلما تحدَّثتُ أمام جمهور عن التنوع، يُطرح عليَّ السؤال نفسه: كيف نُحَقِّق التنوع؟ بدا أن جماهيري كلهم -المدارس والأقسام الأكاديمية والشركات ومؤسسات الرعاية الصحية وشركات المحاماة- حائرون ومشوشون. هم يريدون الوصفة السِريَّة أو قائمة التدقيق المُحْكمة، ويعْقِدون الآمال على أن أقول لهم: «إذا اتبعتم هذه الخطوات البسيطة، ستضمنون التنوع والشمول». دعوني إذن أبدأ ببيان إخلاء المسؤولية التالي: لا وجود لطريقة بسيطة مُثْبَتة لضمان تمثيل مجموعة ما التمثيل الأمثل عبر الحدود العرقية أو الإثنية أو الاجتماعية-الاقتصادية أو الجنسانية.

تتداخل المفاهيم المغلوطة الشائعة، من واقع تجربتي، مع رغبة كثير من الناس والمؤسسات الصادقة في خلق بيئة أكثر شمولًا واحتواءً في مقار العمل أو في الفصول الدراسية. أولًا، يفترض أغلبنا أننا لسنا بحاجة إلى التفكير في ما يجعلنا مختلفين كي نعزز التنوع. ثانيًا، نعتقد أن الجميع يختبرون البيئات الدراسية أو بيئات العمل على النحو ذاته في الأساس. ثالثًا، لو وقعت المشاكل، فإننا نفترض أنه ليس بيدنا حيلة تجاهها شخصيًا

إلى حد كبير لأنها إما تكون بنيوية أكثر من اللازم، وإما ناتجة غالبًا عن أشخاص متحيزين (يمكن تغيير آرائهم عبر التدريب المتخصص).

أثبتت الأبحاث أن هذه الفرضيات، رغم شيوعها على نطاق واسع، خاطئة. وتشبثها المستمر بالعقول يُؤجج الانطباع المضلل بأن كل ما يتطلبه الأمر للعمل في مجالات العلوم والتكنولوجيا والهندسة والرياضيات (STEM) أن يتحلى المرء بالكفاءة والحافز، مع سهولة وصوله إلى الأدوات السليمة. هذه الأغاليط بدورها تفضي إلى نتيجة زائفة مفادها أنه إذا لم يَلْحق الناس بميدان العلوم أو لم يستمروا فيه، فلا بد أن السبب يعود إلى عجزهم عن ذلك أو عدم رغبتهم فيه.

من حسن الطالع أن المنفتحين على المحاولة بوسعهم تغيير فرضياتهم. ثمة أدلة متزايدة منبثقة من علم النفس الاجتماعي التجريبي وعلم الاجتماع المؤسسي توحي بأن بعض النُهُج تجاه خلق بيئات أكثر احتواءً، من المرجح أن تثبت نجاحها أكثر من غيرها. ويتمخض الفهم الجديد والثقة المتزايدة بنتائج الأبحاث الأخيرة عن بيئات أكثر احتواءً في عدد من المؤسسات.

• انسَ التعامي والتجاهل

لعل هناك عالم مثالي نجد فيه العِرق أو النوع الاجتماعي غير ذي صلة بمكان العمل أو قاعات الدراسة. لكن في عالمنا هذا يجد غالبية الناس أنه من الأسهل أن نزدهر في بيئة داعمة على نحو فعال، ويكون من الآمن الاختلاف فيها.

منذ عدة سنوات، أجريت أنا وزملائي دراسةً في إحدى مؤسسات الرعاية الصحية ضمت علماء وأطباء وممرضات وغير ذلك من العاملين في مجال الرعاية الصحية. وسألنا المشاركين عما إذا كانوا يعتقدون أن أوجه الاختلاف العرقية والإثنية ينبغي تجاهلها بقوةٍ أو الإقرار بها بشكل إيجابي، بوصفها جزءًا من جهود المؤسسة الساعية إلى تعزيز التنوع. بعد ذلك درسنا كيف آمن الموظفون بأن أوجه الاختلاف ينبغي تجاهلها، واكتشفنا أن حِس المشاركة الذي استشعره الموظفون غير البيض كان أقل في الأقسام التي تَبَنَّى موظفوها البيض الدعم للتنوع علنًا، بِغَض النظر عن عدد «الملونين» الذين عملوا في القسم. فضلًا عن ذلك، ففي الأقسام «العميَّة للون البشرة»، لمس أفراد من الجماعات الممثلة تمثيلًا ناقصًا قدرًا أكبر من التحيز، وفي الأقسام التي أقرت بأوجه الاختلاف، لمسوا تحيزًا أقل.

تشير العديد من الدراسات إلى أن التحيز اللاواعي الخاضع للمقترح المُقدَّم، ربما كان له دور هنا. على سبيل المثال، في عام 2004، قاست «جينيفر أ. ريتشسن»، وكانت تعمل آنذاك في كلية «دارتموث» وزملاؤها، أزمنة رد الفعل في اختبارات نفسية محددة لنحو 50 طالبًا بيض البشرة من طلاب الجامعة، بعد أن أُعطي نصفهم مادةً تؤيد السياسات التي تتجاهل التمييز وفقًا للون البشرة الساعية إلى تحقيق الانسجام العرقي. في المقابل، حصل النصف الآخر على مادة تفضل الترويج المتعمد للتنوع العرقي. بعد ذلك، قاست «ريتشسن» السرعة التي ربط خلالها المشاركون أزواجًا محددة

من الكلمات بأسماء موحية عرقيًا (مثل «جمال وجيِّد» أو «جوش وجيِّد» مقابل «جمال وسيء» أو «جوش وسيء»). كان ينبغي أن يكون المشاركون غير المتحيزين مطلقًا قادرين على اختيار أزواج الكلمات بسرعة بالقدر ذاته، بغض النظر عن المعاني الإضافية العرقية. وأشارت أزمنة الاستجابة الأسرع، كلما استدعى الأمر نسج ارتباطات بين الأبيض-الحسن والأسود-البغيض، إلى تحيز ضمني لصالح بيض البشرة.

عند استكمال الفريقين اختباراتهم أسرع عند الجمع بين كلمتي «أبيض» و«حسن»، أبدى المشاركون في الدراسة الذين تعرضوا لنهج متعدد الثقافات فرْقًا أقل من أولئك الذين أُعطوا مادة عميَّة عن التميِّز وفقًا لِلون البشرة. لذلك استنبطت «ريتشسن» التي تعمل حاليًا في جامعة «نورث ويسترن» أن السياسات العميَّة للتمييز وفقًا للون البشرة ربما تأتي بنتائج عكسية، وتخلق المزيد من التوتر العرقي عبر تأجيج التحيز الضمني لا التخفيف من حدته. واكتشفت دراسات أكثر حداثة أن وصفة تجاهل الاختلافات العرقية تميل إلى زيادة السلوك التحيزي بطرق لفظية وغير لفظية لدى الطلاب بيض البشرة، وربما بسبب ذلك، ترهق الطلبة الملونين من الناحية الإدراكية.

بالمثل، أثبتت دراسات أخرى أن تحيزاتنا تتسرب بطرق خفية. ففي عام 2002، قاس باحثون المواقف العرقية الصريحة والضمنية لمجموعة من الطلاب بيض البشرة، مُستعينين باستبيان مع تحديد زمن الاستجابة. بعد ذلك، رتبوا انخراط الطلاب في حوار مع طالب أسود

البشرة حول موضوع لا يتعلق ظاهريًا بالعِرق (ألا وهو المواعدة). ثم استمع طلاب آخرون إلى تسجيل صوتي للمشاركين، وصَنَّفوا مدى كياستهم اللفظية. وشاهدوا أيضًا مقاطع مرئية صامتة أظهرت مشاركين بيض البشرة فقط، وصَنَّفوا سلوكياتهم غير اللفظية بحثًا على علامات على الكياسة والود. والنتيجة: الطلاب الذين صُنِّف كلامهم على أنه أقل وُدًا حصلوا على درجات أقل في اختبار التحيز الصريح، في حين حصل الذين بدا أنهم أقل وُدًا في المقطع المرئي على درجات أسوأ في اختبار زمن الاستجابة، ما قدَّم لنا الدليل على أن التحيز المُستتر افتراضًا غالبًا ما يكون ملحوظًا بوضوح.

مثل هذه القرائن لا تَخْفى على أولئك الذين ينتمون إلى فئات منقوصة التمثيل، وربما أصيبوا بخيبة الأمل واستقر رأيهم على الرحيل عن مجالٍ بعينه أو شركة بعينها. وحقيقة الأمر أن الاستبيانات التي أجريت على حُرُم الجامعات توحي بأن تصورات مناخ التنوع وتجارب التحيز والتمييز تلعب دورًا في قرارات الطلاب قاصري التمثيل، بتفادي تخصصات العلوم والتكنولوجيا والهندسة والرياضيات أو الرحيل عنها. بالمثل، في عالم الأعمال، نجد أن التصورات الخاصة بقبول المؤسسة للتنوع تُنبئ باحتمالات رحيل أفراد ينتمون إلى فئات قاصرة التمثيل عنها. لذلك، فإن تبني نهج عمِّي عن التمييز (يتجاهل التمييز) وفقًا لِلون البشرة يجعل المؤسسات تتعامى عن العمليات التي تساعد في تشكيل رغبات الناس في المشاركة على نحو مثمر، أو في البحث عن بيئات أكثر ملاءمة.

إن الجماعات التي تتخلى عن سياسات التعامي عن التمييز وفقًا لِلون البشرة لن يُكتب لها النجاح بالضرورة، غير أن تبني الاختلاف بطريقة لا تقولب الناس يبدو واعدًا، في ما يتعلق بتحقيق التنوع. في مداخلة حديثة في جامعة «نورث ويسترن» لـ«نيكول م. ستيفنز» وزملائها، حضر بعض طلاب السنة الأولى لجنةً ناقش فيها طلاب آخرون تجاربهم من خلال لفت الانتباه إلى الاختلاف (المجموعة التجريبية)؛ كان الاختلاف في هذه الحالة، مكانتهم بوصفهم طلاب الجيل الأول في الجامعة. وحضر آخرون (المجموعة الضابطة) لجنةً تجاهلت الاختلاف. قدمت اللجنتان مَشورتهما، غير أن المنتسبين إلى مجموعة «الاختلاف» ربطوا مشورتهم صراحةً بين الطبقة الاجتماعية ومستوى العراقيل والاستراتيجيات. والأهم من ذلك، أن اللجنة اللاحقة شددت على الاختلاف بطريقة بنَّاءة وداعمة، لا بطريقة أفصحت عن وجود قصور ونقص. نتيجة هذه المداخلة التي استمرت ساعة واحدة: تراجعت الفجوة الأكاديمية بين طلاب الجيل الأول وطلاب الجيل المستمر في نهاية الفصل الأول بنسبة 63٪.

• تعزيز الانتماء

من السهل الاعتقاد بأن العِلم عِلم، وطالما امتلك الناس الجهوزية والحافز الضروريْن، فبوسعهم الانضمام إلى الركب، غير أن الحقيقة أكثر تعقيدًا. تشير الأبحاث في مجال علم النفس الاجتماعي إلى أن الإحساس بالانتماء بالنسبة للطلاب ناقصي التمثيل دافع أساسي للمشاركة والأداء.

قرر «غريغوري م. والتون» و«جيفري ل. كوهين»، وكلاهما يعمل في جامعة «ستانفورد»، أن يختبرا هذه الملاحظة لدى مجموعة قوامها 100 طالب في الصف الأول الجامعي في واحدة من «كليات القمة» (لم يصرحا باسم الكلية في تقريرهما الصادر عام 2011). قرأ نصف الطلاب (المجموعة التجريبية) شهادات من طلاب أكبر سنًا عن الصعوبات الاجتماعية التي واجهوها في سنتهم الجامعية الأولى، وساورهم القلق من أن تلك التجارب تعني أنهم لا ينتمون إلى الجامعة، غير أنهم اكتسبوا الثقةً بانتمائهم تدريجيًا. وأُعطي النصف الثاني (المجموعة المرجعية) معلومات غير ذات صلة بالمواقف الاجتماعية والسياسية المتغيرة. بعد ثلاث سنوات من هذا التدخل، تحقق الباحثان من التطور الذي أحرزه الطلاب، واكتشفا أن الانتماء لأي من المجموعتيْن لم يُحْدِث فارقًا كبيرًا لدى للطلاب بيض البشرة. وعلى النقيض من ذلك، وجدا أن طلاب المجموعة التجريبية حققوا أداءً أفضل بكثير على المستوى الأكاديمي مقارنةً بأقرانهم المنتمين إلى المجموعة المرجعية، ما أدى إلى تقليص متوسط فجوة الإنجاز إلى النصف بين المجموعات العرقية المستجوبة في بداية الدراسة. وبالطبع، تبيَّن لـ«التون» و«كوهين»، إن هذا التدخل ربما لا يُجدي في بيئة عدائية بصورة صريحة.

إن الأهمية المحورية لخلق إحساسٍ بالانتماء ربما تفسِّر علة تخريج كليات وجامعات السود تاريخيًا خريجين أقوى بكثير في مجالات العلوم والتكنولوجيا والهندسة والرياضيات. وتواجه الكليات

-كذلك بيئات العمل- التي يهيمن عليها بيض البشرة تحديات كبيرة في ما يختص بخلق بيئات شمولية ومُرحِّبة، غير أن هناك عدة طرائق متاحة لإنجاز ذلك.

في مجال علوم الحاسوب مثلًا، نشأت مؤسسات غير ربحية في شتى أرجاء الولايات المتحدة تُقدِّم تعليمًا للبرمجة للشباب قاصري التمثيل. من بين هذه المؤسسات «Code2040» و«Hidden Genius Project» و«Black Girls Code» و«CodeNow» و«Girls Who Code». الجدير بالذكر، أن الذي يربط ما بين هذه الأنواع من البرامج ليس تَلْقِينها مهارات بالغة القيمة وترويجها لفرص تعليمية ومهنية فقط، وإنما قدرتها على تعزيز الانتماء والتشجيع على التعاون والتشديد على التطبيقات المرتبطة بحياة الطلاب ومجتمعاتهم.

إن مثل هذه الجهود تمتد حتى إلى اختيار الديكور، ففي عام 2009، قدّرتُ أنا وزملائي أن تغيير أنواع الأشياء الموجودة في فصول علوم الحاسوب من الأغراض التي تشي بالهوس بالتكنولوجيا بشكل نمطي (ملصقات سلسلة أفلام ستار تريك والأطعمة السريعة وعلب الصودا) إلى أغراض أكثر حيادية (ملصقات لمناظر طبيعية وأكواب قهوة وزجاجات مياه) كان كافيًا للارتقاء بمستوى اهتمام الطالبات بالمادة مقارنةً بمستوى اهتمام الطلاب. بالمثل، أثبتت دراسة منفصلة أن التشديد على الطرق التي يُعد بها تحصيل العلوم جهدًا تآزريًا لا منعزلًا، عزَّز نزوع النساء إلى السعي وراء مسار مهني علمي.

• **اتخذ إجراءً**

أهذا هو كل ما في الأمر إذن؟ هل نقرُّ بأوجه الاختلاف بين الناس ونجعلهم يشعرون بالاحتواء، وحينئذ سيشاركون في ميدان العلوم ويبقون فيه؟ تقترح الأبحاث المعنية بعلم الاجتماع المؤسسي مكونًا ثالثًا حيويًا: الطرق التي نبني بها الجهود الساعية إلى ترسيخ التنوع داخل المؤسسات.

حلّل «فرانك دوبين» من جامعة «هارفارد» و«أليكساندرا كاليف» من جامعة تل أبيب وزملاؤهما مبادرات التنويع في مئات الشركات الأمريكية على مدار ثلاثة عقود. واكتشفوا أن المؤسسات التي تُحمِّل شخصًا ما مسؤولية التنوع لديها سجلات أقوى تشهد لها بتوظيف مديرين من فئات قاصرة التمثيل. فقد ظهر أن مسؤول التوظيف بدوام كامل والمراعي للتنوع يثمر في المتوسط عن زيادة بنسبة 15٪ في نسب النساء والرجال السود في الإدارة في فترة تتراوح تقريبًا من خمس إلى سبع سنوات. بالمثل، فإن الشركات التي تُشكِّل فرقة عمل متنوعة من الموظفين المسؤولين عن الارتقاء بالتنوع تشهد زيادات كبيرة في أعداد الرجال والنساء السود واللاتينيين والأمريكيين الآسيويين والنساء بيض البشرة في الإدارة.

أثبتت الأبحاث أن توظيف مدراء يتحملون مسؤولية زيادة التنوع وتشكيل فِرق عمل متنوعة يزيد من فعالية البرامج الأخرى، كمجموعات شبكات الموظفين التي تساعد المنتمين إلى الفئات قاصرة التمثيل على الشعور بعُزلة أقل، ومجالس التنوع التي تتعاطى

مع مشكلات محددة، كالاحتفاظ بالموظفين الوافدين من الفئات قاصرة التمثيل وتطويرهم. فضلًا عن ذلك، أثبتت دراسات عديدة، بما في ذلك دراسة «فرانك دوبين» و«ألكسندرا كاليف»، أن برامج التوظيف النشطة المستهدفة تعزز تنوع القوة العاملة أيضًا.

لكن خشية أن يظن أحد أن المبادرات المنهجية وحدها هي التي تُحْدِث فارقًا -معتقد شائع يتعلق بالنقطة العمياء الأخيرة وأود أن أناقشه- أثبت دوبين وكاليف وآخرون أن برامج التوجيه هي الأكثر فاعلية في زيادة أعداد النساء بيض وسود البشرة والنساء والرجال اللاتينيين والآسيويين في الإدارة. وبلغت الزيادات في نسب المديرين في بعض هذه الجماعات نحو 40٪ بعد إطلاق مثل هذه البرامج.

بالمثل، يستحيل فهم أهمية التوجيه في تعليم العلوم، إذ غالبًا ما تنشأ فرص المشاركة في مختبر ما والتعرف على الإمكانات ما بعد الجامعية من خلال الموجهين، الذين قد يساعدون في تعزيز عمليات الانتماء الوارد ذكرها. يروي لنا عالم النفس الاجتماعي وعميد جامعة «كاليفورنيا» في بيركلي، «كلود ستيل»، وهو أسود البشرة، في كتابه «ويسلينغ فيفالدي»، كيف عامله مستشاره أبيض البشرة أثناء دراسته في مرحلة الدكتوراه في جامعة «أوهايو» بطريقة جعلته يشعر بالانتماء للجامعة -بصفته عالِمًا- في قلب بيئة تُشْعِر المرء عادةً بالغربة والعزلة: «كان مؤمنًا بي بصفتي شريكًا جديرًا بالاحترام والتوقير. وبطريقة ما احتوتني فرضياته حول ما كان ينجزه بصفته عالمًا، على الأقل بشكل

مستتر، واحتضنتني باعتباري زميلًا قديرًا. ولم يعترض انتسابي العرقي وهوياتي الطبقية طريقه قط».

الجدير بالملاحظة أن الأبحاث أظهرت أن القيادة المعنية بالتنوع والتوظيف المُوجَّه والتوجيه يبدو أنها أكثر فاعلية من المبادرات المشتركة، كالتدريب على التنوع وتقييمات الأداء المعنية بالتنوع. ويشير «دوبين» و«كاليف» وزملاؤهما إلى السبب التالي: الأساليب الأقل شيوعًا تُشْرِك المديرين في مهمة تحديد المشكلات والحلول المتعلقة بالتنوع، بدلاً من إلقاء اللوم عليهم.

لن تخلق هذه البرامج وحدها تغييرًا كاسحًا، غير أنها تُحسِّن فرص زيادة التنوع، شرط ألا تُختزل في مبادرات رمزية وحسب. لا بد من إعطاء الموظفين المسؤولية والسلطة المؤسسية لـ «بلوغ» التنوع. والمثال الجيد على برنامج التدخل الشامل الذي يستقطب الطلاب الجامعيين قاصري التمثيل ويدربهم على مجالات العلوم والتكنولوجيا والهندسة والرياضيات، برنامج «ميرهوف» للموهوبين في جامعة «ميريلاند» في مقاطعة بالتيمور. يجمع البرنامج 14 مكونًا مختلفًا، وحقق نجاحًا مبهرًا خصيصًا في زيادة عدد حَمَلَة الدرجات العلمية الأمريكيين من أصل إفريقي. مثال آخر يتمثل في «تحالف كاليفورنيا للتعليم الجامعي والأستاذية» المُؤسَّس حديثًا (شراكة بين جامعي «كاليفورنيا بيركلي» و«كاليفورنيا لوس أنجليس» و«ستانفورد» و«معهد كاليفورنيا للتكنولوجيا») يستهدف قصور التمثيل في الأوساط الأكاديمية. فضلًا عن ذلك، أُقيم هذا التحالف على مبادئ مُستقاة من

أبحاث العلوم الاجتماعية، ويعتزم تحليل فاعلية المبادرات المختلفة، (هذه البيانات «الواقعية» قاصرة، ولا يوجد سجل مركزي للأبحاث أو نظام للجماعات المختلفة -لا سيما في ميدان الصناعة والأوساط الأكاديمية- للتواصل والتشارك معًا في ما يختص بالأجدى نفعًا).

كي تحصل المؤسسات العلمية وغير العلمية على نتائج ملموسة، يقتضي الأمر فهمًا أعمق للطريقة التي يعمل بها التنوع. مهما كانت عملية وضع الأهداف مُخلصة، فالاعتناء بالتنوع وحده ليس بكافٍ. ورغم عدم وجود وصفة بسيطة أو مثالية لترجمة هذه المشاعر إلى أفعال ونتائج، فعلى الأرجح أن تستقطب المنظمات المواهب المتنوعة وتحتفظ بها عند تحليها بالذكاء والمثابرة، وتغرس إحساسًا بالانتماء وتُعيِّن أُناسًا مسؤولين يراقبون التنوع ويرصدونه.

-نُشرت هذه المقالة للمرة الأولى في مجلة «ساينتفيك أميريكان» في العدد 311 (الطبعة الرابعة) في أكتوبر 2014.

القسم السابع
العلاقة بين صاحب العمل والموظف

الموظف المثالي

بقلم: توماس تشامورو بروموسيك وكريستوفر شتاينميتز

في عام 2012، حصل «شين باركر» على وظيفة تقتضي إدارة وسائل التواصل الاجتماعي لنادي كرة القدم الأمريكي «سان فرانسيسكو 49». لم تربطه أي علاقات مع أحد في الشركة، ولم يُقدِّم حتى سيرته الذاتية. ولمَّا كان مستخدمًا نهمًا لوسائل التواصل الاجتماعي منذ عام 2005، ارتكز «شين باركر» على أدوات شبكات التواصل الاجتماعي المتاحة له وبمتناول يديه، للفت انتباه نادي «سان فرانسيسكو 49».

أولًا، زار «باركر» معسكر تدريب نادي «دالاس كاوبويز»، وسجَّل مقطع فيديو لنفسه وهو يهلل لنادي «سان فرانسيسكو 49» في أرض العدو، ونشره بعد ذلك على قناته على موقع «يوتيوب». في أغسطس، نشر تدوينة على موقعه الخاص على الإنترنت تحت عنوان «وسائل التواصل الاجتماعي لنادي سان فرانسيسكو 49: لماذا يتعين عليكم الاستعانة بشين باركر؟» وضمنها مقطع الفيديو وبيانات تدلل على نفوذه الإلكتروني. بعد ذلك، شارك رابط تدوينته على حساباته في «تويتر» و«غوغل بلاس» و«فيسبوك».

سرعان ما حصل «باركر» على وظيفة، ولكن ليس من فريق كرة القدم، وإنما من شركة ناشئة في أوزباكستان لفتت جهوده انتباهها، ثم أطلق وورواد أعمال في آسيا الوسطى موقع «ميدورا» Medora))، وهو موقع إلكتروني متخصص بالموضة والحُكْم على الصور الفوتوغرافية. في بحر شهور، كان قد انتقل إلى منزل في مدينة «ساكرامنتو» رفقة بعض زملائه الجدد للتركيز على المشروع بدوام كامل. ورغم أن عمله هذا كان أبعد ما يكون عن عمله لصالح فريق كرة القدم المفضل لديه، إلا أن التغير في أحوال «باركر» وحظوظه يبدو مثالًا على بعض الاتجاهات الصاعدة في عالم التوظيف في عصرنا الحالي.

طالما سعت الشركات إلى الطرق المثلى لتحديد الموظف البارع التالي. والآن، تنضم أدوات وسائل التواصل الاجتماعي والألعاب الإلكترونية وتقنيات التنقيب في البيانات التي تجوب الشبكات الإلكترونية عن مؤشرات عن شخصية المتقدم للوظيفة، وعن السيرة الذاتية التقليدية، وخطاب الإحالة، والمقابلة الشخصية. هذه الابتكارات تتيح فرصًا جديدة لمسؤولي التوظيف والباحثين عن الموظفين الجدد على حد سواء، كما توضح لنا قصة «باركر». في استطلاع آراء أجرته عام 2012 شركة «جوبفايت»، وهي شركة متخصصة في برمجيات التوظيف، صرح 93٪ من 1000 مسؤول من أقسام الموارد البشرية بأنهم اعتمدوا على موقع «لينكد إن» لجمع معلومات عن المرشحين للوظائف، واستخدم ثلثا هؤلاء موقع

«فيسبوك»، وما يربو على نصفهم أعلنوا أنهم رجعوا إلى حسابات المتقدمين للوظائف الجديدة على «تويتر».

دفعت الطرق الجديدة المُستخدمة للكشف عن المرشحين وفرزهم عبر شبكة الإنترنت، علماء النفس للتساؤل: هل تساعد هذه التقنيات الشركات والباحثين عن الوظائف أم تضر بهم؟ إن الحدس لا العلم الذي يقود «صرعة» وسائل التواصل الاجتماعي، وانطلاقًا مما درسه علماء النفس إلى الآن، تبدو النتائج مختلطة. لكن قبل أن يتسنى لنا تقييم ما إذا كانت تلك التقنيات الجديدة ترتقي بعملية التوظيف، فإننا بحاجة إلى النظر في الفجوات الموجودة في وسائلنا التقليدية.

• مُراد أصحاب الأعمال

إن هدف متعهد التوظيف -سواء كان مدير قسم الموارد البشرية أو مدير مباشر- هو العثور على الشخص الذي يلائم أكثر من غيره متطلبات وثقافة وظيفة بعينها. عادةً ما يصوغ متعهد التوظيف إعلانًا للمنصب الشاغر، ويضعه على موقع الشركة الإلكتروني وبعض مواقع التوظيف، ويجمع طلبات التقديم -السير الذاتية وخطابات التعريف والإحالات المرجعية- ثم ينتقي عددًا قليلًا من المرشحين للمقابلات الشخصية.

هذه العملية معيبة نوعًا ما، كونها تتجاهل بعض النتائج المحورية لعلم النفس الصناعي والمؤسسي، والمتعلقة بكيفية فرز المرشحين.

لننظر إلى حاصل الذكاء مثلًا. لقد ثبت أن حاصل الذكاء أكثر مؤشرات الأداء اتساقًا وثباتًا عبر مجموعة متنوعة من الوظائف لأنه يشير إلى قدرة المرشح على التعلم، ومن ثم يعكس سرعته في التعلم والتدرب. ومع ذلك، ما برح حاصل الذكاء أداة انتقاء غير شائعة. ربما كان إجراء اختبارات حاصل الذكاء مهمة شاقة بالنسبة لغالبية الشركات، غير أن درجات الاختبارات القياسية مثل اختبار «سات» واختبار تقييم الخريجين (GRE) ترتبط ارتباطًا وثيقًا بدرجات حاصل الذكاء، ويمكن اعتبارها مؤشرًا تمثيليًا على إمكانات التعلم.

وهناك عامل آخر قوي ينبئ بالنجاح المهني، ألا وهو اختبار الشخصية، واكتسب زخمًا أقوى في ما يختص بانتقاء الموظفين. فقد أثبتت مئات الدراسات البحثية أن هذه الاختبارات من المؤشرات على النجاح المهني المستقبلي، وأفضل من خطابات التوصية والمقابلات الشخصية والمؤهلات التعليمية.

تستند اختبارات الشخصية التي ثبت أنها تتنبأ بالأداء على «نموذج خماسي العوامل»، وهو عبارة عن إطار مُثبت ومدعوم من الأبحاث ومدروس بدقة لفهم كيفية اختلاف شخصياتنا. وبحسب هذا النموذج، يمكن تحليل شخصياتنا استنادًا إلى خمسة أبعاد متواصلة وغير متداخلة: الصراحة وصحوة الضمير والانفتاح على الآخرين والقبول والاستقرار العاطفي. وصحوة الضمير، وبقدر أقل الاستقرار العاطفي الشديد، هما أهم المؤشرات الثابتة التي تنبئ بالنجاح عبر كافة الوظائف والمعايير (رغم أن

مؤشر «مايرز بريغز» هو أفضل اختبار معروف للشخصية، فقليل جدًا من الدراسات المُحكَّمة أثبتت أن نتائجه تتنبأ بدقةٍ بأداء المرشح للوظيفة).

هذان الاختباران النفسيان لا يناسبان عملية التوظيف بصورةٍ سلسة. أحد الأسباب وراء ذلك يعود إلى أن من يجري التقييم يميل إلى التركيز على السلوكيات اليومية للمرشحين، كون هذه المعلومات يسهل الوصول إليها أثناء المقابلة الشخصية. وهناك تفسير آخر مُستخلص من العديد من الدراسات عبر عدة ثقافات، ألا وهو أن المتقدمين للوظيفة يميلون إلى النظر لمثل هذه الاختبارات بوصفها أقل إنصافًا من المقابلات الشخصية التي تُجرى وجهًا لوجه مع إبراز عينات العمل. تصورات الإنصاف بالغة الأهمية؛ من الممكن أن تؤثر على احترام المتقدمين للوظائف لذواتهم، إلى جانب دوافعهم لمواصلة السعي للحصول على وظيفة والقبول بها في نهاية المطاف.

هل طرقنا في الاختيار سليمة؟

نعم ولا! الأمر يعتمد على السائل، فالمصداقية التنبؤية تشير إلى ما إذا كانت البيانات العلمية تدعم استخدام الأداة في التوظيف. والمصداقية الشكلية ترصد ما إذا كان الممارسون يعتبرون الطريقة سليمةً. والمصداقية الاجتماعية تعكس ما إذا كان المتقدمون للوظيفة يتبنون الطريقة.

	المصداقية الاجتماعية	المصداقية الشكلية	المصداقية التنبؤية
المقابلة الشخصية	عالية	عالية	متدنية
مرجعيات	متوسطة	متوسطة	متدنية
حاصل الذكاء	متوسطة	متدنية	عالية
اختبار الشخصية	متدنية	متدنية	عالية

• دعم من الشبكات الاجتماعية

تشير الاكتشافات الأخيرة إلى أن الجوانب الشخصية يمكن التعرف عليها من بصماتنا الرقمية. في واحدة من أوائل الدراسات التي أجراها عالما النفس «سيمين فازير» و«ساموويل دي غوسلينغ» من جامعة «تكساس» في مدينة أوستن على سبيل المثال، وجدا أن الذين يتصفحون 89 موقعًا إلكترونيًا شخصيًا، كانوا بارعين في رصد صحوة ضمير صاحب الموقع وانفتاحه، بقدر براعتهم في التعرف على صحوة ضمير وانفتاح معارفهم القدماء.

ويمكن للمدونات أن تُقدِّم رؤى ثاقبة أيضًا، إذ حللت دراسة أجراها عام 2010 عالم النفس «تال ياركوني» من جامعة «كولورادو» في مدينة بولدر، الكلمات المُستخدمة في 695 مدونة وردود أصحابها على اختبار الشخصية. واكتشف أن المدونين العصابيين عادةً ما يستخدمون كلمات مثل «بشع» و«كسول»، في حين من المرجح

أن يصف المدونون اللطفاء الأمور بأنها «رائعة»، والمؤلفون الذين يتمتعون بصحوة الضمير غالبًا ما يستخدمون صفة «متكامل».

تدعم هذه الاكتشافات حدس أغلبية مسؤولي التوظيف الذين يبحثون عن اسم المرشح للعمل على «غوغل»، ويتحققون من حساباته على «فيسبوك» و«تويتر» و«لينكد إن» طلبًا لمعلومات يستوحون منها. وكشفت دراسة أجراها عام 2011 عالما النفس «رالف كيرز» و«فانيسا كاستلينز» من كلية «بروكسل» الجامعية أن من بين 353 مسؤولًا في أقسام الموارد البشرية شملهم استطلاع الرأي، أقرَّ 43٪ باستنباط استنتاجاتهم عن شخصيات المتقدمين للوظائف بناءً على صفحاتهم على «فيسبوك»، كالانفتاح على الآخرين والنضج. وهنا تكمن بعض المخاطر بالنسبة لمسؤولي التوظيف: أثناء تصفحهم عرَضًا لبيانات المتقدم للوظيفة، ربما تحيزوا في مرحلة أسبق بفعل ملاحظتهم لميزاته، مثل الجاذبية ونضج الوجه أو الإعاقة أو السمنة وغير ذلك من التفاصيل عبر صفحته الخاصة، أكثر مما لو لاحظوا هذه التفاصيل للمرة الأولى وجهًا لوجه. قد يبني مسؤولو التوظيف آراءهم بلا وعي ويقرروا عدم دعوة شخص ما لمقابلة شخصية، بناءً على سمات لا تمتُّ بصلة للأداء الوظيفي.

ربما تظهر مقاييس أكثر نفعًا من برنامج حاسوبي قادر على تصنيف البيانات تبعًا للأبعاد الشخصية. و ما زال هذا المجال في مهده، غير أن هناك مثالين لتطبيقين بسيطين ومجانيين على شبكة الإنترنت، هما «TweetPsych» و«YouAreWhatYouLike».

يُعطي التطبيق الأول درجات للمحتوى الوجداني والفكري لنشاط المرء على موقع «تويتر» بخصوص مجموعة من الموضوعات -مثل التعلم والمال والمشاعر والتوتر- مقارنةً بالآخرين في قاعدة بياناته. لننظر إلى سيناريو حصر فيه مسؤول التوظيف مرشحيْن من ذوي المؤهلات المتشابهة، غير أن أحدهما لديه «سلبية» أعلى بكثير من الآخر بناءً على فحوى تدويناته على موقع «تويتر». قد يميل مسؤول التوظيف بسهولة لاختيار الشخص الأكثر تفاؤلًا للوظيفة الشاغرة.

ويجمع تطبيق «YouAreWhatYouLike» السمات الشخصية بما يتسق مع النموذج خماسي العوامل، بالاستناد فقط لزر الإعجاب وما يزعم الشخص أنه «أعجبني» على «فيسبوك». إن زر الإعجاب وسيلة لمستخدمي «فيسبوك» للتعبير عن مشاعرهم الإيجابية تجاه المحتوى الإلكتروني، كصفحة فنان أو صورة فوتوغرافية لصديق أو تحديث حالة أو حتى فئة مثل كلاب الشيواوا. من الممكن أن تمنح زيارة مستخدم «فيسبوك» للتطبيق المذكور صفات تحمل أبعادًا متعددة مثل «ليبرالي وذو ذوق فني» و«هادئ ومُسترخي» و«مُنظَّم جيدًا».

نشرت مجموعة البحث التي تقف وراء هذا البرنامج الحاسوبي، بقيادة عالم النفس «ميشال كوسينسكي» من جامعة «كمبردج»، تحليلًا أعمق لمعلومات «فيسبوك» المُستخلصة من 58000 متطوع. منح المشاركون الباحثين حق الوصول إلى «إعجاباتهم»، وسمحوا أيضًا بمشاركة بيانات ديموغرافية تفصيلية ونتائج العديد من الاختبارات النفسية. وبتحليل الصلات التي تربط ما بين 56000 عنصر «أعجبني»

والمشاركين، بنوا نماذج بوسعها التنبؤ بخصال شخصٍ ما وتفضيلاته، بما في ذلك حاصل ذكائه. وقيّموا دقة تلك التنبؤات باستخدام البيانات الأخرى التي قدّمها المتطوعون واكتشفوا أن بوسعهم استنباط النوع الاجتماعي والميول الجنسية والتفضيلات السياسية والديانة والعرق بدقة تزيد عن 75٪. بالنسبة للسمات الشخصية والذكاء، كانت درجة الدقة أدنى لكنها مهمة رغم ذلك (كان أفضل المتنبئين على مستوى الذكاء العالي بالمناسبة مواقع («thunderstorms» و«The Colbert Report» و«science» و«curly fries»). إننا على وشك استخلاص هذين المقياسين التنبئيين بدرجة عالية -حاصل الذكاء والشخصية- من الآثار الرقمية لجولاتنا عبر الإنترنت.

رغم الشعبية المتنامية لموقعي «تويتر» و«فيسبوك»، فإن موقع «لينكد إن» هو الشبكة الاجتماعية الرائدة بالنسبة لمسؤولي التوظيف، ولا سيما أنه طُوِّر خصيصًا لأغراض مهنية. ومن بين أواخر إضافات موقع «لينكد إن»، هي خاصية «التأييد»، المعادل الرقمي لخطاب التوصية التقليدي. وتسمح للأفراد في شبكة معارفك بتأييد إلمامك بمجموعة متنوعة من المهارات. أما الجانب السلبي الواضح لهذه الخاصية أن السواد الأعظم من الناس يتبادلون المرجعيات المُستحسنة. علاوة على ذلك، لا يضم الموقع تقييمات سلبية أو حتى محايدة. مع ذلك، تقدم هذه الخاصية نظرةً عامة وسريعة ويسهل الوصول إليها عن مواطن قوة المرء وفقًا لتقدير الآخرين. وبحسب ما قيل عن دقة ملاحظة «إبراهام لينكولن»: لا يمكنك أن تخدع كل الناس طول الوقت.

تعتبر الأصوات العامة المؤيدة التي تشهد بالثقة بالغة القيمة، لأن التقييمات الذاتية لموقع «لينكد إن»، كما في العالم الورقي بالضبط، تميل لأن تكون أقل مصداقية من تقارير الأقران. ثمة دراسة صدرت عام 2012 لعالمي النفس «جيمي غولوري» و«جيفري هانكوك» من جامعة «كورنيل» قارنت بين ردود فعل المشاركين تجاه السير الذاتية التقليدية الورقية، والسير الذاتية العامة أو الخاصة على موقع «لينكد إن». واكتشفا أن الناس من المحتمل أن يكذبوا بيناتهم التعريفية على «لينكد إن» بقدر كذبهم في السيرة الذاتية التقليدية، ولكن بطرق مختلفة. فقد كان المشاركون أصدق قولًا على حسابهم على «لينكد إن» حيال خبرتهم العملية ومسؤولياتهم السابقة، لكنهم كانوا يميلون إلى الخداع حيال اهتماماتهم وهواياتهم. وعزا الباحثان هذا الكشف إلى الطبيعة العامة لموقع «لينكد إن»، فأصدقاؤك وأفراد عائلتك سيشككون في مؤهلاتك الزائفة الموجودة على أي سيرة ذاتية لك، ولكن السيرة الذاتية التقليدية ربما لن تقع أعينهم عليها قط. وتميل الاهتمامات والهوايات إلى أن تكون أقل شيوعًا، وبالتالي فمن المستبعد بقدر أكبر أن تكون محل خلاف.

خلاصة القول إن وسائل التواصل الاجتماعي يمكن أن تزيد من مجموع المرشحين، وتعطي أرباب الأعمال ثروةً من المعلومات وثيقة الصلة عن موظفيهم المرتقبين. ويكمن التحدي في أن نكون على دراية بتحيزاتنا الخاصة ونحن نقيِّم المعلومات المُستقاة من هذه المصادر، بقدر ما نميل إلى التحيز في جوانب حياتنا الأخرى.

• **مقاطع الفيديو والألعاب**

بعد أن تنجح السيرة الذاتية في الوفاء بالمعايير، غالبًا ما يأتي المرشح ليلتقي بصاحب العمل المرتقب في مقابلة شخصية. وتميل المقابلات الشخصية التي تعتبر حجر الأساس عادةً لأي بحث عن المواهب، وتجرى بشكل حر، إلى تنمية التصورات الزائفة بسهولة. على سبيل المثال، أثبتت الدراسات أن المقابلات الشخصية غالبًا ما تكون متحيزة بشكل مُمنهج ضد الأقليات العرقية والنساء وكبار السن، وحتى العطر الذي يتعطر به طالب الوظيفة يمكن أن يؤدي إلى التحيز.

النهج الأفضل والأكثر إنباءً ينطوي على إجراء مقابلات شخصية مُنظَّمة يجيب فيها كل طالب وظيفة عن قائمة الأسئلة ذاتها. باستخدام هذه الطريقة، يرجح أن يصل المُقيِّمون المختلفون إلى أحكامٍ متشابهة أكثر بشأن المرشح للعمل، مما لو كانت المقابلات الشخصية ميَّالة أكثر إلى الطابع الحواري، بحسب ما كشفت الأبحاث. مع ذلك، نجد أن المقابلات الشخصية الحرة هي المهيمنة، ويرجع ذلك نوعًا ما إلى الجهل المتفشي بين مسؤولي التوظيف، وجزئيًا إلى أن المديرين ينظرون إلى النسق المحدد على أنه يؤثر على استقلاليتهم.

سعت مجموعة جديدة من الشركات إلى تحسين عملية الانتقاء عبر المقابلات الشخصية الإلكترونية المُنظمة التي تختصر أيضًا وقت المديرين، وبذلك تستميلهم. تقدم شركتا التوظيف «EnRecruit» و«Hire Spark» خدمتيْن من هذا القبيل، وتستطيع الشركات المشتركة معهما دعوة المرشحين للوظائف لتسجيل ردودهم على القليل من

الأسئلة باستخدام كاميرا ويب. بالنسبة لأصحاب الأعمال، تحدد الخدمات شكلًا قياسيًا للمقابلات الشخصية وتوفر الوقت، فتقتصر مدة مقاطع الفيديو على دقيقتيْن، ويكون بوسع المسؤولين عن التوظيف مشاهدة التسجيلات في الوقت الذي يناسبهم دون الحاجة إلى تنسيق جداول مواعيدهم.

يمكن أن تساعد المقابلات الشخصية الافتراضية الموجزة في فرز مجموعة أكبر من المرشحين، وتحويلها إلى مجموعة أصغر من الموظفين المحتملين دون التضحية بالعنصر الشخصي، وتوفر وسيلة أكثر موثوقية للمقارنة بين المرشحين أيضًا. وبينما تكتسب تلك الخدمات شهرة وانتشارًا، سيعول نجاحها أيضًا على مهارة مسؤولي التوظيف في ما يختص بطرح الأسئلة السليمة وتفسير الردود تفسيرًا ملائمًا وصحيحًا.

هناك مجال واسع آخر للابتكار يتمثل في «التلعيب»؛ هو استخدام ألعاب الفيديو في البحث عن أصحاب المواهب. ميزة هذا الأسلوب باختلافه عن الأساليب التقليدية، كاختبارات الشخصية، وهي تجربة أكثر إثارة وجاذبية. قد يستمتع المرشحون بوقتهم بممارسة لعبة ما، والألعاب نفسها يمكن أن تنتشر انتشار النار في الهشيم. وبتطبيق النظريات السلوكية على أفعال اللاعب أثناء اللعبة، يمكن للبرنامج خلق صورة شخصية مُعقدة للمستخدم.

في واحدة من الألعاب التي طورتها شركة تُدعى «ناك» (Knack)، يؤدي اللاعب دور نادلٍ في مطعم ياباني. على هذا النادل الافتراضي

التوفيق بين تحضير السوشي وتقديم الأطباق وقراءة طلبات الزبائن والاستجابة لها وغسل الصحون، من بين مهام أخرى. كل مهمة يؤديها تترجم إلى ملف تعريف سلوكي يتضمن صفات مثل الانفتاح على الآخرين أو الإبداع أو التهور، من بين سمات أخرى. وتبْني شركة «ناك» هذه الملامح استنادًا لأبحاث نفسية مُستقاة من فريقها من علماء السلوك الذين رسموا خارطة ردود الفعل داخل اللعبة وربطوا بينها، مثل القدرة على تَعَقُّب العديد من الطلبات وارتباطها بمهارات الوظيفة، وهي في هذه الحالة القدرة على الاضطلاع بالعديد من المهام.

اكتشف الباحثون أن لعبة النادل نوع من اختبار الحُكْم الظرفي على المواقف، وهو مقياس آخر، إلى جانب حاصل الذكاء واختبارات الشخصية، بوسعه التنبؤ بالأداء الوظيفي. ثمة طريقة أكثر شيوعًا يمكن للمسؤول عن المقابلة الشخصية الحكم على المواقف، وذلك بسؤال المرشح لوظيفة تعليمية مثلًا كيف يمكنه التعامل مع طالبٍ عديم الانتباه. هذه الاستفسارات شائعة يمكن تعديلها ووضعها في قالب يتماشى مع الوظيفة الشاغرة أو ثقافة الشركة.

هناك مثالان آخران على الألعاب هما لعبة «Insanely Driven» التي تستخدمها شركة «ريكيت بنكيزر» (Reckitt Benckiser) العالمية للسلع الاستهلاكية، ولعبة «Reveal» من شركة «لوريال» المتخصصة بالمستحضرات التجميلية. تساعد اللعبة الأولى أصحاب الأعمال على تقييم مدى «توافق» المرشحين مع ثقافة الشركة. ويتعين على لاعبي لعبة «Insanely Driven» التعامل مع العديد من المواقف الشاقة

بينما يُسْرِعون لحضور اجتماع بالغ الأهمية. يعتمد الاختبار على أربعة مقاييس للشخصية -التكيف والطموح والحساسية والحصافة- والمُستقاة من نموذج «هوغان» لتحليل الشخصية، وهو تقييم مُعتمد على نطاقٍ واسع يستند إلى النموذج خُماسي العوامل. وتُستخدم لعبة «Reveal» المتاحة على موقع شركة «لوريال» الإلكتروني لتحديد الأشخاص الذين ربما كانوا مناسبين للمناصب الشاغرة في شتى أقسام المؤسسة. في اللعبة، يشرف اللاعب على التدشين الافتراضي لمنتجٍ جديد، في حين تنشأ التحديات من أقسام أخرى في الشركة. قد تحدد القرارات التي يتخذها اللاعب في اللعبة نزوعه إلى المخاطرة ومهاراته التحليلية القوية، وما إلى ذلك.

هذه الشركات تُراهِن على أن الشبان الباحثين عن عمل يبحثون على الأرجح عن وظيفة تطالبهم بممارسة لعبة إلكترونية أكثر من وظيفة تلزمهم بساعات من التقييم التقليدي. وبالنظر إلى عدد الخدمات الجاري تطويرها، فإن الأمر يقتضي وقتًا وأبحاثًا أكثر قبل التمكن من التدقيق الكامل لتلك الطرق الجديدة. إننا بحاجة أيضًا إلى صَقْل معارفنا المتعلقة بكيفية ارتباط سلوكيات بعينها بالأداء عبر العديد من الوظائف.

• بيانات أكثر وأكبر

يستخدم الجيل الأحدث من أدوات التوظيف الرقمي خوارزميات تُحاوِل التوليف بين جميع المعلومات المتاحة عن المرشح. على

سبيل المثال، تحدد الخدمتان لمسح شبكة الويب «Klout» و«Topsy» مستوى الأثر الإلكتروني للمرشح للوظيفة، ويجري تعريفها بالدرجة التي يَفْحص بها الآخرون نشاطهم الإلكتروني أو يشاركونه أو يناقشونه معهم. من وراء التنقيب الحتمي لكل منصة من منصات التواصل الاجتماعي، ستود الشركات الباحثة عن أصحاب المواهب أن تُمشِّط المقالات الإخبارية والمدونات وتواريخ التسوق ورسائل البريد الإلكتروني وأقسام التعليقات والمنتديات وأي شيء آخر يكون متاحًا على شبكة الإنترنت.

قد يتقلب «جورج أورويل» في قبره، غير أن الدمج ما بين الخدمات المُتشظية يمكن أن يبني أدق اللمحات النفسية على الإطلاق. وتستطيع الشركات العثور على مرشحيها الذين تحلم بهم قبل أن يتقدموا بطلباتهم للوظيفة، وتستهدف أولئك الذين يملكون المهارات السليمة والأسلوب القويم لأداء الوظيفة على أكمل وجه، ويستمتعون بها أيضًا. هذه الأدوات لن تُنقح أساليبنا في تحديد أصحاب المواهب وحسب، وإنما ستساعد عددًا أكبر من الناس في العثور على الوظيفة المثالية.

-نُشرت هذه المقالة للمرة الأولى في مجلة «ساينتفيك أميريكان»، العدد 24 (الطبعة الثالثة) في يوليو/ أغسطس 2013.

هل ينبغي أن تُطلِع رؤساءك على مرضك النفسي؟

بقلم: روني جيكوبسون

يُعاني «ديف» المحارب المخضرم في البحرية الأمريكية البالغ من العمر 52 عامًا من اضطراب ما بعد الصدمة، الناجم عن فترة طفولة عصيبة عاشها. وأثناء عمله في واحدة من الهيئات الحكومية، أثارت الأصوات العالية خلال الاجتماعات في ذهنه أفكارًا عن والده الذي أساء معاملته، وحال توتره الاجتماعي بين الفينة والأخرى دون مغادرة البيت في الصباح. لقد ساوره شعور بالاستياء بسبب تستره على حالته النفسية، لكنه عانى الأمريْن ليقرر ما إذا كان عليه الإفصاح لرئيسه في العمل عن الأمر أم لا. يقول ديف: «لم تكن ذراعي مكسورة أو أي شيء آخر يسهل على رئيسي في العمل أن يتفهمه. لم أكن أعرف كيف ستكون ردة فعله».

تقول منظمة الصحة العالمية إن المرض النفسي من بين الأسباب الرئيسية للإعاقة في شتى أنحاء العالم. ففي استطلاع رأي أُجري عام 2011 لأكثر من ألفي شخص، صرح رُبعهم تقريبًا بمعاناتهم من

مشكلة نفسية أثناء مزاولة أعمالهم، بحسب المعهد المُعتمد للموظفين والتنمية، وهو هيئة بريطانية للموارد البشرية. وفي الولايات المتحدة، يمكن أن يتسبب الاكتئاب وحده في أن يتغيب الموظفون عن العمل بواقع 200 مليون يوم عمل سنويًا، ما يُكبِّد أصحاب الأعمال خسائر في الإيرادات بقيمة 31 مليار دولار.

ورغم انتشار المرض النفسي، فلا يزال وصمة عار على جبين المرضى، والناس الذين يتصلون للمطالبة بإجازة مرضية أو يتخلفون عن أداء أعمالهم بسبب مشكلات الصحة النفسية، كثيرًا ما يختلقون أعذارًا للتستر على السبب الحقيقي وراء انتكاسهم. لديهم أسباب تدفعهم إلى الحذر: قد يبدأ الآخرون في النظر إليهم بشكلٍ مختلف، وقد تؤدي التداعيات الناجمة عن فضح أمرهم إلى إقصائهم اجتماعيًا أو استبعادهم عن مهامهم، ويمكن أن تُدمِّر مشوارهم المهني. من ناحية أخرى، يمكن للكشف عن الإعاقة النفسية أن يتيح لصاحبها الحق في الحصول على تعديلات في مقر العمل، ما يؤدي إلى تحسين صحته النفسية وعلاقته مع المشرف.

قليلة هي الشركات التي تكفل وسائل الراحة التي تساعد الموظفين ذوي الاحتياجات النفسية على تفادي المواقف الشاقة والحفاظ على إنتاجيتهم. ولو استمرت الاتجاهات الحالية، فقد يشعر عدد أكبر من الناس بالراحة في الكشف عن قيودهم الوجدانية والإدراكية، ما يعود بالنفع على الجميع. تقول «كلير ميلر» مديرة شراكة الصحة النفسية في محل العمل: «من ناحية، هناك معاناة لا

داعي لها... لكنها تُكبِّد أصحاب الأعمال الكثير لجهة الإنتاجية المُهدرة والتغيب عن العمل». وأضافت قائلةً: «إن الناس يعملون على نحو أفضل وبكفاءة أعلى عندما يشعرون بدعم الآخرين لهم».

• محاربة وصمة العار

تاريخيًا، واجه الذين أماطوا اللثام عن مرضهم النفسي في محل العمل تمييزًا وعنصرية. على سبيل المثال، في استطلاع رأي أُجري عام 2010 لأصحاب أعمال في المملكة المتحدة، صرح نحو 40٪ منهم بأنهم اعتبروا أن توظيف شخص يعاني مرضًا نفسيًا فيه «خطورة كبيرة» على الشركة. ويعتقد العديد من أصحاب الأعمال أن الذين يعانون أمراضًا نفسية من الصعب الانسجام معهم والاعتماد عليهم. وربما حُرِم أصحاب الأمراض النفسية من الترقيات وغير ذلك من فرص التقدم الوظيفي. حتى في بيئات العمل الداعمة، يشعر الموظفون المصابون بأمراض نفسية أحيانًا برقابةٍ زائدة من قِبل زملائهم في العمل. تقول الطبيبة النفسية والباحثة في ميدان خدمات الصحة النفسية «كلير هندرسون» من كلية «كينغز» في لندن: «هناك دائمًا ذاك الظل المُلقى على كاهل المريض، فكلما شعر الشخص بالتعاسة أو الانزعاج من شيء ما، يبدأ الناس من حوله يحدثون أنفسهم: ربما سينتكس مجددًا».

لكن لو كان صاحب عملك متعاطفًا مع مشكلتك، فالتحدث إليه عن مرضك يمكن أن يُقَدِّم لك منافع جمة. أولًا، ربما يزيح عن

كاهلك التوتر الناجم عن إخفاء المعلومات الشخصية. ويمكنك أيضًا التحكم في التوقيت والرسالة التي تود إيصالها، وإلّا فإن مديرك، الذي ربما لاحظ بالفعل أن خطبًا ما يجري، يستخلص استنتاجاته الخاصة.

علاوة على ذلك، يحظر قانون الأمريكيين ذوي الإعاقة (ADA) الصادر عام 1990 التمييز في قرارات التعيين والإقالة بناءً على الإعاقات العضوية والعقلية، ويتيح لهؤلاء الأشخاص «وسائل راحة معقولة» من أرباب أعمالهم. في حالة الإعاقة النفسية، قد تتضمن هذه الوسائل ساعات عمل مرنة وإمكانية الولوج إلى منطقة هادئة والحصول على ملاحظات إضافية من المشرفين قبل الإنذار. وفي كثير من الحالات، تكلف تلك التعديلات القليل أو لا تكلف شيئًا البتة، ويمكن أن تُحدث فارقًا كبيرًا في رضا الموظفين وإنتاجيتهم.

مع ذلك، إن أوجه الحماية التي يلحظها قانون الأمريكيين ذوي الإعاقة ليست صارمة، وكثير من المديرين ليسوا على دراية بتفاصيل القانون، وغالبًا ما يفتقر الذين يعانون من التمييز للموارد التي تساعدهم على رفع قضيتهم أمام القضاء، بحسب تصريح المحامية وعالمة النفس «سوزان ج. غولدبرغ» من جامعة «دوكين». ومن الناحية العملية، من الصعب إثبات التمييز: نحو 90٪ من المدعين الذين يرفعون قضايا بموجب القانون المذكور يخسرون قضاياهم.

يشير الباحثون إلى أن الموظفين الذين يطرحون مسألة تتعلق بالصحة النفسية تثير قلقهم عليهم أن يعلموا تمام العِلم ما يأملون في تحقيقه من وراء طرحهم هذا. لو بدأ أداؤك في العمل يتأثر،

فربما ساعدك الكشف عن مرضك النفسي على تفسير الموقف والحصول على الدعم. من ناحية أخرى، لو كانت أمورك تسير على خير ما يرام، عندها لن يكون كشفك عن هذه المعلومة الحساسة يستحق المخاطرة.

ثمة اعتبار أساسي يتمثل في مناخ بيئة العمل. يمكنك أن تحاول قياس استجابة رئيسك في العمل مسبقًا من خلال البحث عن علامات بعينها. فقد يكون أولئك الذين لديهم تاريخ حافل بتوظيف أشخاص من خلفيات متنوعة أكثر تفهمًا للمواقف. لكن، ربما استهجن المشرفون إفصاحك عن مرضك إذا كنت تشغل وظيفة ذات متطلبات صارمة، كحارس الأمن، كما حدث مع «ديف».

- الإفشاء

إذا قررت إطلاع رئيسك في العمل أو مدير الموارد البشرية عن حالتك المرضية النفسية، فابحث فكرة الإقدام على ذلك بعد تعيينك بفترة وجيزة، ولكن ليس بعده مباشرةً. في غالبية المواقف، يقترح الخبراء الانتظار ستة أشهر إلى سنة بعد أن تكون قد بنيت علاقات مع رئيسك وزملائك في العمل. لكن، لا تؤجل الأمر أكثر من اللازم. رغم أن قانون الأمريكيين ذوي الإعاقة يجيز الإفشاء من الناحية التقنية في أي وقت خلال فترة التوظيف، كما أن المحاكم تكون أقل نزوعًا للتعاطف مع موقف الموظف إذا كان على وشك أن يُطرد من محل عمله، بحسب تصريح «سوزان ج. غولدبرغ».

قبل أن تخبر مشرفك، ضع سيناريو للحوار. يقترح الخبراء أولًا وقبل كل شيء تسليط الضوء على مهاراتك وقدراتك والتأهب لتعديلات خاصة يمكنها الارتقاء بعملك بقدر أكبر حتى من ذي قبل. والأهم من ذلك أن تقرر مقدار المعلومات التي ستفصح عنها. لو لم تكن مرتاحًا للدخول في تفاصيل دقيقة، يمكنك أن تقول إنك تعاني من «حالة طبية» تجعلك بحاجة لترتيبات محددة، وتكتفي بذلك.

لقد بدأ بعض أصحاب الأعمال بالانفتاح على المرض النفسي. وكانت «جي بي مورغان تشيس» و«آي بي إم» و«دوبونت» من أوائل الشركات التي تبنت سياسات صحة نفسية تقدمية. على سبيل المثال، تبنت شركة «دوبونت» برنامجًا يُعرف باسم «وحدة العناية النفسية المركزة» يشجع الموظفين على رصد علامات الاضطراب العاطفي والتواصل مع زملائهم الذين قد يواجهون المشاكل. وفي عام 2012، وهو العام الذي بدأ فيه البرنامج، زاد عدد الموظفين الذين استغلوا خدمات الصحة النفسية على الأقل ما بين 15٪ و20٪. وفي عام 2013، نفذَّت شركة «زابوس» المتخصصة ببيع الأحذية برنامجًا مثيلًا يُعرف باسم «الاتجاه السليم»، وكانت غايته الارتقاء بوعي الناس بالاكتئاب. لو بدأ عدد أكبر من الشركات بالحديث عن مشكلات الصحة النفسية دون إصدار الأحكام، سيشعر عدد أكبر من الموظفين بالارتياح في ما يتعلق ببحثهم عن خدمات الصحة السلوكية وسبل الراحة النفسية، بحسب تصريح «كلير ميلر». وتضيف «إن التغييرات ستقلص في نهاية المطاف تكاليف الإعاقة ومعدل تبديل الموظفين الناجم عنها».

لكنَّ التطور غير ثابت، ورغم أن وصمة العار المرتبطة بالمرض النفسي تلاشت في بعض الأوساط، «فلا أعتقد أنها تغيرت بالنسبة للسواد الأعظم من الذين يعانون حالات صحية نفسية جسيمة»، بحسب تصريح «سوزان ج. غولدبرغ». كثير من الموظفين ما زال لديهم فهم قاصر لمشكلات الصحة النفسة المرتبطة بمحل العمل.

عندما خاطب «ديف» مشرفه بخصوص سبل راحته، بما في ذلك انتقاله المحتمل إلى منصب يمكنه من الاحتكاك بمعدل أقل بالموظفين الآخرين، قُوبل بشيء من العداء. أحسَّ بأن رئيسه في العمل تجاهل مخاوفه، وفي شهر مايو 2014 رحل عن المؤسسة. والآن، لديه وظيفة جديدة، ويشغل فيها منصب مختص بدعم الأقران، ويُقدِّم المشورة للأشخاص الذين يتعاملون مع مشكلات صحة نفسية مثيلة. أُطْلع مشرفوه على اضطراب ما بعد الصدمة الذي كان يعاني منه. ويعلق على ذلك بقوله: «أعلم أنهم لن يصدروا أحكامهم عليَّ لأنهم عايشوا تجربة مثيلة».

-نُشرت هذه المقالة للمرة الأولى في مجلة «ساينتفيك أميريكان مايند»، العدد 25 (الطبعة الخامسة) في سبتمبر/ أكتوبر 2014.

الصورة غير كاملة

بقلم: ديفيد دانينغ وتشيف هيث وجيري م. سولس

> هناك ثلاثة أشياء غاية في القسوة: الصلب والألماس ومعرفة الذات.
>
> «بنجامين فرانكلين»

تتقدم عازفة كمان مراهقة بطلب للالتحاق بمدرسة لتعليم الموسيقى، بناءً على اعتقادها بأنها بارعة بالموسيقى. ويتطوع ضابط بالجيش لقيادة مهمة خطرة لأنه واثق تمام الثقة بجسارته وقيادته ومرونته تحت الضغوط والظروف العصيبة. وتقرر امرأة عجوز تتمتع بعافيتها وصحتها ألا تتلقى لقاح الأنفلونزا لأنها تستبعد وقوعها صريعة المرض.

يتخذ الناس على مدار حياتهم آلاف القرارات بناءً على تصورات داخلية يؤمنون بها حيال مهاراتهم ومعرفتهم وشخصيتهم وطبيعتهم الأخلاقية. خلال عقود من الأبحاث، درس علماء النفس مدى دقة هذه التصورات الذاتية بالضبط في مجموعة متنوعة من المهام والظروف. في دراسة تلو الأخرى، اكتشف الباحثون أن التصنيفات

الذاتية للكفاءة ترتبط برابط هش ومتواضع، في أحسن الظروف، بالأداء الحقيقي. حقيقة الأمر أن الآخرين يستطيعون غالبًا التنبؤ بنتائج شخص ما بأفضل مما يستطيع هو أن يتنبأ لنفسه. ويغالي الأشخاص في تقييم أنفسهم، ويزعم الشخص العادي عند تقييمه لمهاراته أنه «أعلى من المتوسط»، وهي النتيجة التي تتحدى إجمالًا الاحتمالية الإحصائية. ويغالي ذلك الشخص في التنبؤ باحتمالية انخراطه في سلوكيات مُحبَّبة وتحقيق نتائج مؤاتية، ويقدم تقديرات متفائلة بشكل مبالغ فيه حيال توقيت استكماله لمشروعات مستقبلية، ويصل إلى أحكام بثقةٍ مبالغ فيها. ولهذه النتائج تبعات بالغة الأهمية على الصحة والتعليم ومحل العمل.

• آراء متضخمة

إلى أي حد تحيد الأحكام الذاتية عن الواقع؟ إن أفكار الناس المتعلقة بذكائهم تميل إلى الارتباط بأدائهم في اختبارات الذكاء وغير ذلك من المهام الأكاديمية بما يتراوح بين 0.2 و0.3 فقط، (الارتباط يقيس الاتجاه -سواء كان سلبيًا أو إيجابيًا- ومدى العلاقة بين الدرجتين من +1 إلى -1) وعلى سبيل المثال، يقيس الارتباط بين النوع الاجتماعي والطول بنسبة 0.7 تقريبًا. وترتبط تصنيفات الطلاب للكفاءة الذاتية الأكاديمية خلال عامهم الأول بتقييمات مُحاضِريهم بمقياس 0.35. وفي بيئة العمل يُقدر عامل الارتباط بين توقعات الناس لأدائهم وأدائهم الفعلي بنحو 0.20 في المهام المعقدة.

ويحقق العاملون في بعض المجالات تصنيفات أعلى من غيرهم، ففي ميدان الرياضة، تميل انتقادات المدربين وغيرهم الذين يتمتعون بمنظور «خارجي» إلى الثبات والآنية والوضوح، وتبلغ درجة الارتباط النموذجي 0.47. ولكن في مجال التفاعلات الاجتماعية المعقدة، تكون التعليقات عرضية، وغالبًا ما تأتي متأخرة وغامضة، تميل درجة الارتباط لأن تكون أقل بكثير، على سبيل المثال 0.04 فقط للتقييم الذاتي للكفاءة الإدارية و0.17 لمهارات التعامل مع الآخرين.

قد يكون تنبؤ أقارب المرء بأدائه في بعض المواقف أفضل من تنبؤ المرء حيال نفسه. وأشار «دونالد أ. ريزوتشي» من كلية الطب في جامعة «نيويورك» وزملاؤه في دراسة صدرت عام 1989، إلى أن الرؤى الذاتية للأطباء المقيمين لا ترتبط بأدائهم في اختبارات المجلس الطبي القياسية، إلا أن تقييمات مشرفهم ترتبط به، وكذلك تصنيفات أقرانهم الذين يفتقرون إلى الخبرة بالقدر ذاته. وفي دراسة صدرت عام 1991 وأجراها «برنارد م. باس» و«فرانسيس جاي يمارينو» من جامعة «بينغهامتون»، تبين أن تصنيفات الأقران للقيادة، لا التصنيفات الذاتية، تتنبأ بضباط البحرية الذين ستتم التوصية بهم للترقي المبكر.

ويُظْهِر الناس أيضًا بعدة طرق كيف يتبنون رؤى متضخمة لخبرتهم ومهارتهم وشخصيتهم. ضع في اعتبارك أن الإنسان العادي يرى نفسه «فوق المتوسط». في إحدى دراسات مجلس إدارة الكلية بين عامي 1976 و1977 التي أُجريت على مليون طالب من طلبة السنة الأخيرة من المرحلة الثانوية، زعم 70٪ منهم أنهم يتمتعون بمهارات

قيادة أعلى من المتوسط، و2٪ منهم فقط أعطوا لأنفسهم درجات أقل من المتوسط. وفي ما يتعلق بقدرتهم على الانسجام مع الآخرين، صنَّف جميع المشاركين في الدراسة تقريبًا أنفسهم على الأقل بأنهم متوسطون، كذلك صنف 60٪ أنفسهم على أنهم ضمن شريحة الـ 10٪ العليا لهذه المقدرة، و25٪ منهم ضمن شريحة الـ 1٪ العليا.

إن الطلاب لا يحتكرون «التأثيرات فوق المتوسط» تلك؛ إذ يؤمن سائقو الدراجات البخارية أنهم أقل عرضه للتسبب بوقوع حادث من ركاب الدراجات النارية العادية. ويعتقد قادة الأعمال أن شركاتهم من المرجح أن تنجح أكثر من أي شركة متوسطة في مجال صناعتهم.

ويُظْهِر الأفراد أيضًا تقديرات متضخمة للذات عندما يقيِّمون سرعة إنجازهم للمهام، في ظاهرة تُعرف باسم «مغالطة التخطيط». على سبيل المثال، ذكر «روجيه بوهلر» من جامعة «ويلفريد لورييه» في أونتاريو وزملاؤه، في دراسة صدرت عام 1994 أن طلاب الجامعة يستغرقون ثلاثة أسابيع إضافية لإنهاء أطروحة عامهم الأخير مقارنةً بتقديراتهم «الواقعيةً» للمهمة، وأسبوع أكثر عند وصفهم لـ«أسوأ» سيناريو ممكن. في سياق مثيل، في عام 1997، اكتشف «بوهلر» و«ديل دابليو جريفين» من جامعة «كولومبيا» البريطانية و«هيثر ماكدونالد» التي كانت تعمل آنذاك في جامعة «سايمون فريزر» في مدينة بورنبي في مقاطعة «كولومبيا» البريطانية أن المواطنين عادةً ما يعتقدون أنهم سيستكملون إقراراتهم الضريبية قبل أن يفعلوا ذلك حقًا بأكثر من أسبوع.

حقيقة الأمر أنه حتى عندما يكون الناس أكثر ثقة بأنفسهم، فإن ثقتهم هذه ليست ضمانة لدقة تقديرهم. في دراسات أجراها عام 1977 «باروخ فيشوف» من جامعة «كارنيغي ميلون» و«بول سولفيش» من جامعة «أوريغون» و«سارة ليختنشتاين» التي كانت تعمل آنذاك في معهد أبحاث صناعة القرارات في «يوجين» في أوريغون، تبين أن طلاب الجامعة الذين أعربوا عن يقينهم بنسبة 100٪ في إجاباتهم، جانبهم الصواب رغم ذلك مرة من بين خمس مرات تقريبًا. وفي دراسة أُجريت عام 1981، حين شخَّص أطباء حالة مرضاهم بأنها ذات الرئة، اتضح أن التوقعات التي طُرِحت بنسبة ثقة بلغت 88٪ كانت صحيحة في 20٪ من الوقت فقط لا غير، بحسب «جاي كريستنسن شالانسكي» من جامعة «أيوا» و«جيمس ب. بوشيهيد» من عيادة «ماينور آند جيمس» في مدينة سياتل.

• ما الخطأ الذي يحدث؟

تكمن مجموعة متنوعة من الآليات النفسية وراء هذه التقييمات الذاتية المشوبة بالعيوب، ومن الصعب، إن لم يكن من المستحيل، تصنيفها كلها في مقالة واحدة. لكن لو حصرنا أنفسنا في اثنين من أكثر التحيزات توثيقًا على نطاق واسع -تحيز آثار وهم التفوق والمغالاة في التنبؤ بالأحداث المرغوب فيها- يمكننا وصف فكرتين عامتين كامنتين. أولاهما أن الناس لا يملكون عادةً جميع المعلومات الضرورية للوصول إلى تقييمات ذاتية دقيقة بشكل موثوق، وهناك عدد

كبير جدًا من العوامل المجهولة أو لا سبيل لمعرفتها أو تحديدها ما يحول دون طرحهم تقييمات دقيقة عن أدائهم الذاتي، أو توقعات حيال كيفية تصرفهم في المستقبل. وثانيهما أنه في الحالات التي تتوافر فيها معلومات بالغة القيمة تساعد على توجيههم نحو التقييمات الذاتية الملائمة، غالبًا ما يتجاهل الناس تلك المعلومات أو لا يقدرونها حق قدرها، ما يؤدي بهم إلى الخطأ والزلل.

لننظر أولًا إلى أثر وهم التفوق. غالبًا ما لا يملك الناس المعرفة والخبرة الضروريتين لتقييم مدى كفاءتهم مقابل كفاءة زملائهم، وغالبًا ما يكون الأقل كفاءة عرضةً للخطأ في حُكْمِهم الشخصي على الأمور. يعاني عديمو الكفاءة من مأزق مزدوج: أوجه قصورهم تجعلهم يقترفون الأخطاء، وتحول بينهم وبين إدراكهم ما الذي يجعل قراراتهم خاطئة، وما يجعل اختيارات الآخرين أفضل من اختياراتهم.

لقد أثبتت دراسات عدة أن الأشخاص غير الأكفاء يخفقون في إبصار أوجه قصورهم. فقد خرج الطلاب الجامعيون الذين نالوا نسبة 25٪ أدنى من غيرهم في اختبار دورة تدريبية، كان لديهم اعتقاد أنهم تفوقوا على السواد الأعظم من أقرانهم، بحسب دراسة أجراها واحد من فريقنا (دانينغ) و«جاستن كروجر» و«كيري ل. جونسون»، وكلاهما في جامعة نيويورك، فضلًا عن «جويس إيرلينجر» من جامعة «كورنيل». وفي دراسة أجراها «برايان د. هودجز» و«غلين ريجير» عام 2001 في جامعة «تورونتو»، صنف طلاب كلية الطب الذين أساؤوا إدارة مقابلة شخصية وهمية مع

أحد المرضى، مهاراتهم في إجراء المقابلات الشخصية بأنها أفضل بكثير مما صنفها معلموهم.

فضلًا عن ذلك، فإن المعلومات المنقوصة تغذي التنبؤ المفرط بالأداء الجيد. ولا يعي الناس أصلًا الحلول التي كان يمكن لهم أن يبتكروها غير أنهم فوَّتوها؛ أعني بذلك أخطاء السهو والإهمال. على سبيل المثال، لنفترض أننا طلبنا إليك صياغة أكبر عدد من الكلمات الإنجليزية من الأحرف التي تشكل كلمة «spontaneous» («tan» و«neon» و«pants»، إلخ)، وتجد أنك استخلصت 50 كلمة منها. وسواء كان هذا الرقم جيدًا أو سيئًا، فالأمر يتوقف، نوعًا ما، على عدد الكلمات التي يمكن فعليًا العثور عليها في كلمة «spontaneous»، ومن الصعب أن نتوقع من أي شخص لديه حدس دقيق ويخلص إلى هذا الرقم. والواقع أن أحرف كلمة «spontaneous» يمكنها تشكيل ما يربو على 1300 كلمة إنجليزية.

في غياب التقييم الكامل، يمكن أن يتبنى الناس رؤى مُتضخمة حيال أفعالهم «الحكيمة». لنفترض أن مدير أحد المكاتب انفرد بموظف متدني الأداء، وانهال عليه بالنقد اللاذع. في اليوم التالي، جاء أداء الموظف أفضل، ما يمثل دليلًا على حكمة تدخل مدير المكتب. لكن المدير لا يعرف ما كان يمكن أن يتحقق لو لجأ لبدائل أخرى، كالاجتماع مع الموظف وتبادل أطراف حديث متعاطف أو حتى الإحجام عن أي فعل. ربما كانت تلك البدائل ستثمر وتجدي نفعًا هي الأخرى، أو ربما حققت نتائج أفضل أيضًا، غير أن المدير لن يعرف أبدًا.

لعل الأهم على الإطلاق أن النجاح في مجالات بعينها أصعب في تعريفه مقارنةً بمجالات أخرى. وبالتبعية، يعتقد الناس دومًا أنهم أعلى من المتوسط في ما يتعلق بالسمات التي لا تعرَّف بأنها سيئة، ولكن ليس في ما يخص بالسمات المعرَّفة بأنها هزيلة. على سبيل المثال، بحسب ما اكتشفه «دانينغ» و«جوديث أ. مايرويتز» و«آيمي د. هولتزبرغ» وكانت آنذاك في جامعة «كورنيل» عام 1989، قد يزعم الناس أنهم أكثر رقيًا ومثاليةً وانضباطًا من أندانهم (جميعها خصال غامضة ملتبسة)، ولا يزعمون أنهم أكثر أناقة ولياقة وحفاظًا على المواعيد (خصال أكثر تقييدًا في معناها).

ورغم أن البشر بطبيعة الحال يحبون أن يروا كيف يُقارَنون بالآخرين، إلا أنهم يخطئون في الحكم على مهاراتهم مقارنةً بالآخرين، من خلال تجاهلهم معلومات بالغة الأهمية، أو بتركيزهم حصرًا على أنفسهم. وحين يُقيِّم الأشخاص مهاراتهم في مقابل مهارات أقرانهم، نراهم متمركزين حول ذواتهم، لا يفكرون سوى في سلوكياتهم وخصالهم في المقام الأول، ويتجاهلون سلوكيات وخصال الآخرين، بحسب ما انتهى إليه «جاستن كروجر». بالتالي، إن الأحكام بالمقارنة بين للناس غالبًا ما تنطوي على قدر قليل جدًا من المقارنة الحقيقية. سَلهم عن مدى براعتهم في قيادة دراجة هوائية مقارنةً بغيرهم من ركاب الدراجات الهوائية، وسيقولون إنهم بارعون جدًا، ويركزون غالبًا على أنهم لا يجدون صعوبة في ركوب الدراجات، ويتناسون أن الآخرين لا يجدون صعوبة في ذلك أيضًا. لكن، سَلهم عن قدرتهم

على التعامل مع عدد من المسائل في آن واحد، سيصفون أنفسهم بأنهم أسوأ من المتوسط، متجاهلين مجددًا أن الآخرين فاشلون في الأمر نفسه أيضًا.

هذه النزعة الأنانية تقود الناس إلى اتخاذ خيارات غير عقلانية. على سبيل المثال، يُفضِّل طلاب الجامعات التنافس مع الآخرين في مسابقة خفيفة ينصب تركيزها على أفلام «آدام ساندلر» (موضوع سهل بالنسبة لهم) من أن يتنافسوا في مسابقة حول اللوحات الفنية في القرن التاسع عشر (موضوع صعب)، ناسين أن السهل والصعب بالنسبة لهم ربما كان سهلًا أو صعبًا لمنافسيهم. ويضع الناس رهانات أكثر في ألعاب ورق اللعب بعددٍ كبير من البطاقات المجهولة على الطاولة لأنهم يرجحون أن يظهروا بمظهر اللاعبين البارعين، غير أن البطاقات المجهولة لا تحابي أحدًا، واللاعبون الآخرون ينتفعون بالقدر ذاته من ازدياد عدد البطاقات المجهولة.

وتنشأ التوقعات الخاطئة بالنسبة للمستقبل، وعادةً ما تكون مفرطة في التفاؤل، نظرًا لأن الناس لا يملكون جميع المعلومات التي يحتاجون إليها لاستنباط تنبؤات أدق. لكن الأكثر من ذلك أن الأشخاص غالبًا لا يمكن أن يأملوا في حيازة كل المعلومات التي يحتاجون إليها، وبالتالي ينبغي عليهم المضي قدمًا بحذرٍ كلما أقدموا عند التنبؤ بسلوكهم المستقبلي. لو تقدم أحدهم نحوك في الشارع ليطلب إليك التبرع بالمال إلى مؤسسة خيرية، هل ستفعل؟ يعتمد سلوكك الفعلي على عدد من السمات الظرفية وأنت لست في موقف

يسمح لك بمعرفتها في هذه اللحظة بالذات. هل يبدو لك الشخص الذي يطلب التبرع متواضعًا أم متوعدًا؟ ألديك فسحة من الوقت، أم أنك متأخر عن موعدك؟ هل الجو مشمس أم مطير؟ هل لديك فئات صغيرة من النقود في جيبك؟ وهل تلك المؤسسة من بين المؤسسات الخيرية التي توقرها وتحترمها؟ يمكن لأي من هذه التفاصيل أن يؤثر على قرار عطائك أو إحجامك، لكنك لا تعرف أيها الصحيح حتى تواجه الموقف في نهاية المطاف. يتنبأ الناس بتوقعات مُغالية في الثقة حيال سلوكهم المستقبلي، لأنهم يخفقون في أن يضعوا في الحسبان حقيقة أن التفاصيل المهمة للمواقف المستقبلية غالبًا ما تكون مجهولة أو عصية على التوقع.

قد يواجه الناس صعوبة في التنبؤ بكيفية استجابتهم للظروف التي تحتوي مكونات عاطفية أو غريزية. على سبيل المثال، توقع موظفو المكاتب بعد الغداء مباشرةً أنهم في الأسبوع المقبل سيفضلون تناول وجبة صحية خفيفة عند الساعة الرابعة مساءً، تفاحة مثلًا، بدل الوجبات السريعة غير الصحية، ولو أنهم يعلمون (في أذهانهم) أنهم يصابون بالجوع في وقت متأخر من فترة بعد الظهيرة. وعندما حلَّ الأسبوع المقبل، ظهر أنهم يميلون في حقيقة الأمر إلى تفضيل الوجبات السريعة المُتخمة بالسعرات الحرارية على الفاكهة الصحية التي توقعوا أنهم سيرغبون فيها، بحسب ما ورد عام 1998 على لسان «دانيال ريد» من كلية لندن للاقتصاد والعلوم السياسية و«باربرا فان ليوين»، وكانت تعمل آنذاك في كلية إدارة الأعمال في جامعة «ليدر».

خلاصة القول، إن الرجال والنساء يخفقون في التنبؤ بقدر وافٍ بكيفية تأثير العوامل العاطفية أو الغريزية (كالجوع) على سلوكهم، إذا لم تجتاحهم تلك المشاعر لحظة إعرابهم عن توقعاتهم. بالتالي، حين يكونون في حالة «باردة» (منطقية)، فهم يسيئون التنبؤ بالطريقة التي سيستجيبون بها في الحالة «الانفعالية» (عاطفية أو غريزية).

• استيعاب الصورة الكاملة

هل يمكننا الوصول إلى منظور أفضل حيال أنفسنا؟ ثمة حل عام يتمثل بأن نقبل بوعي ما يُسمى «النظرة البرَّانية» بدلًا من النظرة «الجوَّانية». إن الذين يتبنون وجهة نظر «جوانيَّة» يُركِّزون على الآليات «الداخلية» لموقف ما، وكذلك على آلياتهم الشخصية الخاصة، ثم يحيكون قصةً لما من المرجح أن يفعلوه أو ينجزوه في موقف بعينه. أما تبني وجهة نظر «برانيَّة»، فيعني تنحية قص القصص جانبًا، والتركيز بدلًا من ذلك على البيانات المتاحة. حين يتنبأ الناس بما يُرجح أن يفعلوه في المستقبل، ينبغي لهم ببساطة أن يسألوا أنفسهم عما نزعوا إلى القيام به في الماضي، وكذلك ينبغي لهم أن يضعوا في الحسبان ما حدث للآخرين الذين واجهوا مواقف مثيلة. على سبيل المثال، في واحدة من الدراسات طُلِب من الطلاب تقدير التوقيت المطلوب لاستكمال مهمة أكاديمية ما، خمنوا أنهم سيستكملونها قبل أربعة أيام من الموعد النهائي (الهدف الذي حققه 30٪ منهم فقط). مع ذلك، عندما سُئلوا متى أنجزوا مثل تلك المهام في الماضي، أقروا بأنهم

عادةً ما استكملوها قبل الموعد النهائي بيوم واحد فقط، واتضح أن هذا الإطار الزمني صحيح بالنسبة للمشروع الذي كانوا يتوقعونه. بالمثل، حسبت عينة من دافعي الضرائب الكنديين أنهم سيرسلون إقرارهم الضريبي للعام الجاري قبل المعتاد بأسبوع كامل، لكنهم استكملوا إقراراتهم عمومًا في وقت قريب من استكمالهم لها في الأعوام المنصرمة.

وفي دراسة كاشفة أُجريت عام 2003، قدم «دانيال لوفالو» من جامعة «نيوساوث ويلز» في أستراليا و«دانيال كانمان» من جامعة «برنستون» وصفًا لمجموعة من الأكاديميين العاكفين على مراجعة منهج نظام مدرسي محلي. وحين طُلب من الأعضاء التنبؤ بالوقت الذي استغرقته المجموعة لاستكمال المهمة، كان أكثر التوقعات تشاؤمًا على الإطلاق عامين ونصف العام تقريبًا. وعند سؤالهم، أقرَّ أحد أعضاء المجموعة أنه استنادًا إلى خبراته الموسعة يستغرق الأمر جماعات مماثلة سبع سنوات على أفضل تقدير لإنجاز مهمتهم، هذا إن أنجزوها أصلًا. وفي نهاية المطاف، أنهت الجماعة عملها بعد ثمانية أعوام كاملة.

خلاصة القول، هناك أدلة غزيرة على أن الناس ربما جانبهم الصواب بشكل فادح عند تقديرهم لقدراتهم وخصالهم وسلوكهم المستقبلي. رغم ذلك، نشعر بأن الأدبيات النفسية لم تقدم لنا إلا النزر اليسير لتصورها عن تقييم المرء لذاته، بل يقتضي الأمر إنجاز جهود أكبر بكثير لتقديم هذا التصور بالكامل. لعل الأهم من ذلك

أننا بحاجة إلى تطوير صورة ثانية؛ صورة ترسم الشكل الذي يكون المرء عليه عندما يكوِّن انطباعًا دقيقًا عن مواهبه وقدراته وشخصيته. والنحو الذي ينقح فيه المرء الصورة الأولى بغية خلق صورة ثانية، تقتضي المسألة قدرًا أكبر بكثير من البحوث النظرية والتجريبية.

دروس مستفادة لأغراض التعليم

يميل الطلاب، شأنهم شأن السواد الأعظم من الناس، إلى أن يتسموا بثقة مبالغ فيها تجاه مهاراتهم المُكتسبة حديثًا. ومشكلة تقييم الذات هذه يمكن أن تحدث لأن الممارسة التعليمية الشائعة المعروفة باسم «التدريب الجماعي» تُعزز الاكتساب السريع للمهارة والثقة بالذات، غير أنها لا تدعم بالضرورة الاحتفاظ بتلك المقدرة. في التدريب الجماعي، يُعَلِّم المعلمون هذه المسألة للطلاب في جلسة واحدة أو القليل من الجلسات المُكثفة. والطلاب الذي يخضعون لهذا النوع من التلقين سرعان ما يكتسبوا المعرفة ذات الصلة. لكن المهارات التي تُلقَّن بهذه الطريقة تميل إلى التلاشي بسرعة، رغم أن الناس يظلون جاهلين لهذه الحقيقة. وما من مكان تتجلى فيه هذه المشكلة أكثر من تعليم القيادة. رغم أن ملايين الدولارات تُنفق على هذه الدورات التدريبية، فهي لا تُخْرِج لنا، بحسب ما تشي به البيانات، سائقين أكثر مراعاة لمعايير الأمان.

يقتضي الاحتفاظ بالمعرفة والمهارات وصفة مختلفة: التدريب «المُتباعد» أو «المُوزّع» في جلسات مُقسَّمَة على مناسبات عدة، ولو

أن هذه الممارسة تعني أن الطلاب يتعلمون في بداية الأمر بوتيرة أبطأ بكثير وبمشقةٍ أكبر. فضلًا عن ذلك، تشير الأبحاث الأخيرة إلى طرق لتصحيح التقييم الذاتي المعيب لدى الطلاب. على سبيل المثال، اقترح بعض العلماء أن أشكالًا بعينها من تعليم القيادة ربما تضر أكثر مما تنفع، ما يجعل المبتدئين واثقين بلا مبرر بقدرتهم على التعامل مع مواقف القيادة الصعبة. وكبديل لذلك، ربما خضع السائقون لـ «التدريب على المغالاة في الثقة»، ويظهر للطلاب مدى صعوبة التعاطي مع ظروف الطريق المعاكسة، فيمضون قدمًا بقدر أكبر من الحرص، أو يلزمون بيوتهم وحسب، متى كان من الحكمة أن يفعلوا ذلك.

(ديفيد دانينغ وتشيب هيث وجيري م. سولز)

تقمُّص دور الطبيب

يجعل التقييم الذاتي الخاطئ الناس متفائلين بشكل غير واقعي حيال المخاطر الصحية المحدقة بهم، مقابل المخاطر الصحية التي تتهدد الآخرين. من الممكن أن يكون للقرارات الصحية السيئة، المُوجَّهَة بنظريات خاطئة ولكن ظاهرها منطقي عن الصحة والأمراض، تبعات جسيمة على رفاه الناس وطول أعمارهم.

عندما يشعر الناس أنهم منيعون نسبيًا من الأنفلونزا، من المستبعد بقدر أكبر أن يفكروا في تعاطي حقنة واقية من الأنفلونزا، والذين يعتقدون أن فرص تأثرهم أقل من فرص أقرانهم، من المرجح أن

ينخرطوا في ممارسات جنسية عالية الخطورة، ومن المستبعد بقدر أكبر أن يستخدموا موانع الحمل. بعض المرضى الذين يعانون من ضغط الدم العالي يعتقدون أن بوسعهم الجزم بتوقيت ارتفاع ضغطهم، وبالتالي يتعاطون أدويتهم وفقًا لذلك، رغم أنه لا توجد أعراض فعلية تشير إلى ارتفاع الضغط أو انخفاضه، وبالتالي، عليهم أن يتناولوا أدويتهم بحسب الوصفة الطبية وبلا تهاون.

ثمة أسلوبان يقلصان هذا التفاؤل غير الواقعي، أحدهما الملاحظات المُختصة. في دراسة أجراها عام 1995 «ماثيو كريوتر» من جامعة «سانت لويس» و«فيكتور سترايشر» من جامعة «ميشيغان» في آن آربور، طلبا من المرضى استكمال استبيان عن الخطر المُتصور والفعلي لنسبة الوفيات على مدار 10 سنوات تأثرًا بالأزمة القلبية والسكتة الدماغية. ولقياس التصورات «طلب الباحثان إلى المرضى تصنيف درجة تعرضهم للخطر («أعلى من الآخرين»، و«متوسطة»، إلخ). وجرى تقييم الخطر الفعلي عن طريق أسئلة عن العُمر والطول والوزن وضغط الدم وغير ذلك العوامل. بعد ذلك، قدَّرت خوارزميات تقييم الخطر المخاطر الفعلية لكل مريض. وبعد أسبوعين إلى أربعة أسابيع من استكمال الاستبيان الأساسي، تلقى المشاركون ملاحظات عبر البريد الإلكتروني عن الخطر الفعلي الذي يتهدد صحتهم مقارنةً بالخطر الذي يتهدد آخرين من نفس العمر والجنس. وبعد ستة أشهر، أشارت النتائج المُستخلصة من استبيان أُجري على سبيل المتابعة أن المرضى الذين كانوا متفائلين بشكل غير واقعي حيال خطر الإصابة

بالسكتة الدماغية أصبحوا أكثر واقعيةً بعد أن تلقوا معلومات عن المخاطر الشخصية المحدقة بهم. بالتالي، إن الملاحظات المُختصة المتعلقة بالمخاطر قد تكون مفيدة عندما يكون هناك احتكاك مباشر مع المرء، كما في حالة زيارة المريض للطبيب.

الأسلوب الثاني يستهدف الأساس التحفيزي للتفاؤل غير الواقعي. إذا واجهتَ الناس بمعلومات سيئة عن المخاطر، سيدافعون عن نظرتهم الشمولية ضد البيانات. لكن لو تم تعزيز إحساسهم بقيمتهم الذاتية قبل أن يواجهوا المعلومات، سيصبحون أكثر استعدادًا لتقبلها ولتغيير سلوكهم. في تجربة أجراها عام 2000 «ديفيد شيرمان» و«ليف نيلسون» و«كلود ستيل» الذين كانوا يعملون آنذاك في جامعة «ستانفورد»، وجدوا أن الطلاب الجامعيين الذين كتبوا عن قِيمة مُهِمَّة على المستوى الشخصي (مثل مدى اهتمامهم لأمر أصدقائهم وعائلاتهم) بعد أن شاهدوا فيلمًا للتوعية بمخاطر مرض الإيدز، تأثروا بقدر أكبر بالرسالة التي يبثها الفيلم، ومقارنةً بمجموعةٍ مرجعية، اعتبروا أنفسهم عرضةً لخطرٍ أكبر، وأخذوا عددًا أكبر من الواقيات الذكرية عند مغادرتهم المختبر.

(ديفيد دانينغ وتشيب هيث وجيري م. سولز)

وظيفة شاقة

في مقر العمل، تنشأ التقييمات الذاتية المنقوصة وترتقي وصولًا إلى قمة السلم المؤسسي. وحقيقة الأمر أنها قد تكون ملحوظة

أكثر من غيرها في مستويات الوظائف العليا، ومن الصعب تحصيل الملاحظات الدقيقة بشأنها.

عادةً ما يغالي الموظفون في تقييم مهاراتهم لأنه قد يكون من الصعب عليهم التعرف على النحو الذين يؤدون به عملهم بحق. يجوز أن يتفادى المديرون تقديم الملاحظات لأن ذلك يمكن أن يكون غير سار. في المقابل، قد لا يسعى العاملون إلى التماس نقد الآخرين خشية أن يتلقوا ضربة موجعة لاحترامهم لذواتهم، أو يَبدون غير واثقين أو مُكتفين. وأخيرًا، تميل المراجعات نفسها إلى أن تكون غير فعالة نسبيًا، لأنها غير متواترة أو مُتوعدة أو مُرائية.

جرى اقتراح العديد من الحلول؛ يرى بعضهم أن الملاحظات والتعليقات (التدريب والتوجيه) ينبغي فصلها عن التقييم، وينبغي إعطاء التعليمات والنصائح بوتيرة متكررة أكثر. لكن في المؤسسة المُفعمة بالنشاط، قد تكون المطالبة بالتدريب غير الرسمي عدة مرات سنويًا أمرًا مبالغًا فيه. ويدافع آخرون عن رفع العبء عن كاهل المدير، باستخدام تقييمات الأداء بأسلوب 360 درجة على سبيل المثال، التي يمكن من خلالها تقييم الشخص على يد أقرانه ومرؤوسيه المباشرين والمتعددين. غير أن هذا الإجراء أكثر كلفة وكثافة. كيف يمكن إذن للمؤسسات أن تُكرِّم أبرز موظفيها وتسعى لتطويرهم دون أن تقوِّض حافز السواد الأعظم من العاملين ذوي الأداء الأوسط؟ ربما كان من بين سبل تحقيق ذلك تسليط الضوء على عدد قليل من الموظفين من أصحاب الأداء الأعلى والأدنى

على نحو استثنائي، ومنح البقية الباقية تقييمًا إيجابيًا مبهمًا (الرسم البياني أدناه).

وبعيدًا عن تنقيح المراجعات، تستطيع الشركات وضع إجراءات مُحْكمة لا سبيل لفشلها، لتعويض الموظفين الواثقين بأنفسهم ثقة مبالغ فيها. على سبيل المثال، كثيرًا ما يقلل مطورو البرمجيات من شأن المدة التي تستغرقهم لتسليم برنامج جديد، وبالتالي، دمجت شركة «مايكروسوفت» تلقائيًا مهلة زمنية احتياطية إضافية بنسبة 30٪ إلى 50٪ على المهلة الأساسية. وتساعد «مايكروسوفت» المطورين على تقييم معرفتهم بذواتهم عن طريق تقسيم المشروع المُعقَّد إلى أجزاء ملموسة ومقدور عليها. في دراسة أجراها عام 1995 «مايكل كوسومانو» من معهد «ماساتشوسيتس» للتكنولوجيا و«ريتشارد سيلبي» وكان آنذاك في جامعة «كاليفورنيا»، في مدينة إيرفنغ، فسر أحد المديرين الظاهرة قائلًا: «المثال الكلاسيكي هو أن تسأل المبرمج عن الوقت الذي سيستغرقه لإنجاز مهمة ما، فيقول لك شهرًا، لأن الشهر يضارع فترة زمنية لا نهائية. وتقول له: حسنًا، الشهر يحوي 22 يوم عمل. فما هي الخطوات الـ22 التي ستنجزها خلال 22 يومًا؟» وعند تقسيمها إلى 22 مهمة، يدرك أن الأمر أصعب مما خُيِّل له بكثير».

يُوضِّح الرؤساء التنفيذيون مشكلات المغالاة في الثقة في أكثر أشكالها تجليًا. إذ يجلسون على قمة الهيكل الهرمي، ونرى أن لديهم قيود أقل على قراراتهم، ويواجهون إصلاحات مؤسسية أقل.

المشكلة تكون مُستفحلة في عمليات الاستحواذ على وجه

الخصوص، إذ تدفع إحدى الشركات لقاء إحكام سيطرتها على شركة أخرى. بين عامي 1976 و1990، بلغت أقساط الاستحواذ على الشركات في المتوسط 41٪، وكثير منها تجاوز الـ 100٪. وكان المستحوذون، ضمنًا، يزعمون أن بوسعهم إدارة الشركة المُستحوذ عليها بنسبة 41٪ على الأقل أفضل من إدارتها الراهنة. ونادرًا ما يشارك المراقبون الخارجيون هذا المستوى من الثقة. عندما أُعلن عن غالبية عمليات الاستحواذ، كان سعر السهم المُجمَّع للشركتيْن المُندمجتيْن عمومًا يتراجع، ما يشير إلى أن السوق تنبأت بأن الشركة المُندمجة ستكون أقل سلامةً من الشركتيْن لو ظلتا منفصلتيْن. على المدى البعيد، مالت عمليات الاستحواذ إلى أن تحقق ربحية وعوائد أقل، وفي كثير من الحالات أُعيد بيعها لاحقًا بخسارة. ومن اللافت أن «الحل» الاقتصادي المعياري -تقديم حوافز نقدية- لا يُجدي نفعًا، فالرؤساء التنفيذيون من أصحاب الحصص المالية الأكبر، كما كشف «أولريك مالمينديير» من جامعة «ستانفورد» و«جيفري تيت» من جامعة «بنسلفانيا» عام 2003، تظهر عليهم أكبر آثار التقييم الذاتي المعيب. تقديم حوافز لشخص جاهلٍ لا يضمن له إلا الجهل والالتزام بمسار يفتقر إلى الحكمة.

ما العمل إذن؟ يستفيد الرؤساء التنفيذيون، شأنهم شأن موظفيهم، من منظور خارجي، كمنظور مجلس الإدارة. ومن المهم أيضًا أن يحتفظ الدخلاء بمكانتهم كدخلاء. حتى المستشارون والاستشاريون ربما يقعون فريسة إغراء تبني وجهة نظر العالِم ببواطن الأمور.

(ديفيد دانينغ وتشيب هيث وجيري م. سولز)

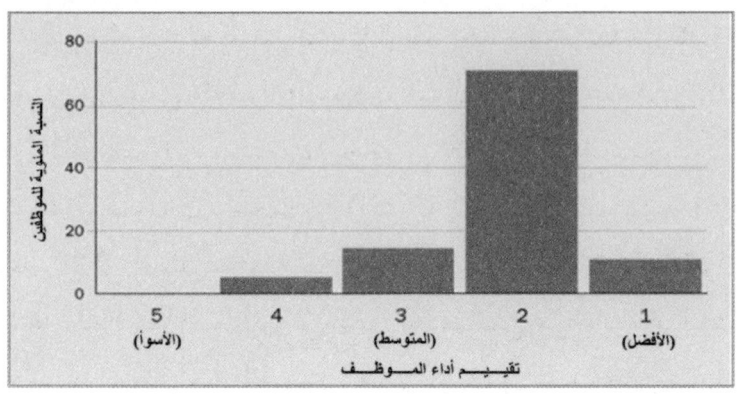

كيف تختار الشركة أفضل موظفيها وأسوأهم دون أن تثير حفيظة أصحاب الأداء المتوسط في الوقت عينه؟ ثمة استراتيجية تستعين بها شركات كثيرة توضحها إحدى شركات التقنية العالية التي خضعت لدراسة «تود زينجر» من جامعة «واشنطن» في سانت لويس عام 1992. نلاحظ أن غالبية الموظفين يستلمون تقييمًا للأداء يفيد بأنهم «أعلى من المتوسط». هنا، كما في مدينة ليك ووبيغون الخيالية التي ابتكرها «غاريسون كيلور»، يمكن أن يكون أداء الجميع أعلى من المتوسط، ولدى الناس تقييمات تثبت ذلك.

- نُشرت هذه المقالة للمرة الأولى في مجلة «ساينتفيك أميريكان مايند» في العدد 16 (الطبعة الرابعة) في ديسمبر 2005/ يناير 2006.